荆 楚 文 物

第 6 辑

荆州博物馆　编

科 学 出 版 社

北 京

内 容 简 介

《荆楚文物》是荆州博物馆编著的系列学术文集。文集融资料性与学术性为一体，主要收录关于荆楚地区（即江汉平原及其周边区域）考古学、博物馆学、文物保护技术等研究的新发现、新成果。

本书为此丛书的第6辑，收录了14篇研究论文、5篇考古发掘简报、1篇考古调查简报。研究论文涉及荆楚地区史前和历史时期考古学研究、古文字学研究、文物保护与科技考古、古建筑以及荆州大遗址保护与利用的管理体制创新途径等方面的内容。简报公布了长稻场井群，龙会河北岸墓地M227、M265，刘家台墓地，万家山墓地，三闾庙东汉墓考古发掘的相关资料。

本书适合从事历史学、考古学、博物馆学、人类学和文物保护技术研究的专家学者以及高等院校相关专业师生阅读、参考。

图书在版编目（CIP）数据

荆楚文物. 第6辑 / 荆州博物馆编. —北京：科学出版社，2023.3
ISBN 978-7-03-075268-0

Ⅰ.①荆… Ⅱ.①荆… Ⅲ.①文物工作–荆州–丛刊 Ⅳ.①K872.633-55

中国国家版本馆CIP数据核字（2023）第048437号

责任编辑：王光明 / 责任校对：邹慧卿
责任印制：肖 兴 / 封面设计：张 放

科 学 出 版 社 出版
北京东黄城根北街 16 号
邮政编码：100717
http://www.sciencep.com

中国科学院印刷厂 印刷
科学出版社发行 各地新华书店经销

*

2023年3月第 一 版 开本：787×1092 1/16
2023年3月第一次印刷 印张：19 3/4 插页：6
字数：486 000

定价：158.00元

（如有印装质量问题，我社负责调换）

编辑委员会

目　录

一、考古学研究

二、考古新发现

三、古文字学研究

四、文物保护与科技考古

五、大遗址保护与开发利用

一、考古学研究

湖北荆州鸡公山旧石器时代遗址光释光测年研究

郭小奇[1]　刘德银[2]　汤琪琪[2]　谭　琛[3]　周天媛[3]

孙雪峰[1]　弋双文[1]　周新郢[4]　冯小波[3]

（1.南京大学地理与海洋科学学院　2.荆州博物馆　3.北京联合大学应用文理学院
4.中国科学院古脊椎动物与古人类研究所）

摘要： 湖北省荆州市鸡公山旧石器时代遗址地处长江中游江汉平原地区，旧石器时代文化遗存丰富。鸡公山遗址的文化层包括上、下两层，上文化层属于小型石片文化传统类型，而下文化层面貌则为传统的南方砾石石器文化传统。鸡公山遗址是长江中游地区罕见的含有更新世晚期两个明显不同文化特征的旧石器时代遗址，对于研究我国旧石器时代文化传统转型具有重要意义，其也是长江中游地区为数不多具有绝对年代的旧石器时代遗址之一。北京大学在该遗址初步的[14]C测年结果显示上层文化为大约1万～2万年，下层文化为大约5万年。2018年，我们在该遗址剖面进行了光释光（OSL）测年样品和环境样品采集，使用OSL和TT-OSL测年方法对上、下文化层进行了年代测定。结果表明鸡公山遗址上文化层的年代大约为23±2～38±3ka，下文化层约为115±9～149±9ka。[14]C和OSL测年方法对下文化层的测定结果表现出很大差异。根据光释光测年结果，鸡公山遗址上文化层对应MIS 3晚期至MIS 2早期的冰期阶段，下文化层对应MIS 6晚期的冰期阶段和MIS 5早期的间冰期阶段。两个文化层之间有近10万年的文化间断，远超出了我们的预期。

关键词： 鸡公山遗址　旧石器　OSL　TT-OSL　冰期　间冰期

一、引　言

自20世纪20年代至今，我国发现的旧石器文化遗址已有2000多处（高星，2014；吴秀杰，2018；刘武等，2019）。在这些遗址中发现的人类化石和丰富的石制品对于亚洲人类迁徙和旧石器时代工业发展的研究至关重要（Hou et al.，2000；Bae，2010；Liu et al.，2010，2015；Li et al.，2017；夏文婷等，2018）。张森水（1999）通过对各地旧石器时代文化遗物的整理研究，认为我国南北方的旧石器时代文化传统各有不同，即南方以砾石石器为主要文化传统，北方以小石片石器为主要文化传统。在长江流域，特别是其支流汉江流域，已经发现大量旧石器时代遗址（地点），是华南旧石器文化考古研究的重要区域（黄万波等，1987；Li and Etler，1992；Wu et al.，2006；Li et al.，2014；王社江等，2014；唐斑等，2018；夏文婷等，2018）。这些遗址大多属于旧石器时代早期和中期，年代大于50 ka（Chen et al.，1997；Sun et al.，2012，2016，2017，2018；Wang and Lu，2016）；而旧石器时代晚期的遗址数量非常少，仅有房县樟脑洞（黄万波等，1987；李天元和武仙竹，1986）、石鼓后山坡（李天元等，1987）、毛家泞（祝恒富，2007）、水牛泞上文化层（陈全家等，2014）等少数遗址。然而，几乎所有旧石器时代晚期遗址都没有进行绝对年代的测定。因此，必须对该地区旧石器时代晚期遗址进行年代测定。

鸡公山旧石器时代遗址发现于1984年，地处长江中游江汉平原腹地。1992年，荆州博物馆和北京大学考古系对其进行联合发掘，并发现上、下两个文化层。其中上文化层为石片石器文化传统，属于旧石器时代晚期；下文化层为传统砾石石器文化传统，属于旧石器时代中期（张森水，1999；刘德银和王幼平，2001；刘礼堂等，2010）。鸡公山遗址上下文化层的叠压关系对研究我国旧石器时代文化传统发展脉络有着重要意义。北京大学曾在该遗址进行了初步的^{14}C测年，结果显示上文化层大约为10～20ka，下文化层的年龄大于50ka（刘德银，1993；杨宝成，1995）。受时代和^{14}C测年范围的限制，北京大学获得的年代结果可能不够准确，还需要进一步的研究。总的来说，鸡公山遗址包含长江中游地区罕见的具有绝对年代的旧石器时代晚期文化层，而且该遗址上下文化层的叠压关系对研究我国旧石器时代文化传统发展脉络有着重要意义。因此，重新测定鸡公山遗址文化层的绝对年代至关重要。

光释光（optically stimulated luminescence，OSL）测年法使用的矿物（石英和长石）在第四纪沉积物中普遍存在，该技术的发展为旧石器时代遗址的绝对定年研究提供了更多的可能性。众多学者的研究表明，基于单片再生剂量法（single-aliquot regenerative-dose, SAR；Murray and Wintle，2000，2003；Wintle and Murray，2006）的OSL测年方法对中国黄土高原和中部及北部邻近地区黄土的年代测定是有效的（Stevens et al.，2006；Buylaert et al.，2007；Lu et al.，2007；Kang et al.，2013；Yi et al.，2016；Stevens et al.，2018）。然而，由于石英常规光释光信号的饱和剂量上限相对较低（典型的黄土沉积为～200 Gy；Roberts，2008），其测年上限通常在～50～70ka。OSL测年法更适用于年轻沉积物的定年。随后，Wang et al.（2006a，b）根据热转移光释光信号的特征行为提出热转移光释光法，该方法可以扩大石英光释光的测年范围。OSL和TT-OSL测年法均广泛应用于我国考古遗址的定年研究（Lu et al.，2011；Zhang et al.，2011；Sun et al.，2012，2017，2018；Roberts et al.，2015；Zhuo et al.，2016；Guo et al.，2016，Hu et al.，2019）。

因此，2018年我们在鸡公山遗址进行了光释光样品和磁化率样品的采集，重新测定两个文化层的年代，以期发现其上、下文化层间的联系，为长江流域旧石器时代文化转型研究提供可靠的年代学支持。

更新世晚期5万年左右是旧石器时代文化转型的重要时期，刘礼堂等（2010）认为在旧石器时代晚期，汉江流域的旧石器时代文化以石片石器文化传统为主，砾石石器逐渐减少。由此可见，长江以北的广泛区域既有南方砾石石器文化传统，又存在着北方石片石器文化传统，是研究更新世晚期南方旧石器时代文化传统转型的重要区域。

二、遗址点概况

鸡公山旧石器时代遗址（30°23′53.206″N，112°13′51.45″E）地处湖北省荆州市郢北村，位于秦岭以南，长江北岸的阶地上，海拔38.5米（图一）。鸡公山其实是一个比周围环境高出几米的小土岗，南北长约500、东西宽约100多米。土岗有可能是原长江第二级阶地的遗留部分。旧石器时代文化遗存主要发现于土岗的中部偏西侧，是其最高处。

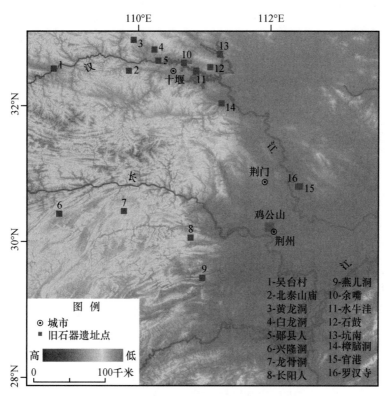

图一　鸡公山旧石器遗址点位置示意图
（大方块为鸡公山遗址，小方块为周边其他旧石器遗址）

该遗址共包括上、下两个文化层，其中下文化层揭露面积近500m²，表现为保存完好的早期人类活动面；上文化层主体部分发掘前被破坏，残余面积较小，约20m²。遗址的地层堆积可分为6层，采样位置和文化层见图二。

第1层：0～5cm。棕黄色（10YR 6/4）。表层，黄土层，松散。OSL未采样。

第2层：5～45cm。棕色（7.5YR 5/4，6/4）。弱土壤层，少量铁锰胶膜和斑点，纵向节理，上文化层。OSL采样位置13、30cm。

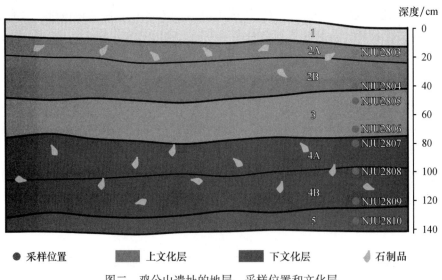

图二　鸡公山遗址的地层、采样位置和文化层

（改绘自刘德银和王幼平（2001）。2A和2B是上文化层，4A和4B是下文化层）

第3层：45～70cm。棕褐色（7.5YR 4/6）。土壤层，含铁锰胶膜，较致密，纵向节理，块状结构，自然层。OSL采样位置50、63cm。

第4层：70～125cm。红棕色（5YR 4/4）。强土壤层，含大量铁锰胶膜，致密，块状结构，下文化层。OSL采样位置83、103、113cm。

第5层：125cm以下。亮红棕色（5YR 4/6），含砂土壤层，有少量铁锰胶膜和斑点，非常致密，自然层。OSL采样位置130cm。

第6层：200～300cm以下。厚砂层和砾石层，砂层可达600～700cm。

鸡公山遗址的下文化层分为4A、4B两层，均埋藏着丰富的石制品（图三）。石制品的原料均为砾石，岩性庞杂，石器制作技术主要是石锤直接打击法（李泉，2019）。石制品类型主要属于典型砾石石器文化传统类型（刘德银和王幼平，2001）。鸡公山遗址上文化层石制品的分布范围远小于下文化层，但埋藏的石制品依然丰富（图三），主要分布在2A层，在2B层零星出现。石器的原料主要是石英和石英岩，也包含少量的燧石，这与丹江口库区发现的石制品相似。石器制作技术较简单，以石锤直接打击法进行打片与修理（刘德银和王幼平，2001）。上文化层的石制品属于石片石器文化传统类型。

三、实验方法

（一）样品的采集和处理

对鸡公山遗址遗存剖面进行光释光样品采集。首先对剖面进行清理，而后每隔5cm

图三　鸡公山遗址上、下文化层典型石器对比

上文化层：a.石片　b、d.砍砸器　c.刮削器；下文化层：e.砍砸器　f.手斧　g.手镐　h.刮削器

（参考李泉，2018）

采集磁化率样品，最后进行光释光样品采集。将直径5cm的钢管一端塞入黑色塑料袋后水平打入地层内，取出样品后立即用黑色塑料袋密封钢管两端，避免水分散失和曝光。本次共采集8个光释光样品，分别命名为JGS-1至JGS-8（实验室编号为NJU2803至NJU2810）。

在暗室条件下打开光释光样品，将钢管两端的表层曝光样品剥除2～5cm用作含水量和年剂量的测试，中心未见光部分取出后用30%的过氧化氢（H_2O_2）和10%的盐酸（HCl）浸泡分别去除样品中的有机质和碳酸盐类物质，再利用湿筛法得到所需样品。由于40～63μm的混合矿物较多，因此我们选择该粒径做石英光释光测试。先将该混合矿物用30%的氟硅酸（H_2SiF）溶蚀两周去除其中的长石矿物，再加入10%的盐酸浸泡

40min除去反应产生的氟化物沉淀，烘干后得到中颗粒石英组分，随后用红外检测方法测其纯度，若红外信号超过10%，则需要重新浸泡氟硅酸（Duller，2003）。

磁化率采用英国Bartington公司生产的MS2型磁化率仪进行测定。取压碎后的风干样品10g，将样品放入标准塑料盒中，在低频下分别对每个样品测量3次，取其平均值。所有样品的测试均在南京大学地貌过程与环境实验室完成。

（二）年剂量的测定

鸡公山遗址剖面（JGS）样品的U、Th和K含量在南京大学地球科学与工程学院用电感耦合等离子体质谱法（ICP-MS）进行测定，结果见表一。含水量通过称量样品的湿重和干重来计算。如表一所示，实测含水量随深度变化明显，从4%逐渐增长到16%。上部样品（0～60cm）的低含水量（＜11%）可归因于剖面的长期暴露，而未暴露的下部样品的含水量则稳定在15%左右。因此，样品含水量统一为15%，误差为±5%。宇宙射线根据Prescott和Hutton（1994）提出的公式进行计算。α粒子的贡献通过Guérin et al.（2012）的方法进行校正，α系数在0.027±0.001～0.030±0.001。最后，根据Guérin et al.（2011）提出的相关公式和剂量转换系数，将元素浓度换算成年剂量率。所有相关数据均汇总在表一中。

（三）等效剂量的测定

等效剂量（D_e）的测试在南京大学光释光年代实验室的全自动释光仪（Risø TL/OSL-DA-20C/D）上完成，人工β辐射源为^{90}Sr/^{90}Y源。石英释光信号由蓝光激发光源（λ=470±30nm；80mW/cm^2）激发，通过前端置有厚7.5mm的HoyaU340滤光片的光电倍增管（9235QA）测量（Bøtter-Jensen et al.，1999）。

鸡公山遗址样品的D_e值采用标准单片再生剂量法（SAR）测定（Murray and Wintle，2000，2003）。对于年轻样品，主要使用基于SAR程序的OSL测年法（Murray and Wintle，2000，2003）。其中，Preheat设定为260°C，Cut-heat为220°C。通过将感量校正后的自然释光信号强度（L_N/T_N）内插到由感量校正后的再生释光信号强度拟合的剂量响应曲线（Dose Response Curve，DRC）中，得到D_e值。对于较老的样品，主要使用TT-OSL测年法（Wang et al.，2007；Stevens et al.，2009）。每一个测试循环结束时要使用高温蓝光激发（290°C，400s）以去除任何残留的TT-OSL信号。用于感量校正的检验剂量（test dose）为1000s。

四、测年结果分析

（一）OSL

典型的剂量响应曲线（DRC）是通过分析软件（版本4.31.7；Duller，2015）中的单一饱和指数来确定的。样品NJU2804的DRC和自然衰退曲线（插图）如图四a所示，石英颗粒的天然释光信号在蓝光激发后几秒钟内迅速衰退至本底值，样品的释光信号由快速组分控制（Singarayer and Bailey，2003）。样品的饱和释光强度值I_{max}为79%，$D_e<2D_0$，说明释光信号尚未饱和，可以通过内插得到相对准确的D_e值。样品的循环比在0.93～1.07［Murray and Wintle（2000）建议其标准范围在0.90～1.10］，且所有测片的回授率均＜2%。图四b为样品NJU2805的DRC，其OSL信号趋于饱和，表明该样本能测得最小的D_e值。雷达图可以反映每个样品测得的等效剂量值的离散程度。图四c为样品NJU2803的雷达图，D_e值相对集中，其平均值可作为最终D_e值计算年代结果。

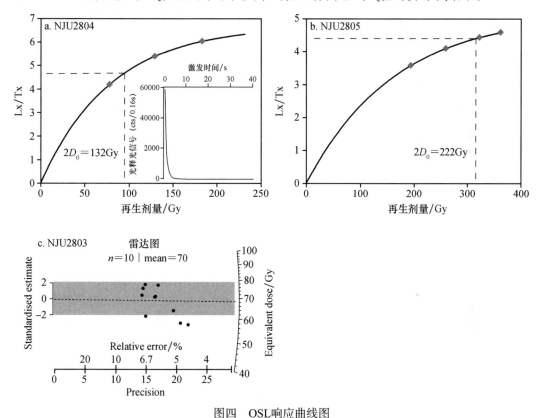

图四　OSL响应曲线图

a. JGS样品NJU2804的OSL生长曲线和衰退曲线　b. 样品NJU2805的OSL生长曲线　c. 样品NJU2803的雷达图

在JGS剖面的8个样本中，只有前4个样本（NJU2803到NJU2806）进行了OSL测试。它们的D_e值分别为70±4Gy、108±7Gy、＞280Gy和＞287Gy（表一）。

（二）TT-OSL

在常规OSL测试中鸡公山遗址样品的释光信号出现饱和，故采用TT-OSL法对所有样品进行检测。TT-OSL信号的剂量响应曲线和衰退曲线如图五a所示。虽然TT-OSL信号比OSL信号要暗一些，但该样品的本底值低于自然信号的20%，且表现出明显的晒退

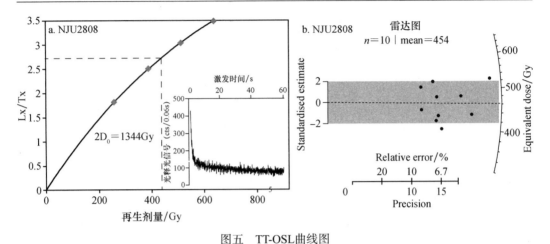

图五　TT-OSL曲线图

a. JGS样品NJU2808的TT-OSL生长曲线和衰退曲线　b. 样品NJU2808的雷达图

趋势；其DRC拟合得特别好，表现为线性增长。根据样本NJU2808的剂量响应曲线，TT-OSL信号远未饱和（$D_e<2D_0$），可以通过内插法得到有效的D_e值。所有样品的循环比在0.92～1.10，回授率小于5%。图五b为样品NJU2808的雷达图，其D_e值主要集中在460Gy左右。故使用平均值来计算年代结果。

如表一所示，TT-OSL法测得的D_e值在113±18～476±15Gy。

（三）光释光年龄

常规OSL测年中，根据Wintle和Murray（2006）定义的单饱和指数$2D_0$，样品NJU2803和NJU2804的OSL信号未饱和，测得的年代是可靠的，可作为上文化层的测年结果；而样品NJU2805～NJU2810的OSL信号饱和，饱和剂量符合黄土沉积物OSL测年的上限（～150～200Gy；Buylaert et al.，2007；Roberts，2008）。OSL信号饱和会导致年龄低估，因此只能测得样品的最小年龄。TT-OSL测年中，所有样品的TT-OSL信号均远未达到饱和，可有效测得所有样品的TT-OSL年龄。然而，将常规OSL年龄和相应的TT-OSL年龄进行横向对比，可以发现TT-OSL年代略大于OSL。考虑到与快速组分的OSL信号相比，TT-OSL信号更难晒退（Porat et al.，2009；Jacobs et al.，2011；Duller and Wintle，2012），鸡公山遗址样品的TT-OSL信号中可能存在一定的残留剂量。常规OSL法测得的未饱和样品的D_e是可靠的，两个年轻样品NJU2803和NJU2804的TT-OSL信号分别比OSL信号多43Gy和40Gy，可将它们的平均值41.5Gy作为样品中可能存在的TT-OSL信号残留。因此，我们从每个样品的TT-OSL信号中减去41.5Gy的残留剂量来校正其D_e值，校正后的TT-OSL年代结果将作为下文化层的最终年龄。表一总结了OSL和TT-OSL测年过程中所有的剂量率、D_e值和年代结果。

表一　鸡公山样品 OSL 和 TT-OSL 测年结果

样品号	地点	深度/cm	含水量（A/B）/%	U/ppm	Th/ppm	K/%	剂量率/Gy·ka	OSL等效剂量/Gy	TT-OSL等效剂量/Gy	样片个数 A/B	OSL年龄/ka	TT-OSL年龄/ka	校正的 TT-OSL年龄/ka
NJU2803	JGS	15	4.5/15	3.07±0.03	14.09±0.14	1.33±0.01	2.95±0.15	70±4	113±18	14/6	23±2	38±6	23±6
NJU2804	JGS	30	7.7/15	2.86±0.04	13.69±0.10	1.34±0.01	2.87±0.14	108±7	148±7	10/6	38±3	52±4	38±3
NJU2805	JGS	50	9.0/15	3.02±0.03	14.25±0.14	1.20±0.01	2.79±0.14	>280	338±24	10/6	>100	121±11	106±10
NJU2806	JGS	60	10.4/15	2.02±0.03	15.30±0.18	1.22±0.02	2.69±0.14	>287	339±22	8/6	>107	126±11	111±10
NJU2807	JGS	85	15.8/15	2.88±0.02	14.04±0.18	1.24±0.01	2.77±0.14		361±18	0/6		130±9	115±9
NJU2808	JGS	100	15.9/15	2.92±0.04	14.50±0.20	1.30±0.01	2.86±0.15		454±19	0/10		159±11	144±10
NJU2809	JGS	120	14.8/15	2.88±0.05	15.93±0.27	1.28±0.01	2.92±0.15		476±15	0/6		163±10	149±9
NJU2810	JGS	135	14.9/15	3.13±0.06	16.28±0.21	1.29±0.02	2.99±0.15		413±4	0/6		138±7	124±6

注："＞"代表估算的饱和年龄；含水量中，"A"=实测含水量，"B"=用于年龄计算的平均含水量，误差为±5%；样片个数中，"A"=OSL，"B"=TT-OSL。

五、讨　论

（一）与¹⁴C测年结果的比较

根据光释光测年结果（图六），两种方法测得的年代数据基本上都随着地层深度而递增，并且呈现出较一致的增长趋势。对晚更新世到全新世晚期的陆相沉积物来说，石英OSL测年法是成熟可靠的定年方法（Wintle and Adamiec，2017）。常规OSL法测得鸡公山遗址上文化层的年龄范围大约为23±2～38±3ka，是可靠的，这个结果仅比北京大学测得的¹⁴C年龄（上层文化层为10～20ka）老1万～2万年。而下文化层校正后的TT-OSL年龄范围大约为115±9～149±10ka，这与之前发表的¹⁴C年龄（下层文化层的年龄约50ka）存在很大差异。考虑到这项¹⁴C测年工作完成时间较早，以及¹⁴C测年范围的限制，对下文化层来说，校正后的TT-OSL年龄更加可靠。

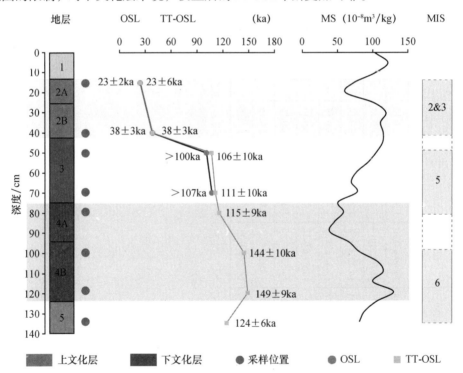

图六　鸡公山遗址的地层、OSL年龄、磁化率（MS）、深海氧同位素阶段（MIS）和文化层

图中右边曲线表示OSL年龄随深度变化，中间实线表示校正后的TT-OSL年龄随深度变化，实线左边数值表示OSL年龄，实线右边数值表示校正后的TT-OSL年龄。2A、2B为鸡公山遗址的上文化层，4A、4B为下文化层

（二）晚更新世人类与环境

根据鸡公山旧石器时代遗址的地层、年龄、磁化率以及相应的深海氧同位素阶段（图六），其下文化层的年代范围约为115 ± 9～149 ± 10 ka，对应深海氧同位素第6阶段（MIS 6）晚期和第5阶段（MIS 5）早期（Lisiecki and Raymo，2005），表明人类活动在冰期L_2阶段末期开始出现，并延续到温暖湿润的S_1阶段。该层的石制品数量庞大、种类丰富，表明遗址可能是一处石器制作场。下文化层属于典型的砾石石器文化传统。鸡公山遗址上文化层的年代范围约为23 ± 2～38 ± 3ka，对应冰期L_1阶段（刘东生，1985；Lu et al.，1999；Ding et al.，2002）；进一步说，上文化层的2B层对应深海氧同位素第3阶段（MIS 3）晚期（Lisiecki and Raymo，2005），而2A层对应深海氧同位素第2阶段（MIS 2）早期（Lisiecki and Raymo，2005）。该层的石制品相对较小，属于典型的石片石器文化传统。此外，鸡公山遗址上文化层的石器主要分布在2A层，2B层仅零星分布，即上层文化层的人类活动主要集中在2A层，古人类在MIS 2阶段活动频繁，并能良好适应末次冰盛期的环境（Last Glacial Maximum，LGM；26～19ka，Clark et al.，2009）。

对长江中下游地区200多个旧石器时代遗址进行统计，其中具有绝对年代的遗址有54个，它们的分布情况如图七所示，处于L_1阶段（MIS 2、MIS 3和MIS 4）的遗址占大多数（59%），处于S_1和L_2阶段的比重相当。L_2阶段（MIS 6），人类活动频繁，受气候变化影响较小；S_1阶段（MIS 5）气候温暖湿润，适合古人类定居和发展。长江中下游地区的旧石器时代中期文化主要发生在L_2（MIS 6）和S_1（MIS 5）阶段，砾石石器文化传统占主导地位，大型的旧石器时代工具组合适合古人类生存（王幼平，1997；刘礼堂等，2010；陈虹和方梦霞，2020）。冰期L_1阶段的环境变化对中国和东亚的人类演化具有重要意义（Liu et al.，2015；Bae and Douka，2017；高星等，2018）。这一时期，古人类的生存能力提高，适应能力增强，来自环境的压迫作用逐渐减弱，旧石器时代晚期文化日益繁荣。小而锋利的石片石器适合古人类在末次冰期的狩猎活动（陈虹和方梦霞，2020）。长江中下游地区的许多人类活动发生在冰期阶段（L_2和L_1；MIS 2、MIS 3、MIS 4和MIS 6），表明该区域气候条件适合晚更新世的人类活动和定居。间冰期（S_1；MIS 5）暖湿的气候条件对于人类的稳定和发展也起着重要作用。

鸡公山遗址上、下文化层的旧石器时代文化传统类型基本与长江中下游地区旧石器时代文化传统的发展趋势吻合，体现了古人类对生存环境的适应。OSL和TT-OSL测年结果也丰富了该区域古人类研究的绝对年代资料，结果显示，这两个旧石器时代文化传统类型明显不同的文化层之间存在着超过10万年的时间差，远超预期。因此，鸡公山遗址上、下两个文化层间的关系应该比预期的要复杂。

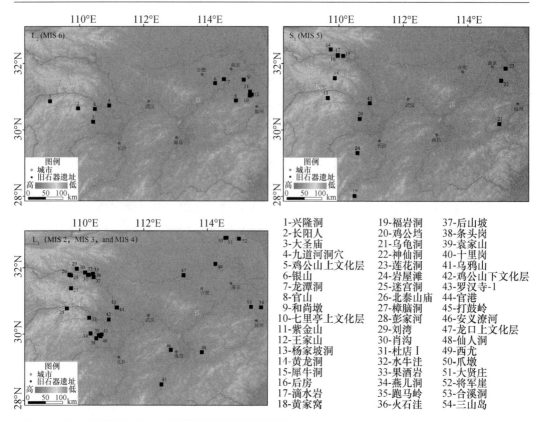

图七　长江中下游地区54个晚更新世旧石器时代遗址在L₁（MIS 2、MIS 3、MIS 4）、S₁（MIS 5）和L₂（MIS 6）阶段的分布情况

黑色方块代表旧石器时代遗址

1-兴隆洞　　19-福岩洞　　37-后山坡
2-长阳人　　20-鸡公垱　　38-条头岗
3-大圣庙　　21-乌龟洞　　39-袁家山
4-九道河洞穴　22-神仙洞　　40-十里岗
5-鸡公山上文化层　23-莲花洞　41-乌鸦山
6-银山　　　24-岩屋滩　　42-鸡公山下文化层
7-龙潭洞　　25-迷宫洞　　43-罗汉寺-1
8-官山　　　26-北泰山庙　44-官港
9-和尚墩　　27-樟脑洞　　45-打鼓岭
10-七里亭上文化层　28-彭家河　46-安义潦河
11-紫金山　　29-刘湾　　　47-龙口上文化层
12-王家山　　30-肖沟　　　48-仙人洞
13-杨家坡洞　31-杜店Ⅰ　　49-西尤
14-黄龙洞　　32-水牛注　　50-爪墩
15-犀牛洞　　33-果酒岩　　51-大贤庄
16-后房　　　34-燕儿洞　　52-将军崖
17-滴水岩　　35-跑马岭　　53-合溪洞
18-黄家窝　　36-火石洼　　54-三山岛

六、结　论

本文采用石英OSL和TT-OSL方法对鸡公山旧石器时代遗址的沉积物进行测年。OSL信号在～240 Gy左右达到饱和，而TT-OSL信号则远未达到饱和。综合测年结果表明，上文化层年龄大约为23±2～38±3ka，比^{14}C测年的年龄（10～20ka）要老一点；下文化层年龄大约为115±9～149±10ka，比^{14}C测年的年龄（约50 ka）要老得多。根据年代结果分析，上文化层主要处于冰期L₁阶段（2A层和2B层分别对应MIS 2早期和MIS 3晚期），而下文化层既有冰期阶段也有间冰期阶段，相当于L₂晚期（MIS 6晚期）和S₁早期（MIS 5早期）阶段，两个文化层之间有着近10万年的文化间断。此外，长江中下游地区冰期阶段的气候条件也十分适合古人类的生存与演化。

致谢：感谢徐行华、曾琼萱和鹿艺鸣在野外采样、实验以及绘图过程中给予的帮助。本研究得到国家自然科学基金（项目批准号：41972185和41690111）的资助。

参 考 文 献

陈虹, 方梦霞. 2020. 长江中下游地区旧石器时代文化分期分区研究[J]. 考古学报, (1): 21-42.

陈全家, 陈晓颖, 方启. 2014. 丹江口库区水牛洼旧石器遗址发掘简报[J]. 人类学学报, 33(1): 27-38.

高星. 2014. 更新世东亚人群连续演化的考古证据及相关问题论述[J]. 人类学学报, 33(3): 237-253.

高星, 彭菲, 付巧妹, 等. 2018. 中国地区现代人起源问题研究进展[J]. 中国科学: 地球科学, 48(1): 30-41.

黄万波, 徐晓风, 李天元. 1987. 湖北房县樟脑洞旧石器时代遗址发掘报告[J]. 人类学学报, 6(4): 298-305.

李泉. 2019. 湖北省荆州市鸡公山旧石器时代遗址石制品初步研究[D]. 北京联合大学.

李天元, 高波, 陈刚毅. 1987. 丹江口市石鼓后山坡旧石器地点调查简报[J]. 江汉考古, (4): 1-6.

李天元, 武仙竹. 1986. 房县樟脑洞发现的旧石器[J]. 江汉考古, (3): 3-6, 99.

刘德银. 1993-5-2. 我国旧石器时代考古的重大突破——湖北江陵鸡公山旧石器时代遗址[N]. 中国文物
报.

刘德银, 王幼平. 2001. 鸡公山遗址发掘初步报告[J]. 人类学学报, 20(2): 102-114, 165-166.

刘东生. 1985. 黄土与环境[M]. 北京: 科学出版社.

刘礼堂, 祝恒富, 解宇. 2010. 旧石器时代中国南方砾石工业初探[J]. 武汉大学学报(人文科学版), (5).

刘武, 吴秀杰, 邢松. 2019. 更新世中期中国古人类演化区域连续性与多样性的化石证据[J]. 人类学学报,
38(4): 1-18.

唐斑, 肖玉军, 祁钰, 等. 2018. 湖北省郧县滴水岩旧石器时代遗址发掘简报[J]. 华夏考古, (6): 2, 43-55,
129.

王社江, 孙雪峰, 鹿化煜, 等. 2014. 汉水上游汉中盆地新发现的旧石器及其年代[J]. 人类学学报, 33(2):
125-136.

王幼平. 1997. 中国南方与东南亚旧石器工业的比较[C] // 北京大学考古系. 考古学研究(三). 北京: 科学
出版社: 1-18.

吴秀杰. 2018. 中国古人类演化研究进展及相关热点问题探讨[J]. 科学通报, 63(21): 52-59.

武汉大学历史学院, 南京大学地理与海洋科学学院. 2013. 湖北郧县后房旧石器遗址发掘简报[J]. 江汉考
古, (1): 6-15.

夏文婷, 王社江, 夏楠, 等. 2018. 汉中盆地龙岗寺遗址第3地点出土的石制品[J]. 人类学学报, 37(4): 33-
45.

杨宝成. 1995. 湖北考古发现与研究[M]. 武汉: 武汉大学出版社: 17-18.

张森水. 1999. 管窥新中国旧石器考古学的重大发展[J]. 人类学学报, 18(3): 35-56.

中国科学院大学考古学与人类学系, 河南省文物局南水北调文物保护办公室, 浙江大学文物与博物馆学
系. 2018. 丹江口库区燧石遗存调查简报[J]. 江汉考古, (2): 5-18.

祝恒富. 2007. 湖北丹江口市毛家洼旧石器遗址调查[J]. 华夏考古, (1): 3-19.

Bae C J. 2010. The late Middle Pleistocene hominin fossil record of eastern Asia: Synthesis and review[J].
American Journal of Physical Anthropology, (S51): 75-93.

Bae C J, Douka K, Petraglia M D. 2017. On the origin of modern humans: Asian perspectives[J]. Science,
358(6368): 1269.

Bøtter-Jensen L, Duller G A T, Murray A S. 1999. Blue light emitting diodes for optical stimulation of quartz
in retrospective dosimetry and dating[J]. Radiation Protection Dosimetry, 84(1): 335-340.

Bøtter-Jensen L, Thomsen K J, Jain M. 2010. Review of optically stimulated luminescence (OSL) instrumental developments for retrospective dosimetry[J]. Radiation Measurements, 45(3-6): 253-257.

Buylaert J P, Vandenberghe D, Murray A S, et al. 2007. Luminescence dating of old (＞70 ka) Chinese loess: A comparison of single-aliquot OSL and IRSL techniques[J]. Quaternary Geochronology, 2(1-4): 9-14.

Chen T M, Yang Q, Hu Y Q, et al. 1997. ESR dating of tooth enamel from Yunxian homo erectus site, China[J]. Quaternary Science Reviews, 16(3-5): 455-458.

Clark P U, Dyke A S, Shakun J D, et al. 2009. The last glacial maximum[J]. Science, 325(5941): 710-714.

Ding Z L, Derbyshire E, Yang S L, et al. 2002. Stacked 2.6-Ma grain size record from the Chinese loess based on five sections and correlation with the deep-sea $\delta^{18}O$ record[J]. Paleoceanography, 17(3): 5-1-5-21.

Duller G A T. 2003. Distinguishing quartz and feldspar in single grain luminescence measurements[J]. Radiation Measurements, 37(2): 161-165.

Duller G A T. 2015. The Analyst software package for luminescence data: overview and recent improvements[J]. Ancient TL, (33): 35-41.

Duller G A T, Wintle A G . 2012. A review of the thermally transferred optically stimulated luminescence signal from quartz for dating sediments[J]. Quaternary Geochronology, 7(1): 6-20.

Guérin G, Mercier N, Adamiec G. 2011. Dose-rate conversion factors: Update[J]. Ancient TL, 29: 5-8.

Guérin G, Mercier N, Adamiec G. 2012. Dose-rate conversion factors: Update[J]. Ancient TL, 29: 5-8.

Guo Y J, Li B, Zhang J F, et al. 2016. Luminescence ages for three "Middle Paleolithic" sites in the Nihewan Basin, northern China, and their archaeological and paleoenvironmental implications[J]. Quaternary Research, 85(3): 456-470.

Hou Y M, Potts R, Yuan B Y, et al. 2000. Mid-Pleistocene Acheulean-like stone technology of the Bose basin, South China[J]. Science, 287(5458): 1622-1626.

Hu Y, Marwick B, Zhang J F, et al. 2019. Late Middle Pleistocene Levallois stone-tool technology in Southwest China[J]. Nature, 565(7737): 82.

Jacobs Z , Roberts R G , Lachlan T J, et al. 2011. Development of the SAR TT-OSL procedure for dating Middle Pleistocene dune and shallow marine deposits along the southern Cape coast of South Africa[J]. Quaternary geochronology, 6(5): 491-513.

Kang S G, Wang X L, Lu Y C. 2013. Quartz OSL chronology and dust accumulation rate changes since the Last Glacial at Weinan on the southeastern Chinese Loess Plateau[J]. Boreas, 42(4): 815-829.

Li T Y, Etler D A. 1992. New Middle Pleistocene hominid crania from Yunxian in China[J]. Nature, 357(6377): 404-407.

Li Y, Liu D, Wu W, et al. 2003. Paleoenvironment in Chinese Losses Plateau During MIS 3: Evidence from Malan Loess[J]. Quaternary Sciences, 23 (1): 69-76.

Li Y H, Sun X F, Bodin E. 2014. A macroscopic technological perspective on lithic production from the Early to Late Pleistocene in the Hanshui River Valley, central China[J]. Quaternary International, 347: 148-162.

Li Y H, Zhou Y D, Sun X F et al. 2018. New evidence of a lithic assemblage containing in situ Late Pleistocene bifaces from the Houfang site in the Hanshui River Valley, Central China[J]. Comptes Rendus Palevol, 17(1-2): 131-142.

Li Z Y, Wu X J, Zhou L P, et al. 2017. Late Pleistocene archaic human crania from Xuchang, China[J]. Science, 355(6328): 969-972.

Lisiecki L E, Raymo M E. 2005. A Pliocene-Pleistocene stack of 57 globally distributed benthic $\delta^{18}O$ records[J]. Paleoceanography and Paleoclimatology, 20(1).

Liu J F, Murray A S, Jain M, et al. 2012. Developing a SAR TT-OSL protocol for volcanically-heated aeolian quartz from Datong (China)[J]. Quaternary Geochronology, 10: 308-313.

Liu W, Jin C Z, Zhang Y Q, et al. 2010. Human remains from Zhirendong, South China, and modern human emergence in East Asia[J]. Proceedings of the National Academy of Sciences of the United States of America, 107(45): 19201-19206.

Liu W, Martinón-Torres, María, Cai Y J, et al. 2015. The earliest unequivocally modern humans in Southern China[J]. Nature, 526(7575): 696-699.

Lu H Y, Liu X D, Zhang F Q, et al. 1999. Astronomical calibration of loess-paleosol deposits at Luochuan, central Chinese Loess Plateau[J]. Palaeogeography, Palaeoclimatology, Palaeoecology, 154(3): 237-246.

Lu H Y, Sun X F, Wang S J, et al. 2011. Ages for hominin occupation in Lushi Basin, middle of South Luo River, central China[J]. Journal of Human Evolution, 60(5): 612-617.

Lu Y C, Wang X L, Wintle A G. 2007. A new OSL chronology for dust accumulation in the last 130,000yr for the Chinese Loess Plateau[J]. Quaternary Research, 67(1): 152-160.

Murray A S, Wintle A G. 2000. Luminescence dating of quartz using an improved single-aliquot regenerative-dose protocol[J]. Radiation Measurements, 32(1): 57-73.

Murray A S, Wintle A G. 2003. The single aliquot regenerative dose protocol: Potential for improvements in reliability[J]. Radiation Measurements, 37(4-5): 377-381.

Porat N, Duller G A T, Roberts H M, et al. 2009. A simplified SAR protocol for TT-OSL[J]. Radiation Measurements, 44(5-6): 538-542.

Prescott J R, Hutton J T. 1994. Cosmic ray contributions to dose rates for luminescence and ESR dating: Large depths and long-term time variations[J]. Radiation Measurements, 23(2-3): 497-500.

Roberts H M. 2008. The development and application of luminescence dating to loess deposits: a perspective on the past, present and future[J]. Boreas, 37(4): 483-507.

Roberts R G, Jacobs Z, Li B, et al. 2015. Optical dating in archaeology: thirty years in retrospect and grand challenges for the future[J]. Journal of Archaeological Science, (56): 41-60.

Singarayer J S, Bailey R M. 2003. Further investigations of the quartz optically stimulated luminescence components using linear modulation[J]. Radiation Measurements, 37(4-5): 451-458.

Stevens T, Armitage S J, Lu H Y, et al. 2006. Sedimentation and diagenesis of Chinese loess: Implications for the preservation of continuous, high-resolution climate records[J]. Geology, 34(10): 849-852.

Stevens T, Buylaert J P, Murray A S. 2009. Towards development of a broadly-applicable SAR TT-OSL dating protocol for quartz[J]. Radiation Measurements, 44(5-6): 639-645.

Stevens T, Buylaert J P, Thiel C, et al. 2018. Ice-volume-forced erosion of the Chinese Loess Plateau global Quaternary stratotype site[J]. Nature Communications, 9(1): 983.

Sun X F, Li Y H, Feng X B, et al. 2016. Pedostratigraphy of aeolian deposition near the Yunxian Man site on the Han jiang River terraces, Yunxian Basin, central China[J]. Quaternary International, 400: 187-194.

Sun X F, Lu H Y, Wang S J, et al. 2012. Ages of Liangshan Paleolithic sites in Hanzhong Basin, central China[J]. Quaternary Geochronology, (10): 380-386.

Sun X F, Lu H Y, Wang S J, et al. 2017. Early human settlements in the southern Qinling Mountains, central

China[J]. Quaternary Science Reviews, 164: 168-186.

Sun X F, Lu H Y, Wang S J, et al.2018. Hominin distribution in glacial-interglacial environmental changes in the Qinling Mountains range, central China[J]. Quaternary Science Reviews, 198: 37-55.

Wang S J, Lu H Y. 2016. Taphonomic and paleoenvironmental issues of the Pleistocene loessic Paleolithic sites in the Qinling Mountains, central China[J]. Science China Earth Sciences, 59(8): 1519-1528.

Wang W D, Xia J D, Zhou Z X. 2006b. Thermoluminescence dating of the ancient Chinese porcelain using a regression method of saturation exponential in pre-dose technique[J]. Science China (Series E: Technological Sciences, (49): 194-209.

Wang X L, Lu Y C, Wintle A G. 2006a. Recuperated OSL dating of fine-grained quartz in Chinese loess[J]. Quaternary Geochronology, 1(2): 89-100.

Wang X L, Wintle A G, Lu Y C. 2007. Testing a single-aliquot protocol for recuperated OSL dating[J]. Radiation Measurements, 42(3): 380-391.

Wintle A G , Adamiec G . 2017. Optically stimulated luminescence signals from quartz: A review[J]. Radiation Measurements, 98: 10-33.

Wintle A G, Murray A S. 2006. A review of quartz optically stimulated luminescence characteristics and their relevance in single-aliquot regeneration dating protocols[J]. Radiation Measurements, 41(4): 369-391.

Wu X Z, Liu W, Gao X, et al. 2006. The Late Pleistocene ancient human site in Huanglongdong, Yunxi, Hubei[J]. Science Bulletin, 51(016): 1929-1935.

Yi S W, Buylaert J P, Murray A S, et al. 2016. A detailed post-IR IRSL dating study of the Niuyangzigou loess site in northeastern China[J]. Boreas, 45(4): 644-657.

Zhang J F, Li Y Y, Han Y S, et al. 2018. Luminescence dating of weathered sediments from the Paleolithic site of Fengshuzui in northern Hunan province, China[J]. Quaternary Geochronology, 49: 211-217.

Zhang J F, Wang X Q, Qiu W L, et al. 2011. The paleolithic site of Longwangchan in the middle Yellow River, China: Chronology, paleoenvironment and implications[J]. Journal of Archaeological Science, 38(7): 1537-1550.

Zhuo H X, Lu H Y, Wang S J, et al. 2016. Chronology of newly-discovered Paleolithic artifact assemblages in Lantian (Shaanxi province), central China[J]. Quaternary Research, 86(3): 316-325.

湖北竹山柿湾遗址旧石器研究

祝恒富　胡春雨　柳　毅

（十堰博物馆）

摘要： 柿湾是堵河流域首次发现的旧石器遗址，位于堵河的二级阶地，高出河面约40米以上。1998年考古工作人员在调查时发现石制品，并找到准确的出土地层。柿湾遗址先后进行过两次考古调查，共采集石制品109件，石制品特征与汉江沿岸石制品特征大同小异。当然，其中的"小异"却"小"得特点突出鲜明，如遗址中出现大量大而薄的石片，以及石器多以石片为素材等特点在汉江沿岸不见。柿湾旧石器遗址的发现为堵河流域寻找旧石器时代遗存开创先例，其特点为汉江流域旧石器文化注入了新的内涵。

关键词： 旧石器　旧石器时代中期　湖北竹山　柿湾

柿湾旧石器遗址位于竹山县潘口乡，县城西约3千米处。石制品发现于砖厂（潘口第二砖厂）取土场，1998年十堰博物馆的工作人员在考古调查时，发现了该遗址并采集到一批石制品；2000年考古工作人员又对该遗址进行调查，也采集到一批石制品，本文就该遗址所发现的石制品进行介绍和研究。

一、柿湾旧石器遗址及其环境

柿湾旧石器遗址处于堵河的北岸，县城的西北，堵河在此向南拐出东下（图一），使此处形成一个凸出的缓坡状高地。高地分两层，上层为黄土层，下层为基岩，遗址位于高地前缘，距堵河河面高40米左右。

堵河是汉江最大的支流，流域位于鄂西北汉江右岸，地跨陕西、湖北两省。堵河发源于川陕交界的大巴山，干流全长约354千米，流域面积12400多平方千米，在郧县西流汇入汉江。堵河并不算大，却是竹山的母亲河，其由西北注入东南流出，斜向横跨整个县境。堵河养育了这片山地中的民众，考古发现证明这一带早在新石器时代就有人类生存繁衍，留下了大量的文化遗存。特别是商周时期的文化遗存最为丰富，这里不仅发现了大量商周时期的遗址，还流传着大量有关庸国的传说，这些传说印证了史籍记载古庸国帮助周王灭商的历史史实，柿湾旧石器遗址的发现将竹山有人类生存的历史大大向前推进了。

竹山县位于湖北的西北部，与陕西、重庆相邻。其北依武当山，南连大巴山，东邻房县，西交竹溪县、陕西旬阳市、白河县接壤，南接神农架林区、重庆巫溪县（图一）。竹山之所以有如此丰富的古文化遗存得益于其有适应人类生存的地理及生态环境。竹山地处秦巴腹地，故有鄂西北山地之称，属副亚热带季风大陆性气候，降雨丰沛，这种生态、自然环境是人类理想的生存之地，因而早在数十万年前人类就在此繁衍生息，并留下大量的古文化遗存，柿湾遗址就是其中之一。

柿湾遗址位于坡地的前沿，此处为黄土堆积成的小山梁，黄土的厚度在20米以上，其下为砾石层，再下是基岩。在调查时潘口砖厂正在此取土，因而有清晰的剖面，我们在剖面上发现了石器。根据剖面可知，黄土可分为两层：第1层厚10米左右，第2层厚8～9米，在两层黄土中间夹有一层薄薄的砾石层，其厚在1米左右（图二）。根据石制品上的土质和地层中所含的石制品可知，石制品应埋藏于第1层，这种埋藏环境与汉江沿岸旧石器的埋藏环境基本相似，都属于旷野类型堆积，它的发现为学术界认识堵河流域的旧石器文化提供了少有的实物资料。通过两次调查，共采集石制品共109件（不包含1件石砧和11件残块），现介绍如下。

图一 柿湾遗址位置示意图

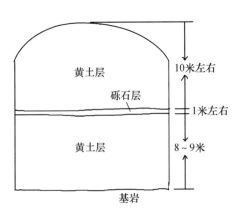

图二 柿湾遗址地层剖面示意图

二、石制品介绍

柿湾旧石器遗址的石制品以石器为主，主要有砍砸器、刮削器、手斧、手镐、薄刃斧等，砍砸器是最多的一类，刮削器不像其他遗址那样丰富，较突出的是手斧和薄刃斧等大型工具。在整个工具中第一类工具只有石砧，且只有一件。在整个石制品中，石核的比例较小，而石片比例较大。石片不仅多，而且个体非常大且都较薄。柿湾遗址石器的原料均为河滩砾石，石器的素材以石片为主，严格意义的砾石石器并不多。

（一）石核

柿湾遗址发现石核较为有限，在整个石制品中只有12件。石核的原料皆为河滩砾石，石质主要是石英岩，共9件，再是石英2件、1件砂岩。石核的台面皆为天然台面，其中以砾石面为台面者10件，1件为节理面，另1件有小石疤，但可以确认此石疤并非修理台面而留下的，应该是在打片时崩落而成，原则上说此台面亦属于天然台面。整个石核中只有单台面和双台面两种，不见多台面石核。

单台面石核 10件。此类石核一般较薄，但长而宽，所以看起来虽大，却并不重。同时阴疤浅且较为平缓。若是两侧或两面打片，其中心的"石芯"也较薄。这类石核的台面皆为砾石面，台面角都较小，应该属于碰砧打下的石核。标本SZP006有所不同，它采用的是砸击打片。这件石核的原料为石英岩砾石，单台面石核，呈圆锥柱状。台面位于近端，为节理面，平坦。左右两侧打片，各3块片疤，疤痕较深且完整。除阳疤外，其余为砾石面。石核长128、宽136、高91毫米，重1779克（图三，1）。

双台面石核 2件。标本SZP054，原料为石英岩砾石。形态近似长方形，左侧边的中部微向外鼓。双台面，位于近端，为砾石面。正、背两面打片，正面1块完整的大石疤，背面两层；第一层2块，第二层1块。石核长231、宽152、高57毫米，重1983克（图三，2）。该石核因正背两面打片，使石核形成较薄的"石芯"，这类石核在柿湾遗址中较为常见，是较为典型的一种石核。标本SZP061，双台面石核，石英砾石。台面位于远近两端，两个台面皆为砾石面。近端台面位于石核的正面，打下3块石片，由近向远端打片。石核的两侧还各有一块小石疤。石核长97、宽132、高98毫米，重1172克（图三，3）。

（二）石片

石片的数量远大于石核，共26件。原料皆为砾石，只有1件砂岩，余皆为石英岩。石片的形态比较丰富，有蚌形、扇形、方形、三角形、菱形和不规则形多种。若按其纵轴的长短来分，可分为长石片和宽石片，所谓长石片是长大于宽，而宽石片则相反。台面除1件脱落、1件为节理、1件有小石疤外，余皆为砾石面，但小石疤显然非修理台面留下的，而是因打片崩落而形成。石片都较为完整，只有2件远端残。石片的台面角都非常大，上述特性非常清晰，如打击点、放射线及椎疤都非常清晰明确，但破裂面一般多平坦，凸鼓的并不多，少量微微鼓起。石片的背面多为砾石面，只有4件为阴疤，另2件一半为阴疤一半为砾石面。石片的远端多有细小的加工或使用痕迹，这说明有些石片很有可能是作为石器使用的。

1. 长石片

长石片只有5件，原料皆为石英岩砾石，台面也皆为砾石面，石片特征都非常清晰明确，但破裂面较平坦，只有1件微鼓。背面有阴疤者2件，其中一块者1件、两块者1

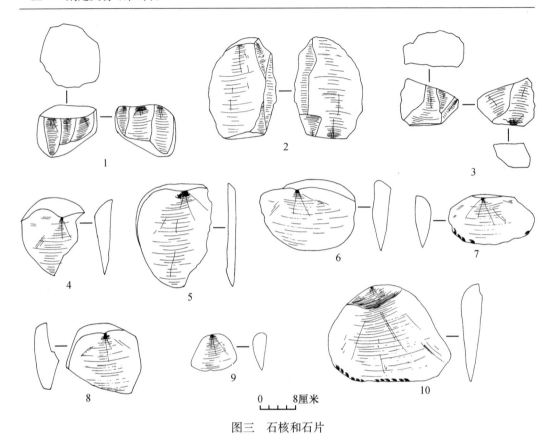

图三　石核和石片

1.单台面石核（SZP006）　2、3.双台面石核（SZP054、SZP061）　4、5.长石片（SZP034、SZP004）

6～10.宽石片（SZP017、SZP012、SZP047、SZP002、SZP055）

件，余为砾石面。石片的长大于宽，但并非严格意义的长石片，应该是受原料的制约而形成的"长"，这与有意打制而成的长石片是有区别的。多数石片的远端或左右两侧有碎小的阴疤，但数量不多，也不连续，这种疤痕不应该是加工而留下的。

标本SZP034，石片呈三角形，长略大于宽，岩性为石英岩，台面为砾石面。打击点、放射线及椎疤等特征明显，破裂面微鼓。石片的背面为阴疤，左侧边不规则。远端非常薄，可以当作工具使用。长150、宽143、厚46毫米，重808克（图三，4）。

标本SZP004，石英岩砾石。石片呈三角形，长大于宽，较薄。正面打击点，放射线、椎疤均非常清晰，破裂面平坦。台面为砾石面。右侧边为砾石面，左侧边曲折，有零星的小疤，可能是使用痕迹。背面左侧有一条砾石面，余为石片阴疤。长224、宽173、厚33毫米，重1336克（图三，5）。

2. 宽石片

宽石片共21件，原料皆为砾石，除1件为砂岩外，余全部是石英岩。形状主要是扇形或说是蚌形，椭圆形、三角形、不规则形、长方形都较少。台面除2件缺损和1件有一小石疤外，余皆为砾石面。打击点、放射线非常清晰，但破裂面多平坦，只有少量微鼓，明显凸鼓者只有4件。背面为砾石面者13件，1件为节理面，余7件为阴疤。在这7件石片中，有4件一半为阴疤，一半为砾石面，另3件全为阴疤。石片的远端及两侧几乎都有零星的小石疤，有些小疤还很连贯，这显然与使用有关。宽石片的形成是由原料——砾石的宽度决定的，并非有意将其打制成宽形的石片。

标本SZP017，原料为砂岩砾石，石片呈蚌形，长小于宽，台面为砾石面。打击点、放射线清晰，但椎疤不显，破裂面也较为平坦。石片的背面为砾石面。长154、宽216、厚49毫米，重1860克（图三，6）。

标本SZP012，呈蚌形，长小于宽。打击点不清，放射线和椎疤清晰，破裂面微鼓。台面为砾石面。背面为砾石面，石片除近端外，其余边缘多有小疤，或为使用痕迹。长117、宽195、厚20毫米，重655克（图三，7）。

标本SZP047，石英岩砾石。石片近方形，宽大于长。打击点、放射线、椎疤非常清晰，破裂面微鼓。台面为砾石面。背面的近端有一片阴疤，余为砾石面。石片从中部折断，远端不明。长122、宽232、厚44毫米，重1211克（图三，8）。

标本SZP002，石英岩砾石。石片呈扇形。宽略大于长。正面打击点、放射线清晰，但椎疤不显，破裂面平坦。台面和背面皆为砾石面，远端有零星小疤，可能为使用痕迹。长96、宽105、厚27毫米，重681克（图三，9）。

标本SZP055，该石片体形硕大。石英岩砾石。石片呈扇形。宽略大于长。正面打击点、放射线清晰，但椎疤不显，破裂面平坦。台面为砾石面，台面的右下角和石片的右侧各有一块阴疤。石片的背面有一小块阴疤，余皆为砾石面。远端有零星小疤，可能为使用痕迹。长218、宽288、厚48毫米，重6831克（图三，10）。

（三）刮削器

刮削器是石器中最少的一类，仅7件。这7件刮削器中岩性以石英岩为主，共4件，硅质岩2件，石英1件。素材3件为石块，4件为石片。从形态上来看，刮削器不很规则，只有一种像"山"字形的较为突出，这类石器将素材打制呈"山"字状，再对两侧进行加工。此类石器在砍砸器中尤其多见。从刃缘数量来看，只有单刃和双刃两种，双刃略多一点，但由于遗址中出土的刮削器本来就少，难以说明问题。该遗址不见多刃刮削器，这是不多见的现象。

单刃刮削器　2件。标本SZP014，素材为石英岩石片，石片的特征不清晰。正面为破裂面，左上角为砾石面，左下角为节理面，背面为阴疤。刃部位于右侧，直刃。错向加工。长147、宽120、厚20毫米，重34.2克（图四，1）。标本SZP041，素材为硅质岩石块。正面除右侧为阴疤外，余皆为砾石面，背面为破裂面。刃部位于右侧，凸刃。交互加工，加工较为粗犷。长91、宽113、厚31毫米，重435克（图四，2）。

双刃刮削器　5件。素材主要是石片和碎块，分别为3件和2件。岩性主要是石英岩，共4件，另1件为硅质岩。形态不规则，突出的是"山"字形，这类刮削器具有特殊性。刃部一般位于两侧，只有1件为一刃位于远端，另一刃位于左侧。双刃刮削器皆较小，最重者只有435克，最轻者只有159克；有的虽然较长，但皆较薄，最薄者只有20毫米，而其有长159毫米者。加工方向以反向为主，再是交互加工。

标本SZP060，素材为石英岩石片，整体呈柳叶状。正面为破裂面，其上石片特性不显，背面为阴疤。两刃虽位于两侧，但右侧刃位于右侧的右上角。左刃外弧，右刃较直。左刃为反向加工，右刃为交互加工。长159、宽101、厚20毫米，重344克（图四，3）。

标本SZP130，素材为石英岩石片，整体呈"山"字形。正面为石片的破裂面，但石片特性不显，近端为砾石面，背面有阴疤。刃部位于两侧，左侧刃微内凹，而右侧刃内凹得较为严重，使远端呈凸出的"山"字状。左刃为正向加工，右刃反向加工。长96、宽136、厚25毫米，重252克（图四，4）。

标本SZP069，素材为黑色硅质岩石片。整体呈"山"字形，正面的中部有一纵脊，两侧各为阴疤，近端为砾石面。背面是石片破裂面，其上打击点、放射线清晰。破裂面的中部有一横向节理。刃部位于两侧，左侧刃内凹，右侧刃外凸。左刃为正向加工，右刃反向加工。长110、宽78、厚34毫米，重159克（图四，5）。

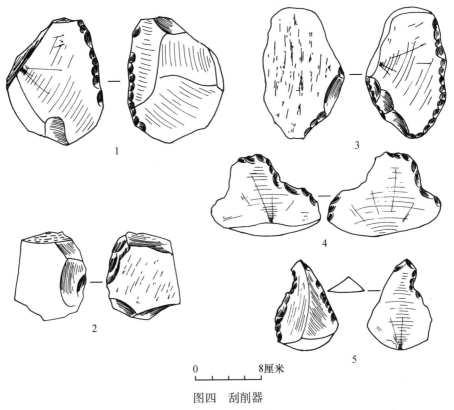

0   8厘米

图四　刮削器

1、2. 单刃（SZP014、SZP041）　　3~5. 双刃（SZP060、SZP130、SZP069）

（四）砍砸器

砍砸器是该遗址石器最多的一类，共41件。砍砸器一般都较大，而该遗址的砍砸器还要大一些，它多以大石片或石片残块为素材，所以其大小与石片有着直接的关系。在41件砍砸器中有单刃砍砸器24件，双刃砍砸器13件，多刃砍砸器3件，盘状砍砸器1件。

1. 单刃砍砸器

单刃砍砸器数量最多，共24件。原料皆为砾石，岩性除1件为硅质岩外，余皆为石英岩。素材石片9件，砾石5件，石块5件（普通石块和石片碎块等），石核5件。形态相对简单，以长条形为主，次为不规则形，另有少量三角形、扇形。刃部多位于两侧，而主要是位于左侧9件，右侧7件，远端8件。刃部形态有弧刃、直刃、凹刃、凸刃。根据刃部所处的位置，我们将单刃砍砸器分为左侧刃砍砸器、右侧刃砍砸器和端刃砍砸器三种。

左侧刃砍砸器　9件。原料皆为石英岩，素材主要是石片，共4件，次为石块和石核各2件，砾石1件。形态主要为长条形或近长方形，次为不规则形，再是扇形。所谓左侧刃砍砸器是指刃部位于左侧的砍砸器。此类砍砸的刃缘都较长且平整，也相对较直，加工都较为精致。

标本SZP023，原料为石英岩，素材为石片。石片除台面缺失外，其他特征清晰明确。正面为二层四块石疤，背面为石片的破裂面，整件石器呈长条形。单刃砍砸器，刃部位于左侧，刃部远凸近凹，弯曲呈"S"形。刃部加工精致，反向加工。长274、宽146、厚37毫米，重1311克（图五，1）。

标本SZP062，原料为石英岩砾石，整体呈龟背状，正面除左侧为阴疤，远近两端各有少许打击痕迹，右侧和中心处皆为砾石面，背面为破裂面。刃部位于左侧，内凹。刃部的加工是先将砾石左侧打制成一个大的凹缺，再对远近两端进行修理，此后再对刃部进行加工。刃部加工较为精致，反向加工。长153、宽123、厚56毫米，重130克（图五，2）。

标本SZP055，原料为石英岩，素材为石片。石片的台面位于右侧，石片的远端加工成刃，整件石器呈三角形。正面为破裂面，平坦，打击点、放射线清晰，右侧边及远端为砾石面。刃部平且直，反向加工。长236、宽142、厚66毫米，重1220克（图五，3）。

右侧刃砍砸器　7件。其中原料为石英岩石者6件，砂岩1件。素材为石片者4件，砾石3件。

标本SZP032，原料为石英岩，素材为石片。台面位于左上角，正面的左侧和近端为砾石面，右边为阴疤；背面为破裂面，其上石片特征清晰明确。刃部位于右侧，曲折，反向加工。长205、宽161、厚46毫米，重1217克（图五，4）。

标本SZP051，原料为石英岩，素材为石片。台面位于近端，为平坦的节理面。破裂面放射线清晰。石器的正面为阴疤，背面为破裂面，右侧边为砾石面。石器呈三角形，刃部位于左侧，斜直，平坦。刃部加工虽然粗犷，但却使刃部平坦而锋利。整件石器较薄，且匀称。长163、宽143、厚24毫米，重671克（图五，5）。

标本SZP066，原料为砂岩砾石，素材为石块。整体呈不规则形，正面除刃右侧外，余皆为砾石面，背面为阴疤。刃部位于右侧，正面有2块石疤，背面1块，使之成刃。长120、宽109、厚47毫米，重781克（图五，6）。

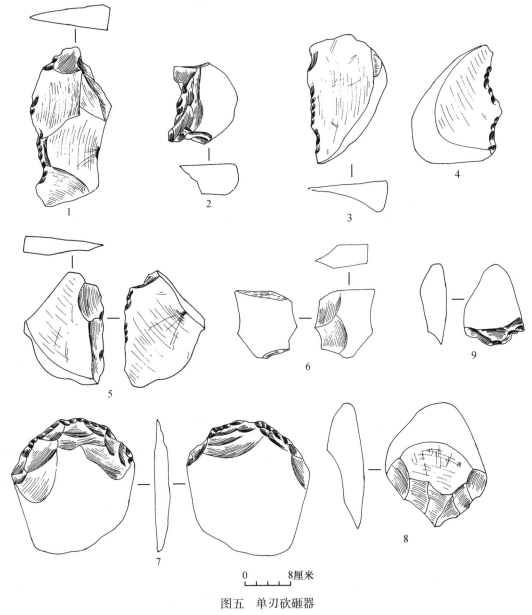

0　　　　8厘米

图五　单刃砍砸器

1~3.左侧刃砍砸器（SZP023、SZP062、SZP055）　　4~6.右侧刃砍砸器（SZP032、SZP051、SZP066）

7~9.端刃砍砸器（SZP063、SZP044、SZP053）

端刃砍砸器 8件。原料皆为石英岩，素材3件为砾石、2件石片、石核2件、石块1件。

标本SZP063，原料为石英岩，素材为石片。石器近圆形，正面远端为刃，其余部位为砾石面。背面为破裂面，其上打击点、放射线皆非常清晰。整件石器由圆形、石片扁而薄的大石片加工而成，刃部处于远端。其加工方式是先将远端打制薄锐的边，先后共打下三层石片，再对边缘进行加工，使之成刃。刃部呈圆弧形，采取交互加工打制。长241、宽221、厚33毫米，重2330克（图五，7）。

标本SZP044，原料为石英砂岩砾石。整件石器由一块大砾石加工而成，除远端为阴疤外，其余部位皆为砾石面。石器的刃部位于远端，呈尖状。其加工方式是先对砾石一端进行打击，左侧留下一层石疤，共三块；右侧两层四块，其中的上层有三块。因左右打片，使其形成尖状，同时还形成薄而锐的边缘，此边缘即为石器的刃。长206、宽179、厚31毫米，重2330克（图五，8）。

标本SZP053，原料为石英岩砾石。整件石器由一块砾石加工而成，除远端为阴疤外，其余部位皆为砾石面。石器的刃部位于远端，呈弧形。其加工方式是先对砾石一端进行打击，将其打制成较薄的边缘，再通过加工使之成刃。此石器在边缘打制出来之后加工痕迹并不很精致，只有粗犷的几处小疤。长136、宽108、厚42毫米，重619克（图五，9）。

2. 双刃砍砸器

双刃砍砸器共13件。原料河滩砾石10件，天然石块3件。岩性主要是石英岩，共10件，砂岩只有1件，硅质岩也只有2件。素材为石片者6件，砾石3件，石块4件。刃部的位置多处于左右两侧的有6件，处于左侧和远端的有3件，处于左侧和近端的1件，处于右侧和近端的2件，处于右侧和近端的1件。刃部形态以凹刃者居多，再是弧刃和直刃。柿湾遗址的砍砸器非常有特点，其形态除了常见的凸刃、直刃、凹刃等砍砸器外，还有一种形似"山"字形，我们称之为"山"字形砍砸器和扁桃体形砍砸器等。

两侧刃砍砸器 3件。此类砍砸器的两刃位于两侧或一端和一侧，刃部相对较直。

标本SZP131，原料为石英岩，素材为石片。石片打击点、放射线清晰，但破裂面平坦。石片台面为砾石面，位于石器的右侧。双刃位于左侧和远端，左侧刃较直，远端刃内弧。两刃分别先将石片的左侧和远端打下二层之后再进行加工，加工痕迹清晰，刃缘精致。皆反方向加工。背面为砾石面。长142、宽103、厚48毫米，重843克（图六，1）。

标本SZP058，原料为石英岩，素材为石片残块。整体呈长打形，正面的左下方为砾石面，其余部位为阴疤。背面为石片的破裂面。刃部位于远端和右侧。端刃微凸，右为直刃。两刃皆交互加工。长286、宽106、厚46毫米，重1376克（图六，2）。

双凸刃砍砸器 2件。这种砍砸器的刃部似舌状伸出，其打制方法是先将一侧打制成刃，此刃长而弯曲，一般为整个素材的一条边长。此类砍砸器凸出的部分是所谓的远端刃，此端刃的一边刃为长刃的一部分，而另一条边刃与此长刃相对，但此刃极短，显然是为了打制所凸出的部分而为之的。

标本SZP007，原料为石英岩，素材为石块。石器的正面近端及左侧的近端皆为砾石面，刃部位于右侧及远端。右侧刃折曲，远端刃虽平直，但在中部微内凹。皆为交互加工，加工较为粗犷，但效果甚佳。背面为阴疤，共二层。长158、宽115、厚32毫米，重716克（图六，3）。

标本SZP105，素材为石英岩石片。长条形，正面为破裂面，左侧边有一长条砾石面；背面有阴疤。刃部位于左侧和远端。左刃中部凸出，使刃呈凸弧形。端刃扁平。长232、宽137、厚31毫米，重962克（图六，4）。

"山"字形双刃砍砸器　4件。此类砍砸器的形态呈"山"字形，刃部位于两侧且内凹。其原料均为石英岩，素材1件为碎块，3件为石片。

标本SZP008，原料为石英岩，素材为石片，整体呈"山"字形。正面近端为砾石面，左右各一块大阴疤，背面为破裂面，打击点、放射线清晰。刃部位于左右两侧，两刃皆内凹，远端呈尖状。两刃皆反向加工。长158、宽192、厚46.4毫米，重1134克（图六，5）。

标本SZP045，原料为石英岩，素材为石片，整体呈"山"字形。台面为砾石面。正面三块石疤，背面为破裂面。刃部位于左右两侧，左侧刃弧形外凸，右侧刃内凹。远端呈尖状。长155、宽196、厚32毫米，重975克（图六，6）。

标本SZP037，原料为石英岩，素材为石片，整体呈"山"字形。正面为破裂面，打击点位于右侧，石片特性不明显。近端内凹，两侧有小块砾石面。背面为两块阴疤。刃部位于左右两侧，两刃皆内凹。远端呈尖状。长140、宽204、厚32毫米，重781克（图六，7）。

三角形双刃砍砸器　4件。此类砍砸器形态呈扁桃体状，两侧几乎等长且微外弧，近端宽扁，远端呈尖状。其器形较大，刃位于两侧。4件石器的原料皆为石英岩砾石，素材有石片3件，另1件为砾石。

标本SZP118，原料为石英岩，素材为石片，整体呈三角形。器形大而薄，宽而扁。正面为阴疤，左右各一片，背面为破裂面，其上石片特性不甚明显，近端为砾石面。两刃位于两侧，左侧刃弧形外凸，或侧刃内凹。左刃交互加工，右刃中部反向加工。长246、宽214、厚45毫米，重2029克（图六，8）。

3. 多刃砍砸器

多刃砍砸器只有3件，原料2件为石英岩、1件为硅质岩；素材2件为石块、1件为石片；刃部所处的位置2件为两侧及近端、1件是两侧和远端。

标本SZP126，原料为石英岩，素材为石块，整体呈三角形。正面从近端及左右三方打片，中心有一小块砾石面。背面皆为阴疤。三刃位于近端和左右两侧，近端刃外弧，左侧刃斜直，右侧刃微曲。三刃皆反向加工，只是间有零星的正向打击痕迹。长111、宽126、厚35毫米，重491克（图六，9）。

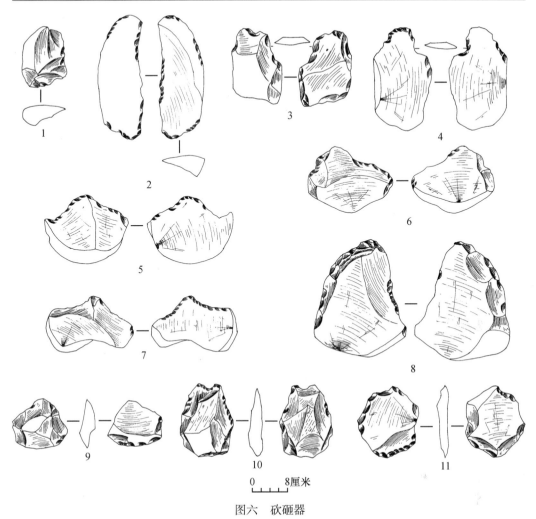

图六 砍砸器

1、2. 两侧刃砍砸器（SZP131、SZP058） 3、4. 双凸刃砍砸器（SZP007、SZP105） 5~7. "山"字形双刃砍砸器（SZP008、SZP045、SZP037） 8. 三角形双刃砍砸器（SZP118） 9、10. 多刃砍砸器（SZP126、SZP010） 11. 盘状砍砸器（SZP023）

标本SZP010，原料为硅质岩，素材为石块。整体近长方形，较薄。正面除近端的右下角有一块砾石面外，余皆为阴疤。左侧有二层石疤，右侧一层。背面虽然皆为石疤，但较平坦。刃部位于左侧、远端和右侧。左侧刃中部微凸鼓，为正向加工；右侧刃斜直，为交互加工；远端刃内凹，加工痕迹细小精致，亦为交互加工。长173、宽122.4、厚37毫米，重810克（图六，10）。

4. 盘状砍砸器

1件。标本SZP023，原料为石英岩，素材为石块。局部遗留砾石面，因而可以证明其原料是砾石。石器近盘状，刃部沿边缘一周，加工虽然较为粗犷，但连贯，较粗犷的加工痕迹将一周的刃缘连在一起。交互加工。石器的正面应该是石片的破裂面，左下角有一小块砾石面，背面为石疤。长141、宽145、厚29毫米，重649克（图六，11）。

（五）手斧

手斧的数量虽然不是很多，但比例却不低。整个遗址共发现手斧12件，其原料主要是砾石，岩性主要为石英岩，共7件，硅质岩4件，砂岩1件。素材共6件为砾石，再是石片5件、石核只有1件。其平面形态可分为四类，即柳叶形、扁桃体形、椭圆形和梨形。

1.柳叶形手斧

共4件，其形窄而长，形似柳树叶。此类石器是用长而窄的砾石，通过两面打制而成。其尖部扁长，根部为砾石面。

标本SZP031，原料为浅灰色石英岩，素材为砾石。器形规整，整体窄而长。近端及近端两侧为砾石面，尖部薄而锐。正面近端为砾石面，远端为石疤。石疤为两层3块，第一层1块，第二层为左右各1块。两侧加工成刃，皆正向加工。左刃较短，长36毫米；右刃相对较长，长55毫米。背面皆为石片疤。中部平缓，两侧较陡，且疤痕碎小。长123、宽78、厚34毫米，重1444克（图七，1）。

标本SZP009，原料为深灰色石英岩，素材为砾石。侧面观察，其正背两面往外凸鼓成弧形。平面呈长而窄的柳叶形。正面近端及其中心有一窄长砾石面。远端呈尖状，薄而锐。两侧皆为石疤，疤痕深凹。左侧3块石疤，较大。加工部位处于中部，有4块小疤。右侧二层石疤，疤痕碎小。两侧边加工成刃，刃缘呈波浪形。两刃加工不仅精致，且加工长度从近端直至尖部。左刃为交互加工，刃长136毫米；右刃为反向加工，刃长156毫米。背面通体石疤。此件手斧是由长而窄的砾石，通过交互打击而成，使其既成窄长的柳叶状，又具有两面凸鼓的特征。同时，两面疤痕深凹，刃缘波折起伏。长188、宽90、厚65毫米，重1069克（图七，2）。

标本SZP026，原料为浅灰色石英岩，素材为砾石。侧面观察，其正背两面往外凸鼓成弧形，平面窄而长，呈柳叶状，但尖部残。正面的近端及右侧的下角为砾石面。两侧皆为石疤，疤痕深凹。左侧有四层阴疤，疤痕碎小；右侧两层，疤痕相对完整。尖部较薄，从中部至近端皆较厚。背面的近端及左侧为砾石面，其余部位皆为阴疤，疤痕较平坦，共3块。两侧加工成刃，皆为正向加工。长171、宽90、厚60毫米，重1073克（图七，3）。

标本SZP029，原料为硅质岩，素材为砾石。整体薄而扁平，尤其远端疤痕虽凌乱但平缓。正面满布石疤，左右两侧及远端各1块大疤，近端至中心部位为破裂面。两侧边呈波状，加工成刃。左侧边从中部向远端加工，长123毫米，反向加工。右侧几乎是从近端一直加工至尖，刃长163毫米，错向加工。背面的近端及其右侧为砾石面，余为3块大平缓的石疤构成。两侧边有加工痕迹。长197、宽105、厚43毫米，重927克（图七，4）。

2. 扁桃体形手斧

2件。石质均为石英岩，素材为石片。呈扁桃体状，根部宽扁且薄，尖部圆钝，整个器身扁而平。

标本SZP001，原料为浅灰色石英岩，素材为石片。整体薄而扁平，整体呈扁桃体状。正背两面皆为阴疤，正面两层2块，右侧为砾石面；背面两层3块，疤痕皆较为平坦。两侧为刃，左侧刃较长，右侧刃短。左侧刃正向加工，右侧刃反向加工。长184、宽122、厚34毫米，重971克（图七，5）。

3. 椭圆形手斧

3件。此类手斧均由大石片加工而成，所以其器身宽扁而薄，整个器身扁平。同时其尖部圆钝，根部相对扁薄。

标本SZP008，原料为石英岩，素材为石片。器形宽大。正面为阴疤，唯根部为砾石面，整个正面皆为清晰深凹的疤痕。背面为石片的破裂面，打击点、放射线及椎疤都非常清晰。两侧加工成刃，左侧外弧，右侧曲折。加工不甚精致，左侧有零星的正向加工，右侧较为精致，为正向加工。长247、宽166、厚53毫米，重2114克（图七，6）。

4. 梨形手斧

3件。此类手斧的石质皆为硅质岩，素材2件为砾石，1件为石块。梨形手斧的尖部多尖而长，根部厚大，且为砾石面。

标本SZP019，原料为浅灰色硅质岩，素材为砾石。器形近端宽扁，远端尖小（但尖部残），整体呈梨状。正面及近端为砾石面，两侧打成薄锐的边缘，各打下两层石片。背面为一块完整的阴疤。两侧加工成刃，皆反向加工。左刃稍短，长98毫米；右刃相对较长，长116毫米。长124、宽109、厚46毫米，重876克（图七，7）。

标本SZP051，素材为黑色硅质石块。整体呈梨形，根部为砾石面，近端较宽厚，远端扁薄。正面疤痕层叠，共四层。背面的近端及右下方为节理面，其余部位为石疤，皆二层。两侧为刃，左侧刃近端较直，远端内斜。右侧刃的远端内斜，其余部位较直。尖部薄平。长209、宽119、厚60毫米，重1372克（图七，8）。

（六）薄刃斧

薄刃斧是该遗址较为突出的一类石器，它所占的比例虽然不及手斧高，但在同一个遗址中出土8件是少有的。薄刃斧器形相对规整，以"U"字形最具特点，还有三角形和不规则形。石质方面，硅质岩3件，石英岩4件，石英1件。素材为3件石块，3件石片，2件砾石。薄刃斧中以砾石为素材者，其砾石都是宽扁平坦的砾石，这种砾石与制作砍砸器或手斧的砾石有着明显的不同。

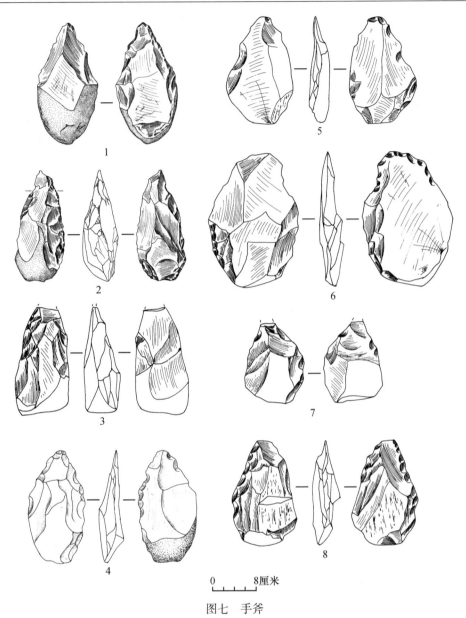

0   8厘米

图七　手斧

1~4.柳叶形手斧（SZP031、SZP009、SZP026、SZP029）　5.扁桃体形手斧（SZP001）　6.椭圆形手斧
（SZP008）　7、8.梨形手斧（SZP019、SZP051）

　　"U"字形薄刃斧　3件，硅质岩1件、2件石英岩。素材1件为砾石，2件为石片。
这3件薄刃斧有2件长宽几乎相同，1件宽大于长。3件形态皆呈"U"形，其中有一件根
部更加平直，所以其整体近正方形。

　　标本SZP021，由砾石加工而成。正面除远端和左侧的上角为阴疤外余皆为砾石
面，背面除远端为打制的疤痕外余皆为节理面。加工处远端，其加工方式是先将远端
打制平直，再进行两面加工。此薄刃斧的正面是先将远端和左上角进行打制，而左上

角的打制并非为了加工，而是为了控制刃部的宽度，在右上角也有一小块这样的打制痕迹，其目的是相似的，即为了控制刃部。背面的打制方式也完全一样，所不同的是两侧打制得更加精细。正反两面的打制都非常精致且细腻，正面的远端仅打出一条刃部，背面的远端打制痕迹大于正面，但其显然也对打制区域有意进行控制，使刃部不仅直，而且既平整又锋利。刃部的加工方式为反向打击，其疤痕细小精致。长198、宽135、厚41毫米，重1410克（图八，1）。

标本SZP034，素材为石英岩石片。整体近方形，较薄，且匀称。正面为阴疤，共两块，近端和右侧有少量砾石面。背面为石片的破裂面，较平坦。台面位于右侧，其上石片特征明确。刃部位于远端，平而直。刃部的中间有一较大的凹缺，凹缺加工精细。整个刃部都非常精致，反向加工。长203、宽194、厚30毫米，重1841克。

标本SZP029，素材为石英岩石片，整体呈"U"字形，较薄，且较匀称。正面满布石疤，痕迹较碎小，可见有三层。背面的近端和右侧为砾石面，其余部分为阴疤，其中远端一块几乎占据整件石器的大部分。刃部位于远端，中部微凸，总体平整。刃缘薄锐锋利，反向加工。长201、宽181、厚43毫米，重1920克。

三角形薄刃斧　2件。此类薄刀刃斧由硅质岩制作而成，但由于其上节理发育严重，所以石器加工得都不是很好。2件石器都呈三角形，其原料为自然石块，其三角形是由原料决定的，在此只是考虑其形态，故而将其归为三角形。

标本SZP049，黑色硅质岩，素材为天然石块。整件石器呈三角形，远端宽大且薄锐，近端却窄而厚，其三角形除远端的刃部为打制外，另两边皆为自然边。正面的近端和两侧为天然石皮，中部及远端为阴疤，在近一半处因打片而形成一陡坎，导致远近端厚薄悬殊。背面为阴疤，较为平坦。刃部直而平整，非常锋利。加工方式主要是正面加工，只有零星的反向加工。长162、宽118、厚61毫米，重831克（图八，2）。

不规则形薄刃斧　3件。2件为砾石，1件为天然石块。岩性2件石英岩，1件为石英。此类薄刃斧是先将素材前部的三分之二处打制成宽而薄的器身，再对其加工，打制方法是由两侧向内打击，这种打制方法与手斧较为接近。

标本SZP020，素材为石英岩砾石。整体呈不规则的长条形，近端宽厚，远端扁平。正面除近端的根部为砾石面外，余皆为阴疤，共二层，疤痕较大且完整。背面右下角为砾石面，其余部位亦为阴疤，疤痕一大一小两个。刃部位于远端，斜直。刃缘非常锋利，有细小的疤痕，属于使用痕迹。长219、宽126、厚61毫米，重1299克。

（七）手镐

手镐是石器中最少的一类，只有3件。

标本SZP026，黑色硅质岩砾石。整体呈尖状，颇似尖状器。近端呈圆弧形，为砾石面，远端尖状。整件石器由窄而长的砾石打制而成。正面打制方式是由近端约三分之一处两侧向内打击，两侧各留下三层石疤。再对两侧进行加工成刃，加工痕迹精细。疤痕较深。尖部断面呈三角形。背面为砾石面。根部及正面的近端为砾石面。长250、宽123、厚76毫米，重2173克（图八，3）。

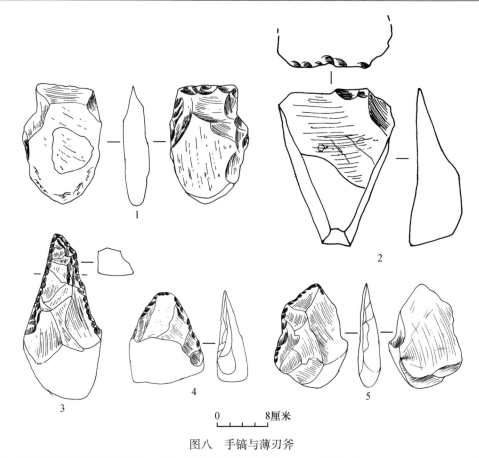

图八　手镐与薄刃斧

1. "U" 字形薄刃斧（SZP021）　　2. 三角形薄刃斧（SZP049）　　3～5. 手镐（SZP026、SZP035、SZP056）

　　标本SZP035，灰白色石英岩砾石。器形厚大笨重，整体呈梯形，近端宽厚，远端宽扁，尖部圆钝。正面近端及左下侧为砾石面，从中部向远端加工。打制方法是先从远端向近端打击，共打下五块石片，使远端扁薄，再进行加工。刃部位于两侧，但两刃都不长，占整件石器的一半左右。加工不甚精致，但锋利。尖部较为精致，虽圆钝，但宽扁的刃很薄锐锋利。两侧刃皆反向加工。背面人工痕迹少，唯左侧边有两块石疤，其余部位皆为砾石面。长176、宽151、厚65毫米，重2179克（图八，4）。

　　标本SZP056，素材为浅灰色石英岩石片。整体呈扁桃体形。近端宽扁，远端呈尖状，根部为砾石面。正面为石疤，打片是从左右两侧向内打击，致使中间略厚。左侧二层四块石疤，右侧一层。背面为破裂面，石片特征非常明确。两侧边加工成刃，左侧加工非常精致，为反向加工，右侧只有少量加工痕迹。长195、宽138、厚46毫米，重1080克（图八，5）。

（八）残块

共11件，皆为石英岩。在这11件残块中，石片残块4件、石核残块1件、碎块6件。石片残块上的石片特征还是较为清晰的，1件为石片的远端，1件应该是在离近端不远处折断，所以其台面缺失。另2件较为完整，但又为何将其归入残块？因为破裂面处于节理面上，其上的石片特性不明显，为谨慎起见，故将其归入残块。6件碎块应该是制作石器残留下来的碎块或碎片，较细，特性也不清晰。1件石核残块仅留有阴疤，其他石核特性皆不明晰。

三、石制品特征及时代

柿湾旧石器文化显然是一种砾石文化遗存，这类旧石器遗存在汉江流域分布极其广泛。在湖北有大冶石龙头[1]、枝城九道河[2]、荆州鸡公山[3]，这几个地点可谓长江沿岸，而在汉江流域则更为丰富，如丹江口市的连沟[4]、北泰山庙[5]，郧县郧县人[6]、肖家河[7]、大树垭[8]等旧石器时代遗址，这些遗址的文化属性均为砾石工业遗存。尤其是南水北调文物保护工作以来，近十年的考古工作，发掘旧石器时代遗址数十处[9]，出土大量砾石文化遗物，极大地丰富了汉江流域的砾石文化内涵。在陕西的汉中及安康等地发现砾石工业的遗址有数百处之多[10]，这些发现为学术界认识汉江流域的砾石文化提供了丰富的实物资料。

柿湾旧石器是堵河流域首次发现的旧石器时代遗存，其特征进一步丰富了南方砾石工业的文化内涵，同时也将这种旧石器文化的分布向堵河流域推进提供了重要依据。根据前面的研究，柿湾旧石器遗存与汉江流域的旧石器文化遗存虽然大体相同，但也有其自身特点。所谓的相同主要表现在两个方面：一是二者原料主要来源于河滩的砾石，石器的个体大，制作风格粗犷；二是二者均为旷野类型堆积，汉江流域都处于汉江沿岸二、三级台地的坡状黄土中，但柿湾遗址也有其个性，值得关注。

1. 柿湾石制品的总体特征

柿湾遗址石制品的原料主要是堵河河滩上的砾石，只有极少量的原料非砾石，而是普通的石块，这种为数不多的原料可能是就地选用的（柿湾的黄土堆积下是基岩，黄土层中偶见片状岩石，当时的人类选用这种岩石做工具是有可能的）。柿湾石制品的岩性特征非常突出，在整个石制品中石英岩数量非常大。在109件石制品中就有87件，占比为79.8%；再是硅质岩、灰岩、砂岩和石英，但所占的比例非常有限。石器主要由石英岩制成，只有手斧和薄刃斧多用硅质岩作为原料，二者的比例略高。

柿湾石器的素材主要是石片，在全部71件中石片有29件，占40%以上，其次是砾石和石块，分别占25%和25%以上，石核所占比例最小，仅略高于8%。在汉江沿岸的旧石器遗存中，石器的素材多为砾石，尤其是砍砸器更是如此。而柿湾遗址则有很大

的反差，特别是砍砸器，其以石片为素材的比例高达39%，这与汉江沿岸砍砸器素材
有着明显的不同，刮削器亦是如此。当然，不同的石器其素材也不尽相同，如手斧、
手镐就多以砾石为素材，这种现象与汉江沿岸的基本相似。

柿湾石器的加工都比较精细，很少见到汉江沿岸那种粗犷的加工方式，尤其是石
片石器加工细腻。就加工方法而言，主要是反向加工，正向加工和交互加工的比例都
不高，这与汉江沿岸主要是交互加工形成对照。

2. 石核与石片特性

在柿湾石制品中石核和石片是很重要的两大类，石核的数量虽然不大，但其特征
非常突出。柿湾遗址石核以单台面占绝对主导地位，在12件石核中只有2件双台面，余
皆为单台面。原料皆为砾石，岩性主要为石英岩，石英和砂岩数量极少，分别为2件和
1件。台面一般为原料的自然面，其中包括砾石面、节理面，只有3件石核的台面有石
疤，这种石疤还不是有意修整的，应该属于打片时崩落的石疤。打片方向一般是向一
边打片，很少双向打片。柿湾遗址的石核一般都较小，如最小的只有755克，最大者也
不足2千克，其形状没有规律，三角形、方形、不规则形、圆形皆有。柿湾遗址石核的
利用率极高，所以该遗址的石核既小又少。若是单向打片，石核一般只剩下既小又薄
的薄片，有的几乎成了一块石皮；若是两面打片，如左右两侧打片，石核只剩下一块
"芯"状薄片。石核上的阴疤一般都较大且完整，很少有破碎的现象，但疤痕都不是
很深凹，从阴疤来看，打片的成功率极高。

石片的数量较多，共26件，占整个石制品的24%。柿湾遗址中的石片具有如下特
征：一是大，最大者长350、宽276、厚62毫米，重6831克；最小者长101、宽144、厚
24毫米，重487克。二是石片的大小及形态受原料的制约。三是碰砧法打片的特点突
出，台面角大，打击点、放射线虽然明确，但破裂面平坦。值得特别提出的是，大部
分石片的远端或两侧都有小石疤，但多不连续，显然这些石疤与使用有关。还有些阴
疤应该是有意打制而形成的，应该属于加工痕迹，不过多较为零星，似乎难以将其归
入石器这列，但可以肯定，此类石片应该是作为工具来使用的。

3. 石器的基本特征

柿湾遗址的石器相对单一，总共只有五类，71件，以砍砸器占主要成分，共41
件，占石器的57%以上，这个比例的确非常高，本来砍砸器是砾石石器的主体，但如
此之高的比例还是不多见的。特别值得提出的是，该遗址中的刮削器却少得令人难以
想象，总共只有7件，占不到全部石器的10%。砍砸器中主要是单刃，双刃虽然也占有
一定的比例，但与单刃相比还是有很大的差距，尤其是多刃少见，仅3件，这种比例是
不协调的。还有一类石器值得特别提出，即所谓的"山"字形砍砸器，在刮削器中也
有此类。这种石器就如同甲骨文的山字，此形似乎并不是因素材而形成的，而是有意
为之，值得关注。

柿湾遗址的手斧、薄刃斧、手镐比例较高，在71件石器中这三类石器达23件，其中手斧就有12件，这种比例也是其他遗址所不见的，同时还发现了8件薄刃斧，这同样也是其他遗址不见的现象，如此密度的大型石器出现，是汉江流域少有的现象。关于手斧，《十堰博物馆馆藏手斧初步研究》一文进行了具体研究，薄刃是柿湾遗址的特色。

石器普遍偏大，如砍砸器、薄刃斧等大型工具长和宽基本都在150毫米左右，手斧和手镐虽然不及砍砸器宽，但又相对较厚。我们以砍砸器为例，41件砍砸器长度只有1件在100毫米以下，余皆在150毫米左右，其中超过200毫米的有13件之多。宽度也非常突出，在整个砍砸器中只有2件小于100毫米，余皆接近或超过150毫米，其中还有6件超过200毫米。重量超过1000克的有10件，2000克以上6件，其中还有2件超过3000克；其余虽然在1000克以下，但不足500克者只有1件。我们仅以砍砸器为例，这些数据足可看出柿湾遗址石制品之大。

柿湾遗址的打片及加工方式。就打片方式而言，该遗址的石片表现出碰砧法特征，如石片大而宽，所以出现长石片少而宽石片多的现象，有的石片长宽基本相当，这些特征具有碰砧法打片的特点。再是石片角多大，多超过100°，同时打击点大，而不集中于一小点，半锥体大而常有双生现象，同样这些特征也是碰砧法石片的基本特征，根据这些特性，我们初步认为柿湾遗址的石片应为碰砧法生产下来的。就柿湾石器的加工方式来说，相对简单粗犷，加工精细者甚少，根据刃缘加工方式基本都是反向加工，极少正向或交互加工。

4. 关于薄刃斧的问题

薄刃斧在中国旧石器文化中少有人关注，这种石器的存在、形态和分布还少有研究，这种状况与几十年前人们对手斧的认识颇为相似，本文将薄刃斧作为一类进行介绍，一是我们认为这类石器就是薄刃斧，二是即使有不同意见，也可以引起学界对薄刃斧的关注。

柿湾遗址共有薄刃斧8件，这是同一遗址中少有的现象，尽管在汉江流域多有薄刃斧的报道，但多比较零星，远不及柿湾遗址出土量大。柿湾薄刃斧的个体都较大，形态也相对固定。原料一是来源于河滩砾石，再是采集天然岩石，前者5件、后者3件。素材以石片为主，共3件，另有砾石2件和石块3件。岩性主要是石英岩，共4件，硅质岩3件，石英1件。

柿湾薄刃斧有其鲜明的特征，首先是其既平且直的刃部形态，所谓平是指刃缘平坦，不像有些石器的刃缘呈波浪状；直是指刃部的平面呈直线状。刃部虽然平直，但加工痕迹并不多，只有2件加工较为精细。其打制方法极其简洁，即将正背两面各简单地打下几块石片就算完成。

因对薄刃斧的关注程度有限，因而研究的文章并不多，是中国旧石器文化中就缺少这类石器？并不尽然。根据资料显示，许多遗址都有薄刃斧出土，如王社江在其《洛南盆地的薄刃斧》一文，对洛南盆地63个旧石器地点出土的119件薄刃斧[11]进行了系统研究。同时，该文中还介绍了其他遗址也发现此类石器。在湖北的丹江口库区也有大量发现[12]，这些发现极大地丰富了此类石器在中国的存在和分布。其实，早在20世纪80年代林圣龙先生就撰文，对薄刃斧进行了研究[13]，柿湾遗址薄刃斧的发现对此类石器的研究应该有积极意义。

5. 柿湾遗址的时代

本文涉及的石制品虽然均为采集，没有发现伴生的动物化石，所以对其时代的确立颇有一定的难度，不过汉江沿岸的旧石器文化遗存时代可为柿湾遗址提供参考，同时该遗址还有清晰的剖面，我们在调查时在剖面上还发现有石器，如SZP009手斧就是从剖面中挖出来的，这足以说明这批石制品就埋藏于这种堆积之中。

汉江沿岸的旧石器文化遗存以砾石器为基本特征，而手斧是这种石工业遗存的代表性器物，所以我们可以借鉴砾石遗存的时代来解决手斧的时代。考古资料显示，汉江沿岸的砾石工业遗存发现于20世纪八九十年代，考古工作者不仅发现和发掘了大量的遗址，同时也积累大量的科研成果。就鄂西北而言，有具典型意义的郧县人遗址[14]，该遗址处于汉江的三级阶地，时代为旧石器早期。与郧县人遗址处于同一阶地和相同时代的还有郧县肖家河[15]等众多旧石器时代遗址。

根据学者们的研究，鄂西北的砾石工业遗存皆处于旧石器时代早中期，而出土于砾石工业的手斧，亦应该属于这个时期。另汉江两岸的阶地也能为手斧提供相应的时代参考。河流的阶地是有其时代性的，考古学家们利用河床阶地来确立处于阶地上的旧石器文化遗存的时代，也是一种常用的手段。多年来一直有学者在做这方面的研究，如李超荣等就曾对汉江流域的阶地做过研究，他认为（汉江）处于一级阶地的古文化遗存应该是旧石器时代晚期或新石器时代，二级阶地的则为旧石器中期，三期阶地者为旧石器早期[16]。就柿湾石制品而言，其硕大的器形、古朴的风格、原始的加工方式与汉江沿岸的旧石器早中期遗存颇为相似，所以该遗址的时代不可能是旧石器时代晚期或新石器时代遗物。同时，遗址又处于汉江支流——堵河的二级阶地，按汉江沿岸旧石器的分布规律，其时代不应跨入旧石器时代早期，而属于旧石器时代中期遗存。

柿湾遗址是堵河流域首次发现的旧石器遗存，其总体风格虽然属于砾石工业遗存，与汉江沿岸的旧石器文化极其相似，但亦有其自身的个性，它的发现既丰富了汉江流域砾石工业遗存的内涵，也为学术界在堵河流域寻找古人类文化提供新的路径。

注　释

［1］　李炎贤、袁振新、董兴仁等：《湖北大冶石龙头旧石器时代遗址发掘报告》，《古脊椎动物与古人类》1974年第2期。

［2］　李天元：《湖北枝城九道河旧石器时代遗址发掘报告》，《考古与文物》1990年第1期。

［3］　刘德银：《我国旧石器时代考古的重大突破——湖北江陵鸡公山发现旧石器时代居址》，《中国文物报》1993年5月2日。

［4］　祝恒富：《湖北丹江口市连沟旧石器遗址调查》，《华夏考古》2005年第1期。

［5］　祝恒富：《丹江口市北泰山庙遗址旧石器研究》，《荆楚文物（第1辑）》，科学出版社，
2013年。

［6］　李天元、王正华、李文森等：《湖北省郧县曲远河口化石地点调查与试掘》，《江汉考古》
1991年第2期。

［7］　杜杰、冯小波、王凤竹等：《湖北郧县肖家河发现的石制品》，《华夏考古》2015年第
1期。

［8］　湖北省十堰市博物馆：《湖北郧县两处旧石器地点调查》，《南方文物》2000年第3期。

［9］　中国科学院古脊椎与古人类研究所：《丹江口库区彭家河旧石器遗址发掘简报》、中国科学
院古脊椎与古人类研究所：《郧县尖滩坪遗址2006—2007年发掘简报》，《湖北南水北调
工程考古报告集（第2卷）》，科学出版社，2013年；中国科学院古脊椎与古人类研究所：
《丹江口市北泰山庙旧石器遗址发掘简报》、吉林大学边疆考古中心：《丹江口市黄家湾
旧石器遗址发掘简报》、河北省文物研究所：《丹江口市黄沙河口旧石器遗址发掘简报》、
湖北省文物考古研究所：《郧县人遗址2006—2007年发掘简报》、北京联合大学应用文理院
历史文博系、中国科学院古脊椎与古人类研究所：《郧县刘湾Ⅰ、Ⅱ号旧石器时代地点发掘
简报》，《湖北南水北调工程考古报告集（第3卷）》，科学出版社，2014年；杜杰、冯小
波、王凤竹等：《湖北省郧县肖家河发现的石制品》，《华夏考古》2015年第1期，又载于
《湖北南水北调工程考古报告集（第3卷）》；吉林大学边疆考古中心：《丹江口市龙口旧
石器遗址发掘简报》、吉林大学边疆考古中心：《丹江口市北泰山庙2号旧石器遗址发掘简
报》，《湖北南水北调工程考古报告集（第4卷）》，科学出版社，2014年；中国科学院古
脊椎与古人类研究所：《丹江口果茶场Ⅰ号旧石器遗址发掘简报》、中国科学院古脊椎与古
人类研究所：《丹江口红石坎Ⅱ号旧石器遗址发掘简报》、吉林大学边疆考古中心：《丹
江口杜店旧石器遗址发掘简报》，《湖北南水北调工程考古报告集（第6卷）》，科学出版
社，2015年；李浩、李超荣：《丹江口库区果茶场Ⅱ旧石器遗址发掘简报》，《人类学学
报》2013年第2期；李超荣、李锋、李浩：《丹江口库区红石坎Ⅰ旧石器地点发掘简报》，
《人类学学报》2014年第1期；李超荣、冯兴无、李浩：《1994年丹江口库区调查发现的石
制品研究》，《人类学学报》2009年第4期。

［10］　陕西省考古研究院、商洛地区文管会、洛南县博物馆：《花石浪（Ⅰ）——洛南盆地旷野类
型旧石器地点群研究》，科学出版社，2007年。

［11］　王社江：《洛南盆地的薄刃斧》，《人类学学报》2006年第4期。

［12］　李浩、李超荣、Kathleen KUMAN：《丹江口库区的薄刃斧》，《人类学学报》2014年第
2期。

［13］　林圣龙：《中国薄刃斧》，《人类学学报》1992年第3期。

［14］　李炎贤、计宏祥、冯小波：《郧县人遗址发现的石制品》，《人类学学报》1998年第2期。

［15］　杜杰、冯小波、王凤竹等：《湖北郧县肖家河发现的石制品》，《华夏考古》2015年第
1期。

［16］　李超荣、冯兴无、李浩：《1994年丹江口库区调查发现的石制品研究》，《人类学学报》
2009年第4期。

古鄂国——一个被遗忘了的"汉阳诸姬"之一

黄凤春

（湖北省文物考古研究院）

摘要： 鄂国是一个古老的商周姞姓封国，随着禹鼎和近年来随州鄂侯器群的发现，其扑朔迷离的面纱被逐一揭露，那就是在西周早期鄂国与曾国应是同时并列于汉东的两个古国，西周晚期因鄂侯联合南淮夷反叛周室并被周王室所灭。通过南阳夏饷铺新发现的鄂侯青铜器铭文，春秋时鄂国已为姬姓，说明鄂国灭亡后，同曾国一样，周人也应是在原姞姓之国的基础上重新分封了一个姬姓鄂国。于此可推论出西周晚期灭国后的鄂国，同曾国一样，被周王又重封为姬姓国，可能也应属汉阳诸姬之一。只是在春秋初期因迫于楚国东进的势力，汉东姬姓鄂国才被迫迁往南阳，这对我们认识姞姓鄂国和姬姓鄂国背后的玄机及汉阳诸姬的史实提供了非常重要的证据。

关键词： 鄂国　禹鼎　姞姓　姬姓　汉阳诸姬

古鄂国之"鄂"，在古文字中多写作"噩"和"咢"，是商周时期一个实力雄厚、非常有影响力的古国，据传世文献的零星记载，古鄂侯在商代时已位至"三公"，后因为九侯被商纣所杀而鸣不平受到牵连。事见《史记·殷本纪》："百姓怨望而诸侯有畔者，于是纣乃重刑辟，有炮格之法。以西伯昌、九侯、鄂侯为三公。九侯有好女，入之纣。九侯女不喜淫，纣怒，杀之，而醢九侯。鄂侯争之疆，辨之疾，并脯鄂侯。"有关西周时的鄂国，传世文献的记载极少。随着鄂侯驭方鼎和禹鼎铭文的发现，人们对其认识才逐渐清楚，通过禹鼎和鄂侯驭方鼎铭文而知，在西周时期，鄂国曾一度与周王朝有着非常亲密的关系，到了西周晚期，因其联合南淮夷叛周才被周王室所剪灭。但有关鄂国的方位一直是学界所未能确认的。直到2009年随州羊子山西周鄂侯墓地和2011年随州叶家山西周墓地早期曾侯墓地的相继发现，才使得人们确信，西周时期的鄂国与曾国是同时并存于随州的两个古国。

在与鄂国有关的遗存发现中，学术界对鄂国一直在进行探讨，使得这个充满无数玄机的神秘古国面纱被慢慢揭开。现在，根据众多与鄂国有关的金文材料可知，商代和西周早、中期的古鄂国应属姞姓，如现藏台北故宫博物院的鄂侯簋，铭文为"鄂侯作王姞媵簋，王姞其万年子子孙孙永宝"（图一），进入西周后，鄂国又臣服于周王朝，并被封往南土，成为周王镇守南土的重要一员，并与周王室通婚，鄂侯驭方鼎铭还显示出，此时的鄂侯与周王的关系非常融洽。根据禹鼎铭文，大约在西周晚期，因鄂侯联合南淮夷和东夷叛周，而被周王室所灭。这已成为学术界的共识。

图一　鄂侯簋及铭文

（现藏台北故宫博物院）

非常巧合的是，2012年在南阳夏饷铺再次发现了春秋鄂侯墓[1]，《江汉考古》2019年第4期全面报道了南阳夏饷铺的这批材料，可以确认的是，随州羊子山所见西周鄂侯与南阳夏饷铺一带的春秋鄂侯无疑应是同一个封国，它们不仅在年代上可以前后相续，而且在文化面貌上也前后相因，但二者族姓已完全不同了。随州西周早、中期之鄂为姞姓，而南阳夏饷铺春秋之鄂已是姬姓了。如在夏饷铺M16和M19中分别出有"鄂侯作孟姬媵壶"铭文的铜器[2]（图二）。由此可见，过去通过禹鼎铭文所确认的鄂国被西周王朝所剪灭的看法应重新审视。

既然湖北随州安居西周之鄂与南阳夏饷铺春秋之鄂族姓有别，而又可确认同属一个连续的封国，其间必有可重新探讨的空间。我们认为，古鄂国到了西周晚期时因其反叛周王室而被周彻底灭亡后，周王又在原地，也就是在随州重新分封了一个姬姓鄂国，也就是说改姓不改国名，到了西周晚至春秋初年，随着楚国势力的东扩，周王不得不把这个重封的姬姓鄂国迁往南阳，史称"西鄂"。确切而言，重封后的姬姓鄂国，原可能也属汉阳诸姬之一，只不过是被遗忘的汉阳诸姬之一。

做出以上判定，主要是不断发现的有关西周封国遗存绝大多数显现出其国名与商代相比完全相同，但族名却已发生了根本改变。鄂国金文资料的发现以及体现在时空上的联系似也关联到这一点，这为我们认为鄂国重封后也属汉阳诸姬之一提供了坚实的推论依据。

众所周知，西周王朝建立后，曾先后进行了多次分封，分封的目的旨在"以藩屏

M16∶3、M16∶4　　　　　　　　　　　M19∶10

图二　南阳夏饷铺出土姬姓铜器铭文

周"。我们注意到，周人在灭掉旧有的殷商封国后，特别是在一些重要的区域一般会重新分封一个姬姓侯国，但国名仍为旧国名，即改姓而不改国名。以汉东曾国为例，根据武丁时的卜辞，在汉东的商代一直存在着一个姒姓曾国，随着曾侯乙墓发掘后，在还未见有西周早期姬姓曾国的遗物时，曾国为西周晚期被封于汉东已成为当时学术界的共识。但2011年随州叶家山西周曾侯墓地发掘以及春秋大批金文发现后，才使得我们确信，西周早期的曾国已经不是商代的姒姓曾国了。当然，西周封国改姓而不改国名的这一特性起初并不为学者所接受，在叶家山发掘之初，当发掘者指出这个曾国应为姬姓时[3]，即有学者撰文反对，并称这个曾国并非姬姓，其应为商代姒姓曾国的遗裔国[4]。同时也有众多学者附同[5]。

回顾曾国研究史，在曾侯乙墓发掘后的初始阶段，有些学者虽得出了姬姓曾国始封于西周早期的结论[6]，但由于没有考古学实物的验证，曾国被封于西周晚期仍为大多数学者所认同。甚至有学者得出了曾国为土著姬姓的论断[7]。我们之所以在讨论西周封国的族姓时总是一而再，再而三地误入歧途，这说明，我们对西周封国的特性还缺乏相应的认知，总是将原有的封国同后来的同一封国混为一谈。

事实上，在汉东地区除了曾国外，还有一个姬姓的唐国也是如此。唐国的始封年代史无明载，研究者大多据《国语·郑语》史伯说的一句话，即"当成周之时，南有荆蛮，申、吕、应、邓、陈、蔡、随、唐"，韦昭注："应、蔡、随、唐，皆姬姓也。"认为唐国至迟在西周晚期已立国于江汉。但徐元诰在《国语集解》又说："唐，南唐也，刘累之封，今湖北随县西北八十五里有唐县镇。"[8]徐氏所谓的"南唐"是相对于北方的唐国而言的，显然是指汉东的唐国。但说刘累之封，已早到了夏代，据"安州六器"之一的西周早期"中𣪘"铭文而知，西周早期姬姓的唐国已在汉水以东了。徐元诰所说的"刘累之封"应与姬姓唐国无涉，极有可能是将夏商时期的唐国和西周早期的唐国混为一谈了。

梳理相关出土文献，在商代的甲骨文中汉东确曾有一个唐国，如在甲骨文中就有记录，其卜辞为：

> 乙卯卜，争，王乍（作）邑，帝若，我从之唐。（《合集》14200正）

这是一则反映在唐作邑的卜辞，过去很少有学者论及。卜辞中的"我"，陈梦家先生认为不是"王"，也不是邦族名，应是卜人泛指的商王国[9]。"我"作为商代的国名，见之于武丁时期的卜辞。其地应在南方的汉水以东一带。有关"我"国的卜辞有如下几则：

> 乙未（卜），口，贞立事于南，右（从我），中从舆（举），左从㐬（曾）。（《合集》05504）。
> 乙未（卜），口，（贞）立事（于南），右从我，（中）从舆（举），左从㐬（曾）。十二月。（《合集》05504）。

上述二例卜辞是大家熟知的,是记录商人对南方征伐时利用了当地的方国,其中的"我""輿(举)""曲(曾)"都是汉水以东的方国名。由这些卜辞对读,可确认《合集》14200正的一则卜辞中所记录的在唐作邑事例中所涉的"唐"应指的就是汉水以东的唐国。正是有"我"国的铭辞,才使我们确信在商代汉水以东曾经存在着一个唐国,但其族姓并不清楚,只能说明与商王朝有着密切的关系。除此之外,卜辞还见有商王对唐的征伐记录,如:

  贞,于唐子伐。(《合集》972)
  贞,唐子伐。(《合集》973)

上列是指商王对唐地的用兵,由此也可推知,周王夺得天下后,应是灭掉了原有的唐国,重新分封了一个姬姓唐国。由叶家山西周曾侯墓发掘而知,周人灭殷后,也应同曾国一样,是在灭掉了原有的封国后而重新分封姬姓的封国。由于商、周二朝在汉东都有相同的古国名存在,学者在研究这些古老的方国时往往囿于文献,把前后两个国名相同,而族姓不同的方国混为一谈。如陈槃先生通过文献详细论述了唐国的爵称为侯,姓氏为祁姓,始封为尧后,建都于今湖广德安府随州西北80千米的唐城镇,定公五年被楚所灭[10]。显然,陈氏所言汉东西周唐国为祁姓可能源于徐元诰的《国语集解》说,应是错误的。由甲骨文判定,汉东夏、商时期的唐国就有可能为祁姓了。由此而知,周人在夺得天下后,一般是灭掉了原有的封国,而重新分封了姬姓国,只是改姓而不改国名。

梳理相关考古发现,西周时无论是畿内还是畿外的封国大多沿用了旧有的国名,如邢、息、密须、纪等国。

邢国是商周时的古国,地约在今河北邢台,古称邢(井方国)。据《史记》和《竹书纪年》记载,商代祖乙九年迁都于邢,历祖辛、沃甲、祖丁至南庚129年。盘庚迁殷后,邢地称作邢(井)方,为商朝重要的畿辅方国。到了西周时,周人灭掉了殷时的邢国,周成王为了感谢周公旦辅政之恩,封周公旦第四子姬苴(邢靖渊)于邢国,邢国属于周公旦的封地。出土自邢台,现藏于大英博物馆的西周青铜器《邢侯簋》(周公彝)及《麦尊铭》《麦彝铭》都记载了西周邢侯受封的盛典。

息国也是一个古老的方国,其地约当在今河南息县。息国屡见于甲骨文,如:

  戊申帚息示二屯,永。(《合集》2354)
  ……子……何……息……白……(《合集》3449)
  乙亥卜,息白弘,十一月。(《合集》20086)

王长丰先生认为:"《合集》2354臼辞为武丁时期卜辞,……'帚'即妇,'妇某'为商王请妇之专称,认为是武丁后妃之一;'息',方国族氏名。'息'国某妇适于商王为妇,这也说明,息在商王武丁时期,曾为商王朝的姻邦。《合集》20086

辞之'息白'，'息'，侯国名，伯爵。由此可见，商代'息'为侯国名。"[11]
1979～1980年在河南罗山后李发现了一批晚商墓葬并出土了大量青铜器，其中很多青
铜器上都有"息"字的铭文[12]。因罗山县与息邻近，无疑，罗山出土的这批晚商青铜
器应属商代的"息国"，应与姬姓无涉。到了西周时，息国已为姬姓了，说明应是周
人灭殷后重新在旧有息国的基础之上重新分封的姬姓息国。

其实，周人改封其族姓在文献中也有明确的案例，如文献中的密须国则是如此。
据《史记·周本纪》："西伯阴行善，诸侯皆来决平……明年，伐犬戎。明年，伐密
须。"《集解》引应劭曰："密须氏，姞姓之国。"杜预注："姞姓国，在安定阴
密县也。"[13]《诗经·大雅·皇矣》亦载有："……密人不恭，敢距大邦，侵阮徂
共。王赫斯怒，爰整其旅，以按徂旅。以笃于周祜，以对于天下。"[14]《史记·周本
纪》在周共王时提及密须国时有："共王游于泾上，密康公从，有三女奔之……康公
不献，一年，共王灭密。"《集解》引韦昭曰："康公，密国之君，姬姓也。"从文
献记载看，在周文王、周共王时对密须国的记载出现了同国不同姓的情况，《左传》
一书则明确做了解答。《左传》在僖公十七年曾有密须国的记载，杨伯峻注："（密
须）为文王所灭，以封姬姓。"[15]孔颖达《毛诗正义》中引皇甫谧云："文王问太公
曰：'吾用兵孰可？'太公曰：'密须氏疑于我，我可先伐之。'管叔曰：'不可！
其君天下之明君，伐之不义。'太公曰；'臣闻先王之伐也，伐逆不伐顺，伐险不伐
易。'文王曰；'善！'遂侵阮徂共而伐密须。密须之人自缚其君而归文王。"这段
话表明周文王讨伐密须只是因其反叛，改封其为姬姓国是为了其"以藩屏周"。

西周纪国为姜姓，约受封于西周初年。其地约当在今山东省寿光市。"纪"在金
文中多写作"己"。1983年在山东寿光益都侯城出土了一批商末青铜器，铭文多见有
"己"和"己并"[16]。说明在商代纪国就已经存在。西周的纪国应是在原有纪国之上
重新分封的。

事实上，周人的这种改姓而不改名和重新分封还见于众多的封国，诸如鲁、燕
等国也是如此，限于篇幅，我们不一一罗列。正是依据这些众多的史料及考古发掘所
获得的新认识，我们有理由推定当时鄂国因反叛姬周被灭后而重新封了一个姬姓的鄂
国。尽管在禹鼎铭文中对灭鄂有"勿遗寿幼"一语，但从当时的南国形势而言，特别
是面对强势的南淮夷而言，周人以姬姓的族人强化这一带力量以应对南淮夷不是不可
能的。如果说没有南阳夏饷铺姬姓鄂侯铜器群的发现，我们还没有更有力的材料来做
出推断。需要指出的是，周人的封国大多是在西周早期完成的，但鄂国的灭亡与重封
已到了西周晚期，说明周人姬姓封国应贯穿整个西周时期。

从相关封国及考古发掘新材料，我们有理由重新认识鄂国应是被周人灭国后，在
原有余部的基础又重新分封了一个姬姓鄂国，只不过其在汉东存续的时间不长，随着
春秋初年楚国势力向东挺进，姬姓鄂国被迫迁往南阳，形成历史上的"西鄂"。其时
空正好与南阳夏饷铺的鄂侯铜器群相印证。如果这一推断无误的话，那么，姬姓鄂国
原也应属传世文献上所载的汉阳诸姬之一。

基于以上结论，我们尚需对"汉阳诸姬"一说进行必要的梳理。

众所周知，汉阳诸姬是一个历史概念，首见于《左传》僖公二十八年晋大夫栾枝语"汉阳诸姬，楚实尽之"。此前因囿于对"汉阳"区划范围认识的不同，再加上对汉阳区域内姬姓封国国名及数量认识的局限，古今学者都曾对"汉阳诸姬"一说存在较大分歧。近来有学者对"汉阳诸姬"也持有怀疑，并进而认为其是历史层累造的产物[17]。春秋姬姓鄂侯铜器群的发现并被初始定位于汉东，使得我们在这一区域新获得了一个姬姓封国的存在，同时对我们认识鄂国由姞姓改为姬姓及汉阳诸姬的形成提供了非常重要的证据。

梳理"汉阳诸姬"，首先要确立"汉阳"的区位问题。根据古人名地"山南水北曰阳"的惯例，汉阳无疑是指汉水之北而言。故而杜预在《左传》僖公二十八年注中则言："水北曰阳，姬姓之国在汉北者，楚尽灭之。"由于杜预并没有划定一个汉水以北的终止点，故而学者们对"汉阳"区划呈现出完全不一致的范围。其中清人易本烺在《春秋楚地答问》中试图明确这一区域，他认为"汉阳"应是"西至汉水以东，南至汉水以北，东至光黄，北至淮汝"[18]。今人杨伯峻也基本上承袭了清人易本烺的观点，他在《左传》僖公二十八年注中把位于淮汝的姬姓蔡国也纳入汉阳诸姬中[19]。从地理方位而言，显然已超出了汉阳的空间范围，应不可信。

除了上述观点外，当今也有更多的学者将汉阳诸姬的范围进一步扩大，并将其确定在"终南山（秦岭）以南，淮水，汉水南北流域之区，大体相当于今陕西南部、湖北西北部与中部、河南省南部"一带[20]。也有学者认为："'汉阳诸姬'，顾名思义当是指位于汉淮两岸的诸多姬姓封国。"范围包括江汉平原、南阳盆地与淮汝地区[21]。更有学者将"汉阳"和"汉阳诸姬"分别视为地理概念与政治概念，认为汉阳是指楚国的北部势力范围[22]。于薇则认为"汉阳"仅指汉水以东、以北地区，而"汉阳诸姬"仅指分布在汉水之阳的姬姓诸侯国[23]。

通过比较，我们认为汉阳的指称不应无限扩大，更不应扩大至淮汝和江汉之地。相比较而言，于薇先生所论断的仅限汉水之阳的论断应更接近史实。特别是她从地理空间分布划分的角度对淮汉地区的自然地貌进行分析后，得出汉阳与淮阳是被桐柏山—大别山完整切割的两个相对独立的自然空间，相互之间难以通行是有很强的说服力的，但她又得出，由于汉阳区划内又很少见有众多的姬姓封国，进而否定"汉阳诸姬"的存在是值得进一步探讨的。

其实，从"汉阳"广义的地理称谓而言，将其理解为汉水之北的空间是不错的，但从当时的语境分析实应做具体分析。我们非常赞同于薇先生的以地理空间分布与自然地貌说法来理解这一称谓，即以这一区域的交通往来为依据。换言之，汉阳的空间位置是否有自然的山峦为阻隔。如果有，我们就应当予以充分考虑。实际上，在鄂北地区就有大别山和桐柏山，形成了山南和山北的不同生态地貌和环境，如果我们将这一山南与山北视为汉阳显然就不合古人的名地习惯。以此为依据，将汉阳的地理空间无限度地扩大，是有问题的，故此，笔者认为，汉阳就是指南阳盆地、桐柏山—大别山以南，迤至黄陂、孝感即今汉水以东的这一片区域，即我们所说的随枣走廊一带。在地理空间上，虽说这一区域是汉水以东之地，但以汉水为地理坐标，仍属于水之阳的方位。故汉阳诸姬实际所指的就是这一片区域的姬姓封国，而不会是漫无边际地涉及淮水及汝水甚至江汉的广袤地区。

我们注意到，在传世文献中，除了"汉阳"的地域称谓外，还有与之相等同的"汉东"和"汉川"地域指称之说。如《左传》桓公六年："汉东之国，随为大。"《左传》定公四年："周之子孙在汉川者，楚实尽之。"我们认为，传世文献中的所谓"汉阳""汉东""汉川"其实所指的都是同一区域，就是指我们所认为的南阳盆地、桐柏山—大别山以南，迤至黄陂、孝感即今汉水以东的这一片区域。需要特别指出的是，"汉东"一词也新见于新出土的曾国金文中，2019年在随州义地岗发掘的曾公畎的编钟铭文中就有"皇且（祖）建于南土，敝（蔽）蔡南門，質（誓）應亳社，適於漢東"一语[24]，说明"汉东"称谓由来已久。从曾侯畎铭文"敝（蔽）蔡南門"和"適於漢東"一语看，显然是把姬姓的蔡国排除在汉东的。据此可确知"汉东"实际所指的就是我们所说的随枣走廊一带，编钟铭文也进一步证实了过去把位于河南上蔡西南的蔡国也纳入"汉阳"的地理格局内应是错误的。

在《左传》定公四年中还有"汉阳之田，君实有之"一句，这是吴楚之战后，吴人残破郢都后，追至随国要随人交出楚昭王而做出的许诺，意思是只要随人交出楚昭王，汉阳这一片区域就都是随国的地盘了。从当时的语境分析，吴人的意思是说只有楚国灭亡后，就不会图谋汉东了，那么随国自然就没有人与之匹敌了。如果说汉阳包括了楚的所有统治范围或淮汝一带，笔者想吴人还不至于有如此大的口气。于此可见，汉阳之地实就是指汉东一带。因为这也符合随国是汉东最大封国的政治格局。

如果说我们所推定的汉阳之地仅限于桐柏山—大别山以南并迤至于黄陂一带的汉东之地不误的话，那么我们还应探讨在这一区域的姬姓封国问题。传世文献中有"汉阳诸姬"之说，那么在这一区域内究竟有哪些姬姓国家呢？由于传世文献的疏载，在这一区域里我们已很难再统计出几个姬姓国家来，以至于造成了两种局面。一种是将汉阳区域无限扩大，甚至将一些本不属于姬姓的国家也纳入其中，进而满足"汉阳诸姬"的条件。另一种是汉阳的范围虽接近我们所考论的范围，但这一区域又找不出多少姬姓封国来，进而否定了"汉阳诸姬"之说的存在。

我们认为，汉阳诸姬应只局限于汉水中下游的汉东之地，其中很多姬姓封国随着年代久远已无从考证了，这些只能仰仗考古发掘来破译。事实上，仅从传世文献中我们仍能确定一些，如比较明确的就有位于随州的唐、随（曾），位于广水的贰，位于安陆的郧共四国。那么现在通过鄂侯铜器铭的研究，我们又进一步得出鄂国也曾一度属汉阳诸姬之一，这进一步丰富了我们对这一带姬姓封国数的认知。其实，这一带的姬姓封国并不止这些，1977年10月至1978年元月考古工作者在黄陂鲁台山发掘了5座西周墓葬，其中以M30为最大，墓内出土青铜器有公太史的铭文[25]。对于公太史所指，多数学者认为是毕公[26]，目前尽管鲁台山的国别尚无定论，但姬姓周人的铜器出自此地，至少这一带也应有姬姓封国存在的线索可寻。

就目前所罗列的姬姓封国而言，数量并不少，特别是我们将鄂国也确定为曾属西周灭国后在此重封的姬姓国，对于我们确信有汉阳诸姬的存在增添了有力的证据，实际上，随着这一带考古工作的发现，还有我们可能未曾掌握的姬姓封国面世。故此，南土作为周人经营的南方要冲，汉阳诸姬的存在应不容置疑。

需要指出的是，据传世文献所载，汉阳诸姬大多被楚国所灭，但据青铜器铭文所示，重封姬姓的鄂国先是处于汉阳的随州，而后被迁徙至南阳，而并非为楚国所灭。我们认为，鄂国之所以迁徙，可能与春秋初年楚国势力东扩有着密不可分的联系，这从《左传》所记的楚国所言的"吾不得志于汉东"[27]的局面是可相互印证的。姬姓鄂国迁出汉阳后，虽说可能是迫于楚国东扩的势力，但其背景也可视作周人为应对楚人在汉阳之地所做出的政治格局的一次重大调整，即以单一的随（曾）国来与楚人斡旋。

总之，近年来，随州叶家山西周曾国墓地、随州羊子山鄂侯墓地以及南阳夏饷铺鄂侯铜器的发现，揭示很多重大的学术问题，特别是姬姓鄂国铜器铭文的发现，将有助于我们重新认识汉阳区域的历史。本文正是基于这一思考，提出了在别样视角下重新认识古鄂国的历史，专此说明古鄂国可能就是被遗忘了的一个汉阳诸姬之一。

注　释

［1］　崔本信、王伟：《南水北调中线工程南阳夏饷铺鄂国贵族墓地发掘成果——对西周晚期到春秋早期鄂国研究将是一个突破》，《中国文物报》2013年1月4日第8版。

［2］　河南省文物局南水北调办公室、南阳市文物考古研究所：《河南南阳夏饷铺鄂国墓地M19、M20发掘简报》，《江汉考古》2019年第4期；河南省文物局南水北调办公室、南阳市文物考古研究所：《河南南阳夏饷铺鄂国墓地M7、M16发掘简报》，《江汉考古》2019年第4期；河南省文物局南水北调办公室、南阳市文物考古研究所：《河南南阳夏饷铺鄂国墓地M1发掘简报》，《江汉考古》2019年第4期。

［3］　黄凤春、陈树祥：《湖北随州叶家山西周墓地考古发掘获阶段性重大成果》，《中国文物报》2011年10月12日第4版。

［4］　杨升南：《叶家山曾侯家族墓地曾国的族属问题》，《中国文物报》2011年11月2日第3版。

［5］　李伯谦：《西周早期考古的重大发现》，《随州叶家山——西周早期曾国墓地》，文物出版社，2013年；刘绪：《近年发现的重要两周墓葬述评》，《梁带村里的墓葬——一份公共考古学报告》，北京大学出版社，2012年；笪浩波：《汉东的曲国、曾国与随国考》，《楚简楚文化与先秦历史文化国际学术研讨会论文集》，湖北教育出版社，2013年；董珊：《从出土文献谈曾分为三》，《出土文献与古文字研究（第五辑）》，上海古籍出版社，2013年；张昌平：《叶家山墓地相关问题研究》，《随州叶家山——西周早期曾国墓地》，文物出版社，2013年；曹芳芳：《两周时期曾国及族属考辨》，《古代文明研究通讯》2013年总第59期。

［6］　何浩：《从曾器看随史》，《江汉考古》1988年第3期。

［7］　舒之梅、刘彬徽：《论汉东曾国为土著姬姓随国》，《江汉论坛》1982年第1期。

［8］　徐元诰撰，王树民、沈长云点校：《国语集解》，中华书局，2002年，第461页。

［9］　陈梦家：《殷墟卜辞综述》，中华书局，1988年，第318页。

［10］　陈槃：《春秋大事表列国爵姓及存灭表撰异》，上海古籍出版社，2009年，第769~774页。

［11］ 王长丰：《"息"方国族氏考》，《中原文物》2007年第2期，第59～65页。

［12］ 河南省信阳地区文管会、河南省罗山县文化馆：《罗山天湖商周墓地》，《考古学报》1986年第2期。

［13］ 密须国地有安定和保定两说。孙星衍辑《括地志》卷三"泾州鹑觚县"条："鹑觚密氏，姞姓，今阴密城，在泾州之安定。《郡县志》：'在灵台西'。"《路史·国名纪》甲卷："密须，《括地象》云：'鹑觚密氏，姞姓，今阴密城在泾州之保定。'《郡县志》：'在灵台西'。"

［14］ 孔颖达疏：《毛诗正义》，《十三经注疏》，北京大学出版社，1999年，第1030页。

［15］ 杨伯峻：《春秋左传注》（修订本），中华书局，1985年，第374页。

［16］ 寿光县博物馆：《山东寿光新发现一批纪国青铜器》，《文物》1985年第3期。

［17］ 于薇：《"汉阳诸姬"：基于地理学的证伪》，《历史地理（第二十四辑）》，上海人民出版社，2010年。

［18］ 易本烺：《春秋楚地答问》，中华书局，1985年，第4页。

［19］ 杨伯峻：《春秋左传注》（修订本），中华书局，1985年，第501页。

［20］ 杨东晨、杨建国：《汉阳诸姬国史述考》，《学术月刊》1997年第8期。

［21］ 赵燕姣：《西周王朝经营南国史实》，南开大学博士学位论文，2011年。

［22］ 吴三元：《"汉阳诸姬"分封及地理考》，《楚学论丛（第八辑）》，湖北人民出版社，2019年，第190页。

［23］ 于薇：《"汉阳诸姬"：基于地理学的证伪》，《历史地理（第二十四辑）》，上海人民出版社，2010年。

［24］ 郭长江、凡国栋、陈虎等：《曾公畋编钟铭文初步释读》，《江汉考古》2020年第1期。

［25］ 黄陂县文化馆、孝感地区博物馆、湖北省文物考古研究所：《湖北黄陂鲁台山两周遗址与墓葬》，《江汉考古》1982年第2期。

［26］ 刘启益：《黄陂鲁台山M30与西周康王时期的铜器墓》，《江汉考古》1984年第1期。

［27］ 《左传》桓公六年。

论战国早期楚国仿铜陶礼器基本特征

闻　磊[1]　张万高[2]

（1. 湖北省文物考古研究院　2. 荆州博物馆）

摘要：楚国陶器自成体系，无论是组合还是形制，都具有独特风格，是楚国物质文化的主要代表。楚墓中出土仿铜陶礼器最早见于春秋早期，到了战国早期，楚国仿铜陶礼器无论是组合还是形制，都已完全具备楚文化风格，处于一个相对成熟的阶段，而这种相对成熟的陶礼器群在楚文化考古研究中占有举足轻重的地位，有必要进行更加深入的研究。本文通过对战国早期典型墓例出土仿铜陶礼器的类型学分析，得出三点新的认识：第一，缶形壶出现在战国早期早段，是其后仿铜铺首陶壶的早期形态；第二，鼎敦壶的组合形态在战国早期一般伴随鼎簠缶同出，并其中配套敦的必然是子口鼎；第三，三角形刻槽鼎足最早出现的时期应为战国早期晚段。

关键词：楚墓　战国早期　仿铜陶礼器　组合　基本特征

　　楚国陶器自成体系，无论是组合还是形制，都具有独特风格，是楚国物质文化的主要代表。楚国陶器主要由日用陶器和仿铜陶礼器两大系列组成。从研究角度而言，这两大系列虽有一定联系，但二者却是各自独立的，各有发展轨迹。

　　楚国陶器中日用陶器的出现相对较早。众所周知，至迟在西周一世，江汉地区即已存在一种有别于商鬲和周鬲的联裆鬲，而这种鬲已初具楚式鬲的某些特征。到了西周中晚期，周文化中那种固有的锥足或截锥足瘪裆鬲逐渐演变成联弧裆柱足鬲，且鬲足多以包裹的方法制成，同时鬲的肩部也多向外鼓而形成广肩的风格，具有足以区别于周式鬲的显著特征，此即真正意义上的楚式鬲，无论是高裆、矮裆还是大口、小口，都是如此。此外，在西周晚至春秋早期还形成了具有楚式风格的日用陶器组合——鬲、盂、罐、豆。春秋中期时，日用陶器中罐的形制则演变成了大口长颈垂鼓腹凹圜底（或称长颈壶），这种长颈垂腹罐与联弧裆柱状包裹足鬲一样，是楚国独有的形制。至此，典型楚文化日用陶器系列得以形成。

　　相较于楚国日用陶器，楚国仿铜陶礼器出现的时间则稍晚一些。整体而言，目前公认最早的仿铜陶礼器是陕西张家坡222号墓所出的5件仿铜陶鼎，时代为西周中期[1]。楚墓中仿铜陶礼器的最早出现目前所见应是当阳赵家湖出土的A型陶鼎（ZHM2：2），鼎身为盆形，两耳位于沿面上，折沿，折腹，外圜底，柱状足，足内侧有"U"形凹槽，与同期所见铜鼎的形制基本相似，时代为春秋早期[2]。此型陶鼎具有浓厚的周式铜鼎作风，还没有形成楚国仿铜陶礼器中陶鼎的特征。到春秋中晚期，随着箍口鼎、子母口盖鼎、簠、敦、尊缶等一组特征鲜明、自成体系的楚式青铜器的出现，仿铜陶礼器也随之形成了自己独特风格。

楚国仿铜陶礼器多以组合的形式出现，其基本组合是鼎簠缶、鼎敦壶等，且多有盘、匜与之同出。这些组合中各类器物的出现时间也并非一致，而是早晚有别。目前看来，陶鼎出现最早，而簠与敦则出现稍晚一些，其中仿铜陶敦最早出现于春秋中期，而仿铜陶簠则始见于春秋晚期。尤为值得关注的是，鼎簠缶组合乃是楚国陶器独有的组合形式，是楚国陶器风格业已成熟的标志。由此可知，楚国仿铜陶礼器成组合的出现和运用应在春秋晚期。

半个多世纪以来，无论是在楚文化形成和发展的核心区域湖北，还是在河南、湖南等楚国故地，都出土了大量的楚国陶器，时代从西周晚期至战国晚期均有。本文单独论述战国早期楚国仿铜陶礼器基本特征的原因有两点：其一，到了战国早期，楚国仿铜陶礼器无论是组合还是形制，都已完全具备楚文化风格，处于一个相对成熟的阶段，而这种相对成熟的陶礼器群在楚文化考古研究中占有举足轻重的地位，有必要进行更加深入的研究；其二，在过去的研究中发现，战国早期楚国仿铜陶礼器又往往上与春秋晚期或春秋战国之际，下与战国中期早段的器物形制存在着不少模棱两可、难以分辨的情形，所以，正确把握战国早期楚国仿铜陶礼器的基本特征，对于整个楚国陶礼器群组的类型学考察、年代判定和分期研究具有重要意义。

考古发掘出土的楚国仿铜陶礼器绝大多数来自墓葬，其中，属于战国早期的墓葬和器物数量较多，与战国中晚期相比，占比也较大。研究得知，楚文化考古中的战国早期实际上可分为早、晚两段，笔者选择一些具有代表性的典型墓例分析探讨如下。

一、江陵雨台山M89

出土仿铜陶礼器主要是鼎、敦、缶，与之同出的日用陶器有陶豆、盘、匜、勺（图一），均为泥质灰陶[3]。

鼎　形制为子口承盖，盖上饰环状纽；口沿外起方形凸棱，空附耳微外撇，直腹，下腹折转，圜底外凸；圆实蹄足外撇，足膝部饰压印圆圈纹。这种口沿外起方形凸棱的鼎一般称为箍口鼎，也称鐈鼎。此类鼎的口部形态有两种，一种是口内敛而无子口，另一种是子口内敛。

敦　全器由盖和身扣合而成，盖顶有三个"S"形兽纽，身下有三个蹄足；直口，口沿两侧饰对称环纽；整体呈扁圆球形，口径大于身高。

缶　子口承盖，盖面隆起。口微敛，口沿外侧起方形凸棱，粗束颈，折广肩，垂腹，腹壁斜直，最大径位于器身中部；凹圜底，盖与肩部各装饰四个对称环纽。

豆　折腹浅盘，柄半空，柄尾端呈八字形，柄座不显。

盘　窄折沿，浅折腹，外圜底近平。

匜　平面作圆形，敛口，短流，外圜底。

关于雨台山M89的年代，原报告《江陵雨台山楚墓》定为战国早期（该报告并未将属于战国早期的墓葬予以分段，后来，随着研究的进一步深入，发现这一期墓葬中鼎、敦、簠、缶等器物的形制还存在着一定程度上的变化和区别，所以又将其分为早、晚两段）。但也有学者认为，此墓所出器物形制较早，敦与缶可能早到春秋晚期，为稳妥起见，可将其定在春秋战国之际[4]。经与其他相关墓葬对比考察之后，我们发现，雨台山M89之鼎与江陵九店M157[5]所出春秋晚期之鼎（图三，1）相比，年代要稍晚一些，而与九店M267之鼎（图三，2）以及当阳赵家湖JM229、JM66所出之D型Ⅰ式鼎（图四，1；图五，1）基本一致，这三座墓均为战国早期早段的典型墓葬。九店M157之鼎附耳较直，垂腹更深，形态更显庄重，形制显然要早一些，年代当属春秋晚期。雨台山M89之敦则基本同于当阳赵家湖JM229所出之敦（图四，3），均为扁圆体、三蹄足，赵家湖JM229敦明显是仿自当地春秋晚期的铜敦；缶也晚于九店M277所出春秋晚期之缶（图三，6），后者腹更浅，最大径更靠下一些，且盖顶与肩部均饰圆圈纹。值得注意的是，虽然雨台山M89要晚于九店M277[6]，但其与九店M267，赵家湖JM229、JM66等墓相比，缶的形制是存在一定差异的，前者要显得稍早一些，其出现时间有可能在春秋战国之际。考虑到如果将春秋战国之际分为一期，那么这一期别的年代范围无法界定或很难界定，况且，该墓的鼎和敦又确实是战国早期早段的形制，所以，雨台山M89的年代还是定在战国早期早段为宜。

与雨台山M89陶器形制相近，年代相同的典型墓葬主要有九店M243、M267，赵家湖JM229、JM66等。

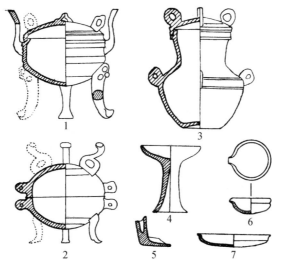

图一　雨台山M89出土陶器

1.鼎（M89：10）　2.敦（M89：12）　3.缶（M89：1）　4.豆（M89：4）　5.勺（M89：21）

6.匜（M89：20）　7.盘（M89：22）

（引自《江陵雨台山楚墓》第138页）

二、江陵九店M243

出土仿铜陶器组合为鼎、敦、缶（图二）[7]。

鼎　基本形制与雨台山M89近似，只是口部作敛口而无明显的子口形态，此与赵家湖JM299之D型鼎相同。

敦　由盖和身扣合而成，器身大体呈圆球形，稍扁，口径略大于身高，盖顶及身下均有三个"S"形兽纽，整体形态基本同于雨台山M89之敦，但身下不是蹄足而是"S"形兽纽，说明蹄足和"S"形兽纽是同时存在的。

缶　形制同于上例雨台山M89所出之缶。

由上可知，此墓的年代亦属战国早期早段无疑。

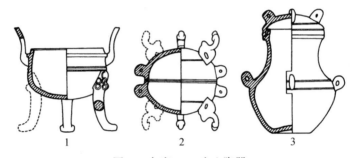

图二　九店M243出土陶器

1.鼎（M243：4）　2.敦（M243：7）　3.缶（M243：1）

（引自《江陵九店东周墓》第371页）

三、江陵九店M267

出土仿铜陶礼器的主要组合为鼎、簠、缶，同出有日用陶器鬲、盂、长颈罐[8]。

鼎　形制与雨台山M89略同，只是盖上饰兽形立纽（图三，2）。

簠　直口，浅折腹，上腹直，下腹斜折，身、盖扣合后呈长方盒形，弓形纽，矩形足较矮，外张度小，两端略小于器身。其与九店M277之簠（图三，5）相比，器身相对较高，直腹略大于折腹，形制显然要晚于后者。

缶　子口承盖。口微敛，口沿外侧起方形凸棱，粗弧颈，溜肩，鼓腹，腹壁圆弧，最大径位于器身中部；凹圜底近平，盖与肩部各装饰四个对称环纽。此缶与雨台山M89和九店M277之缶形制大体近似，只是底部近平，亦属战国早期早段的形制（图三，4）。

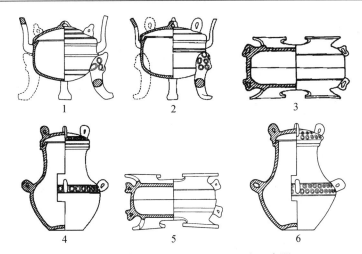

图三 九店M157、M267、M277出土陶器

1、2.鼎（M157：1、M267：2） 3、5.簠（M267：8、M277：5） 4、6.缶（M267：1、M277：1）

（引自《江陵九店东周墓》第370、372页）

四、当阳赵家湖JM229

出土仿铜陶礼器的主要组合为鼎、敦、缶（壶）和鼎、簠、缶，此外，同出的日用陶器有豆、罍、盘、勺等[9]。

鼎 2件。根据口、腹形态的不同可分二型，原报告称D、E二型。D型为箍口鼎，深腹较直，且作垂腹，口沿下起方形凸棱，属早期形制；E型为子口浅腹鼎，口沿下无凸棱，此型鼎一般称为子口鼎。

敦 与上例雨台山M89之敦略同，扁圆腹，三蹄足，且蹄足膝部以及盖顶均饰压印圆圈纹。

簠 直口，浅折腹，上腹直，下腹斜折，身、盖扣合后呈扁长盒形，腹壁折转处饰弓形纽。矩形足不高，外张度小，两端略等于器身。器身底面和盖顶均饰十字形压印圆圈纹。

缶 2件。根据口沿的不同可分二型（原报告只分一型，均作A型壶），一型为子口内敛，口沿下起方形凸棱，应有盖，已缺失。粗颈较直，圆广肩，底近平，矮圈足。肩部饰压印圆圈纹（图四，5）。此型缶虽与雨台山M89和其他同期墓葬所出缶存在差异，比较特殊，但同墓共存的鼎、敦、簠等器类形制较早，均为战国早期早段，可证该缶的年代亦应为战国早期早段。另一型为侈口尖唇，口沿下无方形凸棱，有盖，盖内作子口，盖上饰四个兽形立纽，与同期其他缶盖上的环纽不同；颈较细较长，溜肩，圆腹，最大径偏下而位于中腹，凹圜底，矮圈足，肩部、颈部和盖顶均饰压印圆圈纹（图四，6）。笔者认为，这件侈口缶虽似缶非缶、似壶非壶，但依口沿形态判断，应该将其视之为壶（缶形壶），可与赵家湖B型壶归为一类，且形制早，应是楚国仿铜陶壶（侈口铺首壶）的早期形态，其年代亦应为战国早期早段。

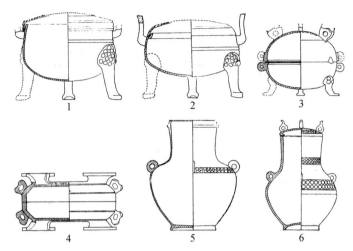

图四　赵家湖JM229出土陶器

1、2.鼎（JM229：13、JM229：11）　3.敦（JM229：26）　4.簠（JM229：14）　5.缶（JM229：6）

6.壶（JM229：8）

（引自《当阳赵家湖楚墓》第180页）

五、当阳赵家湖JM66

出土的仿铜陶礼器组合为鼎、簠、缶（图五）[10]。

鼎　基本形制与雨台山M89略同。

簠　形制与上举墓例九店M267相同，矩形足外张度略等于器身。

缶　颈较细且微弧束，圆弧腹，与九店M267略同，只是后者的底较平①，其形制比九店M277之缶显然要晚，应属战国早期早段。

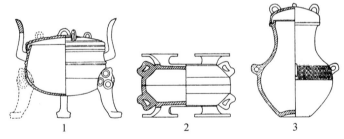

图五　赵家湖JM66出土陶器

1.鼎（JM66：11）　2.簠（JM66：10）　3.缶（JM66：4）

（引自《当阳赵家湖楚墓》第188页）

---

① 赵家湖JM229缶也是近乎平底且有矮圈足，可见这几种形制的缶底是可同时存在的。

六、江陵九店M43

出土仿铜陶礼器组合为鼎、簠、缶，鼎、敦、壶（图六），与之同出的日用陶器还有豆、小口罐形鼎、罍和盉[11]。

鼎　4件。分二型，原报告称A型和B型，各2件。

A型　箍口鼎。敛口，有盖，口沿外侧起凸棱一周，附耳微外撇；深弧腹，外圜底，圆实蹄足外撇，足膝部饰压印圆圈纹（图六，1）。

B型　子口鼎。口内敛，口沿外侧无凸棱，腹较浅，腹壁弧，外圜底，圆实足外撇（图六，2）。

敦　2件。形制相同，由盖和身扣合而成，器身为扁圆形，口径大于身高，盖顶及身下均有三个"S"形立兽纽（图六，3）。此敦与上例九店M243之敦相比较，器身要更扁。

簠　2件。为一型，形制同上例赵家湖JM229所出簠，属早期早段的形制（图六，4）。

缶　2件。为一型，敛口，口沿下起方形凸棱，短粗颈，圆凸肩，圆弧腹，最大径位于器身上部，凹圜底，矮圈足。肩部饰压印圆圈纹和四个对称环纽（图六，5）。

壶　只出1件。侈口带盖，短颈微弧，凸肩，圆鼓腹，最大径位于器腹中部，内凹底，矮圈足微外撇。壶的肩部饰简单兽首形铺首，无衔环（图六，6），这一铺首应是先模制成型后再粘贴上去的，呈浅浮雕状。上述各类器物均属战国早期早段的基本形制。

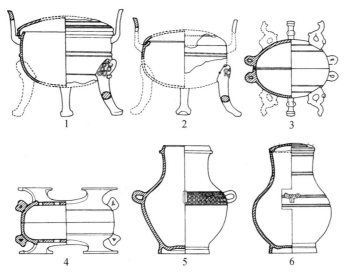

图六　九店M43出土陶器

1、2.鼎（M43：13、M43：15）　3.敦（M43：14）　4.簠（M43：12）　5.缶（M43：2）　6.壶（M43：1）

（引自《江陵九店东周墓》第358页）

以上所举墓例中，雨台山M89、九店M243是出鼎、敦、缶的典型墓葬，九店M267、赵家湖JM66是出鼎、簠、缶的典型墓葬，而赵家湖JM229、九店M43则是同出鼎、敦、壶和鼎、簠、缶两套组合的墓葬。这几座墓葬的年代均为战国早期早段，是同时期墓葬的代表性墓例。

下面笔者再讨论战国早期晚段楚国仿铜陶礼器的特征。战国早期晚段的仿铜陶礼器与早期早段相比，各类器物的形制均具有一定的差异，也出现了一些新的东西，需要认真分析。

七、江陵雨台山M157

此墓出土的主要仿铜陶礼器组合为鼎、簠、缶，同出的日用陶器则有豆、罍、圈耳鼎、鐎壶和盘（图七）[12]。

鼎　形制为敛口带盖，盖上饰环状兽纽；口内敛，口沿外侧起凸棱一周，附耳较直；深直腹，外圜底；柱状高蹄足较直，足内侧有既浅又窄的细刻槽，足膝部饰压印圆圈纹。

簠　器身较高，直口，深腹，上腹较直，下腹斜折，身、盖扣合后呈长方盒形，腹壁折转处饰方形凸纽。矩形足较高，外张度较小，两端外张度略大于器身。

缶　形体高大。子口承盖，盖面弧隆。敛口，口沿下有一周方形凸棱，粗颈微弧，圆肩，深弧腹，最大径在肩部。凹圜底，矮圈足。盖即肩部各有四个对称环纽，颈部似施有彩绘纹饰。

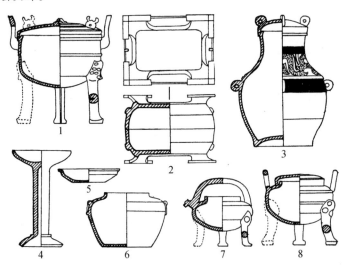

图七　雨台山M157出土陶器

1. 鼎（M157∶1）　2. 簠（M157∶6）　3. 缶（M157∶4）　4. 豆（M157∶13）　5. 盘（M157∶17）

6. 罍（M157∶7）　7. 鐎壶（M157∶11）　8. 小口鼎（M157∶10）

（引自《江陵雨台山楚墓》第137页）

盘　形制为敞口平折沿，浅折腹，平底，属较早形制。

墓中同出的圈耳鼎和鐎壶均作小口罐形，兽蹄足微外撇，足膝部均饰压印圆圈纹，形制均较早。

八、江陵九店M44

出土成组合的陶礼器主要有鼎4件，簠、敦、缶、壶各2件，其他陶器还有罍、盉、小口鼎、豆、釜等[13]。

鼎　分为箍口鼎和子口鼎二型，各2件。箍口鼎，敛口带盖，深腹较直，圆实蹄足微外撇，足膝部饰压印圆圈纹（图八，1）；子口鼎，口内敛，口沿外侧无凸棱，腹稍浅，实足，足外侧中间凸起，膝部饰压印圆圈纹（图八，2），整体形制与九店M43之同型鼎略同。

簠　器身较矮，口微敞，弧壁，凸纽（与弓形纽不同）（图八，3）。

敦　器身略呈椭圆形，身高略大于口径，盖与底均作"S"形纽（图八，4）。

缶　口及颈部残失，仅存肩腹及底部。形制作凸肩鼓腹，凹圜底，矮圈足（图八，5）。

壶　形制同九店M43之壶，亦为有铺首无衔环（图八，6）。

上述雨台山M157和九店M44与上例九店M43等墓相比较，其中鼎的大体形制基本一致，只是前者的鼎足或内侧有纵向刻槽，或外侧起纵向凸棱；簠，前者器身加高，腹壁变弧，纽作凸纽而不再是弓形纽；敦，前者器身均等于或略大于口径而呈圆形或微椭圆形。这些区别实际上是同类器中所存在的纵向发展关系，表明前者要晚于后者，但又无不具有战国早期的作风（特别是缶），所以，其年代应定在战国早期晚

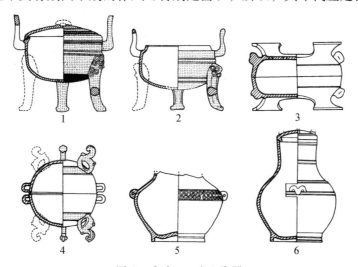

图八　九店M44出土陶器

1、2.鼎（M44：14、M44：16）　3.簠（M44：12）　4.敦（M44：3）　5.缶（M44：21）　6.壶（M44：18）

（引自《江陵九店东周墓》第359页）

段。该墓所出的壶与九店M43壶无论是器形还是铺首均较为相同，说明此类壶在战国早期的早段和晚段都是存在的。

九、江陵九店M10

此墓原报告分类为乙组甲类墓，出土陶器较多，主要仿铜陶礼器组合为鼎、簠、缶和鼎、敦、壶，还同出有小口鼎、罍、盘、匜等日用陶器[14]。

鼎　4件，箍口鼎和子口鼎各2件。箍口鼎，深腹较直，敛口，口沿下起方形凸棱，蹄足，足内侧有较窄的三角形槽，足膝部饰压印圆圈纹（图九，1）；子口鼎，口内敛，口沿外侧无凸棱，腹较深，腹壁圆弧，外圜底，圆实足较直（图九，2）。

簠　2件。形制基本同于上例雨台山M157之簠，只是腹壁作弧形，无直边（图九，3）。

敦　2件。形制相同，器身作圆球形，口径略等于身高，盖顶及身下均有三个"S"形立兽纽（图九，4）。此敦与九店M243、M43所出之敦虽近似，但器身更圆，年代也要稍晚一些。

缶　2件。形体高大，子口承盖，盖上饰四个对称的环纽。口沿下起凸棱，短粗颈微弧，圆肩，鼓腹，最大径偏上。凹圜底，矮圈足（图九，5）。

壶　2件。侈口带盖，盖上三立纽，溜肩，圆鼓腹，凹圜底，矮圈足。肩部饰两个对称的简单的衔环铺首，铺首作简单的兽首形（图九，6）。

盘　1件。形制同上例雨台山M157所出之盘，亦属较早形制（图九，7）。

此墓的年代，过去存在着一些小争议，原报告将其定为战国中期早段，笔者认

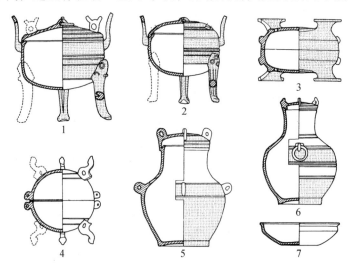

图九　九店M10出土陶器

1、2.鼎（M10：3、M10：17）　3.簠（M10：15）　4.敦（M10：8）　5.缶（M10：4）　6.壶（M10：9）

7.盘（M10：13）

为其应为战国早期晚段。江陵九店M10出有鼎簠壶和鼎敦缶两组仿铜陶礼器，其中，箍口鼎的整体形态与上例九店M44之同型鼎基本相同，只是足内侧有较浅的三角形刻槽；其子口鼎则为圆腹实蹄足，且两型鼎兽蹄足的膝部均饰有压印圆圈纹，所以，此二鼎的形制均应属于战国早期晚段。九店M10所出之敦与同墓地中属于战国早期晚段的M44所出之敦形制基本相同，均为整体作圆球形，有"S"形足或纽。《江陵九店东周墓》报告将M10定为战国中期早段，但同时又认为其年代接近战国早期晚段。我们认为，M10的年代不仅仅是接近战国早期晚段，实际上就应为战国早期晚段。

十、荆州冯家冢BXM13

该墓是荆州八岭山楚王陵园冯家冢北侧殉葬墓中的一座，在其壁龛内出土了鼎、敦、缶仿铜陶礼器一组（图一〇），另同出日用陶器盘和匜各1件[15]。

鼎　泥质灰黄陶，器表施黑灰色陶衣。子口承盖，盖顶有桥纽，口沿外侧起方形凸棱。附耳直立，深直腹，外圜底下垂，腹与底相交处折转，兽蹄足微外撇，足内侧有三角形刻槽，蹄足膝部饰压印圆圈纹。

敦　泥质灰黄陶，器表有红彩残痕。全器由盖和身扣合而成，整体略呈圆球形，身比盖稍浅，身高略等于口径；盖与身分别有"S"形纽和足。

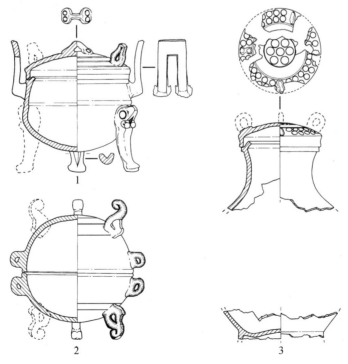

图一〇　冯家冢BXM13出土陶器

1.鼎（BXM13：5）　2.敦（BXM13：6）　3.缶（BXM13：7）

（引自《湖北荆州八岭山冯家冢楚墓2011～2012年发掘简报》图四二）

缶　泥质红褐陶。子口承盖，盖顶中央及外圈饰密集的压印圆圈纹，子口内敛，弧束颈，斜溜肩，内凹底，有矮圈足。

该殉葬墓陶器的陶色在楚国仿铜陶礼器中是比较少见的，多在早期才可见到。鼎作深垂腹且形体厚重，形制与属于春秋晚期的九店M157之鼎（图三，1）接近，只是足内侧的三角形刻槽使其年代只能靠后，但其组合中的敦却不晚于九店M44（图八，4）和九店M10（图九，4）之敦，故其年代亦应为战国早期晚段。

十一、当阳赵家湖JM42

出土的仿铜陶礼器组合为鼎、簠、缶（图一一），同出有陶豆、罍、鐎壶等日用陶器。

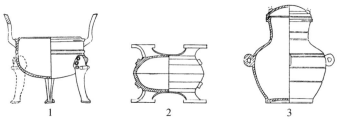

图一一　赵家湖JM42出土陶器

1. 鼎（JM42：9）　2. 簠（JM42：13）　3. 缶（JM42：4）

（引自《当阳赵家湖楚墓》第189页）

鼎　浅子口内敛，口沿外侧起方形凸棱，上腹较直，外圜底，三蹄足较高，足内侧有三角形刻槽，足膝部饰压印圆圈纹并组成兽面。

簠　器身较高，敞口，弧壁（无直边），中腹饰方形凸纽，矩形足亦较高，外张度较大，形制与九店M10之簠（图九，3）相同。

缶　形体较大。子口承盖，盖面弧隆。敛口，口沿下起方形凸棱，粗束颈，圆肩，深鼓腹，最大径偏上。底近平，矮圈足。

该墓在原报告中被分为第五期9段，年代为战国早期晚段，分期精准。该墓地中还有YM4，也是该时段的代表性墓葬，出鼎、簠、敦，可惜组合不全，没出缶和壶。赵家湖YM4之鼎与赵家湖JM42之鼎形制相同，属早期晚段；簠虽作敞口，但器身矮，且饰弓形纽，属早期早段的形制；敦则呈椭圆形，身高明显大于口径，三蹄足较矮，亦属晚段形制。由此可见，赵家湖YM4的年代实际上为战国早期晚段，与赵家湖JM42一样，是此墓地中该时段的标型墓。

十二、长沙浏城桥M1

原编号为71·长·浏·M01[16]，在2000年出版的《长沙楚墓》中被重新编号为M89[17]。该墓出土各类陶器共53件，种类有14种之多，这里只是选择其中最有组合意义的鼎、簠、敦、缶、壶五类器物做进一步考察。

鼎　10件。原报告将其分作升鼎、镬鼎、鐈鼎和小口鼎四类，其中最具年代特征且与本文相关的是镬鼎和鐈鼎。镬鼎，亦称镬鼎，是用以烹牲的大鼎，形体大而厚重，浅子口，有盖，盖顶中央有圆形捉手，口沿外侧有方形凸棱，深腹，外圜底，实蹄足，足内侧削平且微内凹，足的膝部饰压印圆圈纹（图一二，2）；鐈鼎，鼎口较直，口沿外侧有方形凸棱，盖作斜面，盖顶中央有圆形桥纽套环，深直腹，外圜底，三兽蹄足较高且微外撇，足的膝部饰压印圆圈纹，足内侧自上至下有三角形刻槽（图一二，3）。此二类鼎的基本形制颇为接近，只是一为实足、一为三角形刻槽足，但二者的口沿外侧均有方形凸棱，故其均可视为箍口鼎类，现以其中的鐈鼎为例进行分析。此鼎的整体形态略同于前例九店M267之鼎，但九店M267之鼎为圆实足，且子口较深，形制明显要早。与此鼎形制最为接近甚至基本一致的是上例中的冯家冢BXM13（图一〇，1）和赵家湖JM42（图一一，1），均作深直腹，足内侧有三角形刻槽，可互证三鼎的年代应基本相同。

除了镬鼎、鐈鼎外，该墓还出有升鼎。升鼎是楚和楚系墓葬中特征最为明显的一种鼎制，乃是仿铜升鼎而作，形体较小，形制为敞口，方唇，斜折沿，斜直耳外撇，腹较深，束腰，平底，矮蹄足，足膝部饰压印圆圈纹，自足上部至口沿处饰三道爬兽，或以为飞龙（图一二，1）。此升鼎形制接近寿县蔡侯墓和随县曾侯乙墓所出的升鼎，但腹明显加深，足亦变矮，故其年代显然要稍晚一些，当属早期晚段。

敦　2件。虽均为蹄足，但整体形态有差异，故《长沙楚墓》将其分为A、B二型。A型敦，身与盖扣合后作圆球形，盖与身形制分明，盖顶作三个矮环纽，身下有三个矮蹄足（图一二，4）；B型敦（图一二，5），身与盖扣合后呈椭圆形，身高明显大于口径，盖上饰三个兽形立纽，身下有三个兽蹄足，蹄足较高且外撇。此二敦虽分为二型，但基本特征还是比较一致的，又同出一墓，所以，这个A型敦应是一种异型，二者并无年代差别，而考察敦的发展变化则当以该墓出土的形制规范的B型敦为主。

纵观东周楚墓出土的仿铜陶敦，其演变规律大体为整器由扁圆球体向椭圆体发展。战国早期一般为扁圆体或圆球体，身高一般要小于或略等于口径，战国中期则多为椭圆体。至于敦的纽和足，春秋晚期至战国早期，身、盖及纽、足不同和身、盖及纽、足相同是同时存在的，但以盖上为兽纽、身底为兽蹄足者为主。战国早期早段的敦多为扁圆体，身高一般要小于口径；战国早期晚段则多为圆球体，身高一般为等于或略等于口径；战国中期，蹄足敦已基本不见，仅有极个别战国早中期之际或战国中期早段之初的楚墓中可见蹄足敦，应属蹄足敦形制的遗留，盖与身的纽或足也变得基

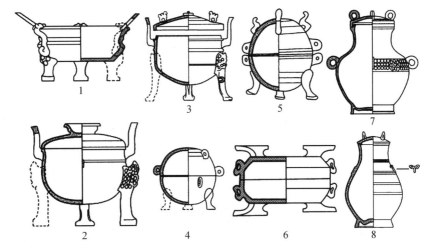

图一二　浏城桥M1（《长沙楚墓》M89）出土陶器

1～3.鼎（M89：5、M89：82-1、M89：96）　4、5.敦（M89：39、M89：29）　6.簠（M89：1）

7.缶（M89：101）　8.壶（M89：33）

（引自《长沙楚墓》第461、462、473页）

本相同。如此看来，蹄足敦存在的下限大体为战国早期晚段。

　　簠　3件。形制相同。直口，浅腹，上腹直，下腹斜折，直腹壁较小，平底较大，身、盖扣合后呈扁盒形，饰弓形纽。矩形足矮而外张，但外张程度较小，略大于器身，但与弓形纽基本平齐（图一二，6），形制与赵家湖JM66（图五，2）、九店M43（图六，4）两件簠基本相同，属早期早段的基本形制。此簠的特点是浅扁腹，腹的直壁小于斜壁，矩形足外张度较小，有弓形饰纽，这些都是战国早期的特点。

　　缶　2件。形制相同。形体矮胖。子口承盖，盖面弧隆。子口较深且微敛，口沿下有一周方形凸棱，粗颈微束，广肩，圆弧腹，最大径在中部。凹圜底，矮圈足。盖即肩部各有四个对称环纽，盖顶及肩部饰压印圆圈纹（图一二，7）。此缶与上例九店M10之缶（图九，5）近似，后者虽无压印圆圈纹，但同墓所出的鼎足上却有圆圈纹装饰，可见其应为同期同时，属早期晚段。

　　缶是一种具有年代意义的重要器物，其演变趋势大致为颈由长弧束向短弧直发展，肩由斜溜向圆广变化，腹部由垂腹和扁腹向圆弧腹变化且最大径由下而上逐渐升高，底部由凹圜底→凹圜底矮圈足→圜底高圈足→平底或外圜底高圈足→平底假圈足发展。战国早期主要是凹圜底和凹圜底矮圈足两种，早晚两段同时存在。

　　壶　2件。形制相同。口微敞，粗颈，斜溜肩，长弧腹，下腹圆鼓，最大腹径在下腹，内圜底，底与腹壁相交处向上折转，矮圈足外撇。肩部饰两个衔环铺首，铺首简朴原始；有盖，盖面饰两圈压印圆圈纹和变形兽纽（图一二，8）。此壶形制比较特殊，带有浓郁的地方特征，江陵纪南城周边几乎没有与之完全相同的器形，目前所见，能与之相类的有江陵九店M44（图八，6）所出之壶，也与九店M10所出之壶大体相似（图九，6），基本形制均为溜肩圆鼓腹，最大径位于中腹，平底微内凹，矮圈足，铺首及其衔环仅具原始雏形，虽具有差异，但相同点较多，加上同出的其他器类也多有相同之处，所以，三者的大致年代亦应相同，年代应属于战国早期晚段。

浏城桥M1是一座极其重要的墓葬，学术界一致认为其乃整个楚文化考古学分期中战国早期的标型墓之一。郭德维先生说："如何划分战国早期和战国中期前段墓，以浏城桥1号墓为标尺，属于战国早期的墓应比它早或基本同时；属于战国中期的墓，应比它晚。"[18]近年来，也有学者因为该墓中鑐鼎（箍口鼎）的足上有三角形刻槽而认为其年代应定为战国中期早段[19]。我们认为，鼎足上的三角形刻槽于战国早期晚段即已出现和存在，不能因此而影响该墓的年代判定。

上述墓例中，1~6例（图一~图六）属早期早段，7~12例（图七~图一二）属早期晚段。在湘、鄂、豫等楚国故地中，已发掘的战国早期楚墓相对而言还是比较多的，最近几年又相继报道了多批新材料，可供研究的资料已经很丰富。但是，综合各地材料来看，还是以荆州纪南城周边地区的有关材料最为集中和最能说明问题，所以，本文选择的墓例基本上是来自这一地区，其他地区仅选择了长沙浏城桥M1一墓。

以上，我们对12座墓葬所出的主要陶器做了一些简要的类型学考察和基本的年代判断，使我们对战国早期早、晚两段存在的鼎、敦、簠、缶、壶的相互组合情况和组合中各类器物的基本特征有了一个比较清晰的认识。

首先是组合情况。战国早期楚国仿铜陶礼器的组合主要有三种，即鼎敦缶、鼎簠缶、鼎敦壶。前两种组合中只出其中任意一种组合的，早、晚两段均有存在，且两种组合中鼎的形制均为箍口鼎。上举墓例中的雨台山M89、九店M243（鼎敦缶）、九店M267、赵家湖M66（鼎簠缶）为早期早段，而雨台山M157、赵家湖M42（鼎簠缶）、冯家冢BXM13（鼎敦缶）则为早期晚段，可见这两种组合乃是战国早期楚国仿铜陶礼器的基本组合。第三种组合也是存在于整个战国早期，但数量较少，且只出现在鼎簠缶、鼎敦壶两套组合同出的墓中（墓例有属于早段的赵家湖JM229、九店M43和晚段的九店M44、M10以及浏城桥M1），目前尚未见其单出。一般而言，凡同出鼎簠缶、鼎敦壶两套组合者，其中的鼎则均可分作箍口鼎和子口鼎两型，而与子口鼎配伍为组合的则均应是敦和壶，而箍口鼎则多与簠和缶配为组合，也有与敦、缶配伍的，但较少，可能只存在于楚式仿铜陶壶（铺首陶壶）出现之前。可以说，自从铺首陶壶出现之后，与之配为组合的基本上都是子口鼎和敦，甚至到了战国中期，凡单出鼎敦壶组合者，其鼎也绝大多数为子口鼎。

关于壶（铺首壶）以及鼎敦壶组合的最早出现，目前所见到的则是战国早期早段，上例中赵家湖JM229所出之壶和鼎敦壶（缶形壶）组合应是最早的例证。赵家湖JM229之壶，形制作侈口尖唇，无方形凸棱，有盖，盖上饰兽形立纽；颈较细较长，溜肩，圆腹，凹圜底，矮圈足；肩部、颈部和盖顶均饰压印圆圈纹（图四，6）。此器与缶的根本区别在于其形制作侈口、口沿外侧无凸棱（而缶则为敛口、有凸棱），说明此器从根本上已不属于缶的形态，故完全可以称之为壶，但其尚未出现铺首，且肩、腹及盖顶部位还饰有压印圆圈纹，还保留部分缶的印痕。所以，此壶还只是壶的最初形制，其与晚段出现的铺首壶还存在着一定的差异。尽管如此，但它却是一个极大的突破，让我们了解到了缶向壶转化的原始状态，同时也让我们知道了鼎敦壶配伍的最早的组合形式。同样，九店M43之铺首壶的出现，进一步证明了战国早期早段鼎敦壶组合即已存在。

仿铜陶礼器的组合如此，那么，其组合中各类器物（主要是鼎、敦、簠、缶、壶）的形制又有哪些基本特征呢？根据对上述所举墓例的考察和分析，我们可得出如下认识。

1）鼎，明确配为组合的鼎主要有二型，一是箍口鼎，一是子口鼎。这两型鼎的上部形制是大体相同的，均为敛口或浅子口，深直腹，外圜底，形体厚重。一般来讲，早期早段的鼎，多为深腹且略作垂腹状；晚段，鼎腹相对变浅，但变化不大。这两型鼎最为明显的变化是鼎足。在早期早段，两型鼎均作圆实蹄足，但到了晚段，箍口鼎鼎足内侧多有窄条状或三角形刻槽，而子口鼎则依然为圆实足，表明这两种足在晚段是共存的，如九店M10，同一墓中出两型鼎，而两种鼎足也同时存在（图九，1、2）。到了战国中期，子口鼎上才偶尔见到三角形刻槽足。还有，鼎足膝部上所饰的压印圆圈纹在战国早期是普遍存在的，早段和晚段都有。

2）敦，主要存在两种形式，一种是盖、底分明的蹄足敦，盖为三纽，底为三足；另一种是盖与底形制相同，均为三纽。这两种敦在整个战国早期都是存在的，只是早段的蹄足敦较多，晚段较少。从上述所举的相关墓例中不难看出，敦的变化与区别主要在于器身（盖与底扣合后的形态）。早段，器身一般为扁圆形，口径大于身高；晚段，器身多为圆球形，少数作椭圆形，口径等于或略小于身高。

3）簠，主要变化和区别是器身、纽和足。早段，器身较矮，扣合后呈扁长方盒形，腹壁（包括下折腹）直，饰弓形纽，矩形足一般外张度较小，足两端基本不外张，多小于或等于器身。晚段，器身较高，腹壁多作弧形，饰凸纽，矩形足外张度也较小，多有小幅外张，但外张不显，两端只是略大于器身。到了战国中期时，簠的腹部已加深，弧腹弧壁，矩形足外张度大，两端往往超出器身许多，且弓形饰纽基本不见，这乃是仿铜陶簠发展演变的大致情况。

4）缶，早段多为粗束颈，斜溜肩，鼓腹较浅，腹最大径位于中部或偏下，凹圜底或凹圜底矮圈足，圈足与整器多为一次性拉坯而成。晚段形体变大，颈稍短，腹加深，最大径位于中部偏上，多凹圜底矮圈足，底作波浪形，圈足系另外黏接。此外，在缶的肩、腹以及盖等部位普遍饰有压印圆圈纹，早、晚两段一直存在。

5）壶，器身形制的发展演变与缶大体相同，但其肩部所饰的铺首却存在着差异。早段的壶，或无铺首（仅1例，图四，6），或有铺首却无衔环，而铺首也只是简单原始的兽首形。晚段，出现了较多的衔环铺首，不过，铺首的形态还是一种简单的兽首。到了战国中期，那种纹饰繁缛的兽面形衔环铺首才得以出现。

关于壶和铺首的关系，可再以九店M43、赵家湖JM229等墓所出之壶予以强调。九店M43的铺首壶上的铺首乃是楚国仿铜陶壶上出现的一种最为原始的铺首形态。属于早段的赵家湖JM229出侈口缶形壶，但无铺首，而九店此墓中却出有装饰铺首的壶，说明二者是可同时存在的，其最早出现的时间均是战国早期早段。值得指出的是，侈口缶形壶和铺首壶虽然存在于同一时期，但在空间或者地域上也是具有一定差异的。当阳赵家湖是早段出现缶形壶，晚段出现铺首壶，而江陵九店则是至今未见缶形壶，却在早段就出现了铺首壶。九店M43是战国早期早段明确出土鼎簠缶、鼎敦壶两套组合的墓葬，各类器物形制明确，且新出铺首壶，在楚墓分期断代上具有重要意义。

除此之外，有关战国早期仿铜陶礼器的形制特征，其中有几项年代标识特别强烈的硬指标也是不容忽视的。一是鼎、缶、小口鼎等器物上均饰有压印圆圈纹；二是蹄足敦的存在；三是缶、壶等圜腹器的底部形态。

关于圆圈纹，它是一种标识性极强的纹饰，只存在于战国早期的仿铜陶礼器上，战国中期及其以后则消失不见，凡是鼎足膝部装饰有这种圆圈纹的，一概可以将其年代定为战国早期，至少是战国早期晚段。缶上的圆圈纹与鼎上的圆圈纹具有同样的性质，是只属于战国早期的存在。通观楚地所出陶器，也确实如此。但战国早期的鼎、缶等器有无圆圈纹则是同时存在的，如同一墓中，有的器物上有，有的器物上却没有，便是明证。可以说，一座墓中，只要有圆圈纹存在，即可视该墓的年代为战国早期。

关于蹄足敦，如前文所述，它同样只是战国早期的存在，其存在的下限大体为战国早期晚段，战国中期即已基本不见。

关于缶和壶的底部形态，战国早期的缶和壶一律均作内圜底、矮圈足，不见或极少见平底，没有外圜底和假圈足。圜腹器之底的不同，涉及不同时期制器风格的问题，存在着纵向发展关系，战国早期多为凹圜底，或凹圜底矮圈足，中期以后则多平底和外圜底，圈足变高，晚期则多有假圈足。

此外，关于鼎足的不同与变化对于年代判定也同样具有重要意义，就鼎足的虚实而言，大体有圆实足、半圆形实足、浅刻槽足、三角形刻槽足等多种形制。过去认为，战国早期的鼎足一般为实足和足内侧仅有窄条状浅刻槽，而三角形刻槽足则只是在战国中期才出现并盛行。那么，这个三角形刻槽鼎足究竟最早出现在哪个时期？是否一定始见于战国早期早段？这些问题是需要重视和认真讨论的。在江陵及其周边地区战国早期的楚墓中，也多有圆圈纹足鼎、蹄足敦与三角形刻槽足鼎同出一墓的墓例，如赵家湖YM4、赵家湖JM42即是如此[20]，并且，圆圈纹和三角形刻槽还存在于同一鼎足之上。赵家湖JM42之鼎腹稍浅，鼎足内侧的三角形刻槽亦较深，但依然为战国早期晚段的形制（图一一，1）。就目前所见，上述三种特征共存的情况只有战国早期晚段才有，而战国早期早段和战国中期早段则均不存在。既如此，那么三角形刻槽鼎足最早出现的时期就应为战国早期晚段。

附记：本文为国家文物局重大研究项目"长江中游文明进程研究——夏商周课题"楚纪南故城遗址项目阶段成果之一。

注　释

[1]　中国科学院考古研究所：《沣西发掘报告》，文物出版社，1962年。

[2]　湖北省宜昌地区博物馆、北京大学考古系：《当阳赵家湖楚墓》，文物出版社，1992年，第94、175页。

[3]　湖北省荆州地区博物馆：《江陵雨台山楚墓》，文物出版社，1984年，第41~43页。

[4]　郭德维：《楚系墓葬研究》，湖北教育出版社，2020年，第171、172页。

[5]　湖北省文物考古研究所：《江陵九店东周墓》，科学出版社，1995年，第370页。

[6]　湖北省文物考古研究所：《江陵九店东周墓》，科学出版社，1995年，第370页。

[7]　湖北省文物考古研究所：《江陵九店东周墓》，科学出版社，1995年，第371页。

[8]　湖北省文物考古研究所：《江陵九店东周墓》，科学出版社，1995年，第372页。

[9]　湖北省宜昌地区博物馆、北京大学考古系：《当阳赵家湖楚墓》，文物出版社，1992年，第38、180页。

[10]　湖北省宜昌地区博物馆、北京大学考古系：《当阳赵家湖楚墓》，文物出版社，1992年，第188页。

[11]　湖北省文物考古研究所：《江陵九店东周墓》，科学出版社，1995年，第358页。

[12]　湖北省荆州地区博物馆：《江陵雨台山楚墓》，文物出版社，1984年，第137页。

[13]　湖北省文物考古研究所：《江陵九店东周墓》，科学出版社，1995年，第359页。

[14]　湖北省文物考古研究所：《江陵九店东周墓》，科学出版社，1995年，第360页。

[15]　荆州博物馆：《湖北荆州八岭山冯家冢楚墓2011~2012年发掘简报》，《文物》2015年第2期。

[16]　湖南省博物馆：《长沙浏城桥一号墓》，《考古学报》1972年第1期。

[17]　湖南省博物馆、湖南省文物考古研究所、长沙市博物馆等：《长沙楚墓》，文物出版社，2000年。

[18]　郭德维：《楚系墓葬研究》，湖北教育出版社，2020年，第172页。

[19]　张绪球：《熊家冢和冯家冢的年代及墓主》，《楚学论丛（第六辑）》，湖北人民出版社，2017年。

[20]　湖北省宜昌地区博物馆、北京大学考古系：《当阳赵家湖楚墓》，文物出版社，1992年，第211、189页。

略谈战国秦汉漆器的制作工艺

阎红衣

（荆州文物保护中心）

摘要： 战国和秦汉时期是我国古代漆器史上的发展繁荣时期，湖北省出土的这个时期的漆器，不仅数量与种类繁多，而且制作工艺达到了很高的水平。战国秦汉漆器的制作工艺主要包含漆器的胎骨制作、漆器髹饰和彩绘纹样三个方面的工艺。

关键词： 漆器制作　髹饰　纹样　工艺

漆器是在做好的胎骨上上漆髹饰，再在漆面上画上花纹，属于描漆漆器，凡所出土的漆器均采用的是这种描漆工艺，大部分漆器在描好的漆皮上绘有各种彩绘纹饰，有的还在上面刻上符号或是写些文字。因此，战国秦汉时期漆器制作工艺主要包含胎骨制作、漆器髹饰和彩绘纹样三个方面的工艺。

一、胎骨制作工艺

战国时期楚国漆器制作中常见的胎骨有木胎、夹纻胎、竹胎、皮革胎、铜胎、骨胎、角胎等。其中木胎漆器数量最多，制作最精，最能反映楚国漆器的制作工艺水平。木胎漆器有薄木胎、厚木胎和整木制作分件合成三种情况。薄木胎的器形一般较小，如耳杯、盘、卮、奁等。厚木胎的器形较多，器形要比薄木胎的器形大，如圆豆、浮雕龙凤纹豆、凤鸟莲花豆、俎、禁、案、壶和酒具盒等。整木制作分件合成的器物较多，大多是以雕刻为主的器物，每件器物都由两种或两种以上的不同形象复合而成，有动物合体或人兽合体，器形有羽人、神树、虎座飞鸟、虎座鸟架鼓和镇墓兽等。

木胎制作方法主要有斫制、旋制、卷制和雕刻四种。

斫制是利用方木条或扁木板斫削出器形，一般是器物的两端锯制，再用斧、凿等工具斫制成形，如簋、簠、扁壶、耳杯（图一）、案、禁、俎、几、瑟、编钟架等，器形一般比较厚重。

旋制是将木块旋出器物的外壁和底部，而腹腔则采用斫制，主要用于一些胎体较厚的圆形器物，如鼎、敦、圆盒、樽、圆豆（图二）、盂、盘等。

卷制是将薄木板卷成圆筒状器身，接口处用木钉钉接，并用生漆黏合，底部用圆形木板和器壁接合。主要用于一些胎体较薄的圆形直壁器形，如奁、卮、樽

（图三）等。

在楚国木胎漆器胎骨的制作中，最富艺术特色的是那些采用雕刻工艺加工成形或再进行拼合的器物，如俎、案、禁、几、豆（图四）、座屏、瑟、虎座鸟架鼓、俑、虎座飞鸟、羽人、神树、镇墓兽等。其雕刻手法主要分为透雕、圆雕和浮雕三种。三种雕刻手法根据不同器形而灵活运用，只用一种雕刻手法的器形很少，如几、案、编钟架、编磬架的图案多用浮雕表现。有的器形上同时使用透雕和浮雕两种手法，如江陵望山M1和荆州天星观M2漆座屏（图五、图六）。而湖北天星观M2出土的凤鸟莲花豆同时就使用了三种雕刻手法，豆盘的莲花为浮雕，凤鸟柄为圆雕，蛇形豆座为透雕（图七）。但在三种雕刻手法的实施过程中，都离不开斫、锯、挖、凿、钻、打磨等制作工艺。

夹纻胎是以纻麻纺成的织物为主要原料制成的漆器胎骨，其制作方法是先以木或泥做成器物模型，在器物模型外表加裱麻布若干层，等麻布干实后去掉模型，然后上漆。夹纻胎漆器具有坚实精巧、容易成形和批量生产等特点。夹纻胎漆器是战国中晚期开始出现的胎骨制作工艺，如湖北江陵马山1号楚墓出土的一件夹纻胎彩绘漆盘，器内外均黑地朱绘各种云纹和凤鸟等花纹图案（图八）。

竹胎漆器是以竹子为胎骨，如竹扇（图九）、竹笥、竹筒（图一〇）、弓和兵器杆等。

皮革胎漆器主要是皮甲，皮革具有轻巧、柔软、易于成形、不易开裂等优点，因此是制作甲胄的好原料，但皮革又有怕潮湿、外表不美观的特点，所以楚人在制作甲胄时往往要进行髹漆（图一一）。

铜胎漆器主要是铜镜，用于背面的彩绘纹饰（图一二）。

骨胎漆器主要是马镳。

角胎漆器主要是虎座鸟架鼓、虎座飞鸟、卧鹿等器物鹿角上的彩绘纹饰。

由于湖北发现的秦墓均为小型墓，出土漆器数量较少，这些漆器的胎骨，主要为木胎和竹胎，且绝大多数为木胎漆器。秦代漆器薄木胎有所增多，但仍以厚木胎为主。制作方法仍沿袭战国时期的斫制、旋制、卷制和雕刻等四种方法，而且往往是以一种方法为主而辅以其他制法。这个时期的雕制漆器已极少见，而卷制漆器有所增多。竹胎漆器主要是竹筒和竹笥，竹筒是利用天然竹子锯制后髹漆而成，竹笥是用竹篾编织髹漆制成。

秦代有许多漆器在胎骨上有"素""包""上""告"等烙印文字，它反映了秦代漆器的制作已有很多工序，并且存在着"物勒工名"的产品责任制。有些漆器胎骨上还有"咸亭""许市""吕市""亭""市"等烙印文字，是咸阳、许昌、吕城等地市、亭作坊的产品标志。有些漆器还在已髹好漆的漆皮上，针刻里名与人名，有些里名是市、亭管辖的私营漆器手工业产品的标志，有些人名是工匠名，有些则是物主之名。

值得注意的是，烙印文字所标志的不同产地的这些漆器产品，漆色与花纹图案也有一些差别，对于研究不同产地的漆器手工业生产情况及其艺术风格，提供了一批十

图一　斫制漆器耳杯（雨台山M247）

图二　旋制漆器豆（天星观M2）

图三　卷制漆器樽（凤凰山M168）

图四　浮雕漆器龙凤纹豆（天星观M2）

图五　透雕彩绘座屏（望山M1）

图六　透雕彩绘座屏（天星观M2）

图七　圆雕凤鸟莲花豆（天星观M2）

图八　夹纻胎漆盘（马山M1）

图九　竹胎漆器竹扇（马山M1）

图一〇　竹胎漆器竹筒（包山M2）

图一一　皮革胎漆器盾（包山M2）

图一二　铜胎漆器方镜（雨台山M10）

分重要的实物资料。

战国晚期出现的釦器新工艺，这个时期得到进一步发展，在漆器中釦器已较多见，可能已有专门制作釦器的工匠。

湖北目前只发现西汉中、小型墓葬，而且大多为西汉前期。因此，难以反映西汉时期高度发达的漆器工艺全貌。但是，这些漆器大多保存较好，并有不少珍品，也是研究西汉漆器工艺必不可少的重要实物资料。这些漆器的胎骨主要有木胎、夹纻胎、竹胎、葫芦胎、陶胎、金属胎及皮革胎等，其中以木胎最多。

木胎漆器胎骨制作主要有斫制、旋制、卷制和雕刻四种方法，根据器类、器形的不同而分别采用不同的制作方法。

斫制法（削、挖、凿）是西汉漆器主要制作方法之一，常用于案、几、耳杯、扁壶、平盘等器物的制作，一般是利用木块或木板斫削出器形，此类器形除耳杯较轻巧外，其他一般比较厚重。

旋制法一般用于圆壶、圆盒、盂等器物的外形制作，一般是将木块旋出器物的外壁和底部，而腹腔则采用挖、凿方法。旋木胎漆器一般比较厚重。

卷制法主要用于圆奁、樽、卮等圆筒形器物的腹壁制作，制作方法是用薄木片卷成圆筒状器身，接口处用木钉钉接，底部用一块刨制的圆形木板和器壁接合，整体造型比较轻巧。

雕刻则多用于俑、车、马、牛等丧葬用器的整体雕刻和细部制作，主要是圆雕技术，浮雕和透雕技术较之战国时期减少。

西汉漆器的胎骨制作多采用构件结合工艺，结合方法主要有榫接、铆接、嵌接和黏接四种。榫接即榫头与榫眼的结合，主要用于几、案等器物；铆接即铆钉结合法，主要用于奁、樽的足与器底的结合、厄鋬与腹壁的结合等；嵌接主要用于樽、奁等器物的器身与器底的结合，即先在器底边缘凿成相应的浅槽，然后将器壁下端嵌入浅槽内，并用漆液粘牢；黏结主要用于卷制器物的结合部件以及相关部件，黏结剂为漆液。

战国秦汉时期，较高级的漆器上常常安装金属构件（又称釦器），施加在器物的不同部位上。金属主要为铜，其表面常常鎏金。此外也有银质的金属构件，比较少见。西汉时期漆器中的金属构件更为普遍，主要是从实用的角度考虑，在漆器上施加金属耳、鋬、纽、箍、足、提手、铺首衔环、包角等，使漆器更加坚固耐用。

西汉时期许多漆器胎骨上有"素""上""包""告""草""成市""郑亭""北市口""市府"等烙印文字，其义与秦代漆器上的烙印文字相同，也是"物勒工名"与制作工序，以及新郑和成都市府管辖漆器产品标志等。但未见中央设置工官及七户工种的烙印与针刻文字的漆器。西汉漆器上也有许多针刻文字和漆书文字，其内容和秦代一样是作坊、物主标志和工匠名字等（图一三、图一四）。

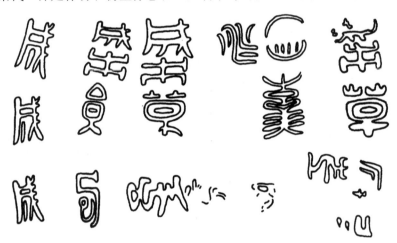

图一三　高台汉墓漆器上的烙印文字

图一四　高台汉墓漆器上的针刻和漆书文字

夹纻胎在一些中型墓出土的漆器中，占有较大的比例。在荆州、云梦、枝江、光化等地西汉墓出土的陶器，有些里表均涂漆，这种陶胎漆器数量的增多，反映了当时漆器在日常生活中应用的范围更加广泛（图一五、图一六）。

图一五　彩绘陶胎漆罐（高台M5）

图一六　彩绘陶胎漆钫（张家山M1）

二、漆器髹饰工艺

髹饰是对各种胎骨的漆器进行加工的重要环节，包括髹漆和彩绘两个步骤。楚国漆器一般外髹黑漆，内髹朱漆。大部分是先在器表作底漆，然后在底漆上着彩绘纹样装饰。春秋时期主要有红、黑、黄三种色彩，战国时期主要有红、黑、黄、褐、蓝、绿、金、银、银灰九种之多色彩，但都以红、黑两色为主色。这些颜色的原料是由丹砂、石黄、雄黄、雌黄、红土、白土等矿物质原料和蓝靛、藤黄、墨等植物颜料调制而成。有些器物只作器表的髹漆工艺，不作花纹装饰。

秦代漆器的髹饰在用色方面，以红、黑色为主，大部分是内涂红漆，外涂黑漆；只有少量是内、外均涂黑漆；大多数漆器在黑漆地上用红、褐漆彩绘纹饰。

西汉漆器一般外髹黑漆，内髹红漆，有些漆器还要根据纹饰的需要来决定髹漆的颜色及具体部位，如一般在盘、杯、盂等器内纹饰区也髹黑漆，以便在其上朱绘花纹。

西汉漆器饰纹主要有彩绘纹饰和锥画纹饰两种工艺。彩绘纹饰主要有漆彩和油彩两种，颜色主要有大红、褐红、赭色、金黄、银色、银灰和深蓝，部分器物上还在主纹中敷银粉和金粉。

锥画纹饰是西汉早期开始出现的一种新的漆器髹饰工艺，是在器物的漆面上用针、锥等工具刻划出各种纹饰。如高台汉墓漆器上的锥画纹饰十分发达，所刻纹饰细腻、秀美、工整飘逸（图一七）。

荆州高台M6出土的针刻云龙纹漆圆盒，M33出土的由彩绘、针刻等手法表现出由云龙云凤、斑豹、仙人等组成的浪漫画面的漆圆奁，M28出土的三层五子凤纹漆圆奁、针刻水鸟纹粉盒、针刻斑豹小奁盒等，都是中国古代漆器中的精品。

有些锥画漆器在花纹中描金粉或银粉，即"戗金"与"戗银"，这也是汉代才出现的新技艺，如湖北光化五座坟M3出土的"戗金"锥画漆卮，通体针刻纹饰，内填金粉，盖面刻奔腾的飞龙，盖内刻舞动的凤鸟，器外壁刻穿行在山峰、流云间的豹、仙鹤、玉兔、神人、飞鸟等（图一八）。

图一七　西汉针刻变形鸟云纹圆漆奁（凤凰山M167，左侧视，右俯视）

图一八　"戗金"锥画漆卮（五座坟M3）

三、彩绘纹样工艺

战国秦汉漆器彩绘纹样内容丰富，题材广泛，可归纳为动物纹、植物纹、自然景象纹、几何纹、社会生活和神话传说等五类装饰纹样。

1. 动物纹样

战国时期楚国漆器上装饰的动物纹样，主要有龙、虎、鹿、豹、猪、狗、蛙、朱雀、鸳鸯、鹤、孔雀、金鸟、凤、鸟、变形凤纹、变形鸟纹、鸟头纹、蟒、蛇、怪兽纹、蟠虺纹、窃曲纹等（图一九）。这些纹样，有的是在器皿表面或内底的底漆上描绘的（图二〇），有的是在雕刻各种动物形象的漆器上加饰的彩绘花纹。

秦代漆器装饰的动物纹样，主要有牛、马、凤、鸟、鹭、鱼、云龙纹、兽纹、凤纹、鸟云纹、变形鸟纹和鸟头纹等。这些纹样，除个别仍是在雕刻动物形象的漆器

图一九 战国时期漆器上的动物纹

1、2.蟠虺纹 3.兽纹 4、5.龙纹 6~8.凤纹 9.鸟纹 10.蛇纹 11、12.鹿纹 13.马纹 14.野猪纹

15.虎纹 16.蟾蜍纹

图二〇 鹿纹漆耳杯（黄山M633）

上加饰的花纹之外，绝大多数是在器皿上彩绘的。虽然这个时期的动物纹饰不如战国时期的多，但它们出于当时漆画匠师的妙手，千变万化，绚丽多彩，是当时漆器上最主要的装饰纹样；这类动物纹样往往还辅以几何纹等，使整个漆器图案显得十分和谐优美。

云梦睡虎地44号秦墓出土的一件牛马鸟纹漆扁壶，用红、褐漆于一面绘雄壮有力的牛，另一面绘并肩前进的奔马和飞鸟，两侧面绘变形凤鸟纹，将马之神速远远地超过飞鸟的意境渲染无余，它与驰名中外的东汉青铜马踏飞燕可谓是异曲同工（图二一）。

图二一　秦代牛马鸟纹漆扁壶（睡虎地M44）

西汉时期漆器上装饰的动物纹样，主要有虎、豹、狸、獐、兔、飞凤、鹤、鸟、鱼、飞豹、奔龙、云兽、怪兽、变形凤纹、鸟云纹、变形鸟纹和鸟头纹等。这些纹样，除极少数是在雕刻动物形象的漆器上加饰的花纹之外，绝大多数是在器皿上描绘的，还有少数是针刻纹图案，这个时期的动物纹样，题材广泛，纹样的线条勾勒交错，变化多样，是绝大多数漆器的主要装饰纹样，常常以几何纹等加以烘托（图二二）。

江陵凤凰山M168出土的七豹大扁壶，七豹各具姿态，形象生动。其间填绘各种花纹，线条勾勒交错，连续萦回，显得格外美观（图二三）。

江陵凤凰山M168出土两件三鱼纹漆耳杯，内底绘环游于四叶纹的三条鲤鱼，栩栩如生（图二四）。

2. 植物纹样

春秋时期的楚国漆器，目前尚未见到植物装饰纹样。战国时期的楚国漆器，开始出现以花草植物作为装饰纹样，这些纹样，一般多采用完整表现的树木形态，少数将花卉之花变形构成。主要有柳树、扶桑树、树纹和四瓣花等少数几种，这些纹样在漆

图二二 西汉漆器动物纹样

图二三 七豹大扁壶（凤凰山M168）

图二四 三鱼纹漆耳杯（凤凰山M168）

器中所占比例较少，而且只起衬托作用。

秦代漆器上装饰的植物纹样，多用花卉之花、蕾、瓣和枝叶等变形构成，主要有柿蒂纹、梅花纹、连枝花蕾纹等，如云梦老虎墩M10彩绘花卉纹漆扁壶，腹部一面绘花卉纹，另一面绘动物纹（图二五），这类纹样的数量不多，未见单独作为漆器上的装饰纹样，其中有的是作为漆器上的主要装饰纹样，周边以几何纹等衬托，还有些是为了烘托其他纹样。

西汉时期漆器上装饰的植物纹样，也是由花卉之花、蕾、瓣和枝叶等的变形构成，主要有树、柿蒂纹和蔓草等。这些纹样在当时漆器中数量很少，只有少数是漆器上的主要装饰纹样，大多数是作为衬托神话传说或动物等纹样的辅助装饰纹样。

3. 自然景象纹样

春秋时期楚国漆器上的自然景象纹样，主要有卷云纹、勾连云纹、水波纹、勾连雷纹和波折纹等，而且大多为描绘的。这些纹样，一般都与其他纹样组合成

图二五　彩绘花卉纹漆扁壶（老虎墩M10）

图案，并作为辅助纹样。

战国时期楚国漆器上所装饰的自然景象纹样，主要有山字纹、云纹、卷云纹、勾连云纹、云雷纹、三角形雷纹、勾连雷纹和绚纹等。它们不仅因不同时期而有繁复与简单之差异，而且即使是时代相同的同一种纹样，虽然有一定的变化规律，但并不完全一样；而且某种纹样在同一画面上，也是变化万端（图二六）。

秦代漆器上装饰的自然景象纹样，主要有波折纹、卷云纹和云气纹等，这类纹

图二六　战国自然景象纹样

1、2. 云雷纹　3～6. 绚纹　7～11. 卷云纹

样在当时漆器中的数量不少，但都不是作为主要的装饰纹样，只是与其他纹样组成图案，起烘托作用。

西汉时期漆器上装饰的自然景象纹样，主要有卷云纹、涡旋状云纹、火焰状云纹、麦穗状云纹、云气纹、星象纹、水波纹和波折纹等（图二七、图二八）。这些纹样，线条流畅，装饰艺术效果更佳。它在当时的漆器纹样中占有一定的比例，大多数是与其他纹样构成图案，并非主要的装饰纹样。

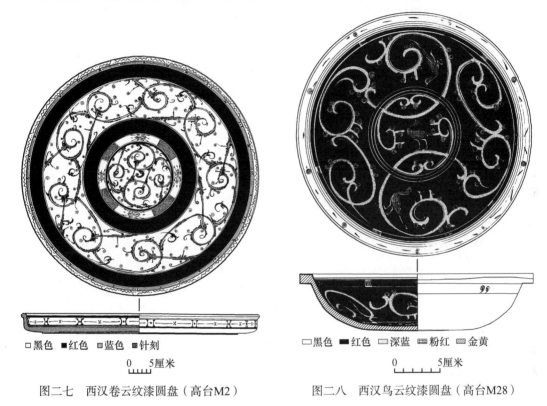

□黑色 ■红色 □蓝色 ▨针刻

0 ____ 5厘米

图二七　西汉卷云纹漆圆盘（高台M2）

□黑色 ■红色 ▦深蓝 ▨粉红 ▨金黄

0 ____ 5厘米

图二八　西汉鸟云纹漆圆盘（高台M28）

4. 几何纹样

春秋时期楚国漆器，主要装饰有三角形纹、圆点纹等少数几种几何纹样，而且都是描绘的，并对其他主要纹样起烘托作用。战国时期楚国漆器上装饰的几何纹样，主要有圆圈纹、涡纹、菱形纹、方块纹、方格纹、方格点纹、点纹、三角形纹和弧线纹等。这些纹样基本上呈条带状分布在漆器上，一件器物的纹饰可由一些不同纹样内容的条带组成。多绘制于口沿，或以较窄的纹饰带绘制于主体纹饰带的上下、内外，用以衬托主体纹饰（图二九）。

秦代漆器上装饰的几何纹样，主要有圆圈纹、菱形纹、三角形纹、方格纹、点纹、点格纹等（图三〇）。有少数漆器上是以它们相互组成几何花纹作为主要的装饰纹样；大多数漆器上往往是与其他装饰纹样构成图案，仅作为一种衬托。

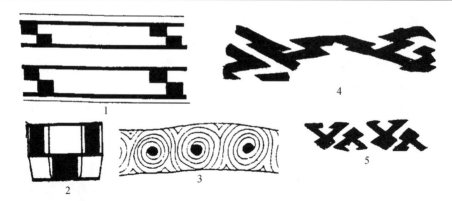

图二九　战国时期漆器上的几何纹样
1、2.方块纹　3.圆圈纹　4、5.菱形纹

图三○　秦代几何纹漆长方盒（云梦睡虎地M45）

西汉时期主要有菱形纹、平行直线纹、三角形纹、圆圈纹、圆点纹、点纹和各类"B"形纹样等。几何纹样在漆壶、圆盒等器类上极少数作为主要装饰纹样，而绝大多数是与动物、自然景象等纹样相互配合，使画面的花纹变化多样，图案更加美观，而且往往是以其他纹样为主要装饰，它只起烘托作用（图三一）。

5. 社会生活和神话传说纹样

春秋时期楚国漆器上，尚未见到以社会生活和神话传说为内容的装饰纹样。战国时期楚国漆器上，这类纹样也并不多见，目前发现的有随州曾侯乙墓鸳鸯盒两侧的乐舞图、曾侯乙墓漆衣箱盖上的后羿射日图（图三二、图三三）、荆门包山M2漆奁盖外壁上彩绘的人物车马出行图、荆州天星观M2猪形酒具盒和河南信阳长台关M1漆瑟残片上的"宴乐""狩猎"图等。

包山M2漆奁盖壁上的人物车马出行图，被认为是迄今发现的中国最早的风俗画杰作，奁盖外壁以黑漆为地，用红、褐、赭、土黄、翠绿、蓝、白等色漆，运用平涂、线描与勾、点结合的技法，彩绘了一组包括26个人物、10匹马、4辆车、9只雁、2条狗、1头猪和5棵柳树在内的楚国贵族现实生活画卷（图三四）。信阳长台关M1漆瑟以黑漆为地，用黄、红、赭、灰绿、银灰、金等色彩勾勒平涂，描绘了狩猎、舞蹈、奏乐、烹调、宴饮、娱神场面，现实生活场景与神灵鬼怪交织，具有极为感人的艺术魅力。天星观M2猪形酒具盒（M2：103）的造型为双首连体猪形器身，厚木胎，由雕刻和挖制两种方法制成。全器内髹红漆，外黑漆为地，用红、黄、灰、棕红等色在底漆上绘花纹。器物的中部绘四条单首双身龙、变形凤鸟纹和卷云纹、环形火焰眉纹。

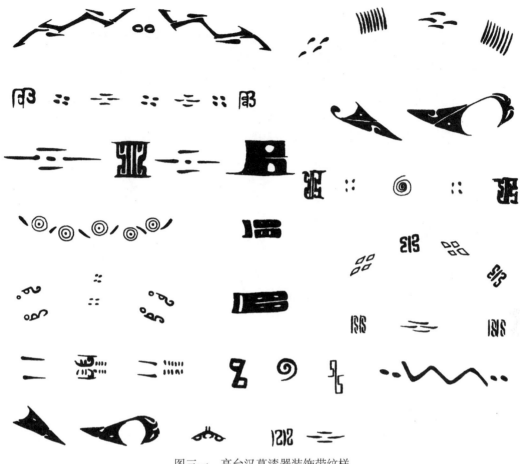

图三一 高台汉墓漆器装饰带纹样

图三二 鸳鸯盒两侧的乐舞图（曾侯乙墓）

图三三　漆衣箱盖上的后羿射日图（曾侯乙墓）

另在器首两端头部的上下两侧、耳、足前方绘一组共八幅小画面的宴乐狩猎图（图三五）。

秦代漆器的社会生活和神话传说纹样极少，目前只在江陵凤凰山70号秦墓出土的彩绘木梳、篦的画面上见到。在木梳、篦弧形的正、背面分别用红、黑、黄色彩绘饮宴、歌舞、送别和相扑等场面，生活气息浓郁，人体比例准确，线条流畅，栩栩如生，堪称秦代漆器的珍品。这些画面的人物，少者3人，多者4人，通过人物的不同衣着、不同动态、形象和表情，将各种生活场面表现得淋漓尽致，充分反映了秦代漆画的艺术水平（图三六）。

西汉时期的社会生活和神话传说纹样发现的比较少，也只在江陵凤凰山出土的一件龟盾、襄阳擂鼓台发现的一件漆圆奁和马王堆西汉墓的漆棺上见到。

江陵凤凰山M8出土西汉彩绘神人图漆龟盾，正面绘神人、怪兽，背面绘一人拱手、一人佩剑，相向而立，似为宾主相见的场面（图三七）。

襄阳擂鼓台M1出土的西汉彩绘人物画漆圆奁，盖内与内底中心绘卷云纹，周边绘有人物、怪兽和树等，显然与历史及神话传说有关，画面装饰艺术水平较高（图三八）。

发现的两组"土伯吃蛇"和"羊骑鹤"故事画，作者把画与画之间的衔接交代得十分清楚，不但具有较强的故事性，而且画中的形象也刻画得栩栩如生（图三九）。

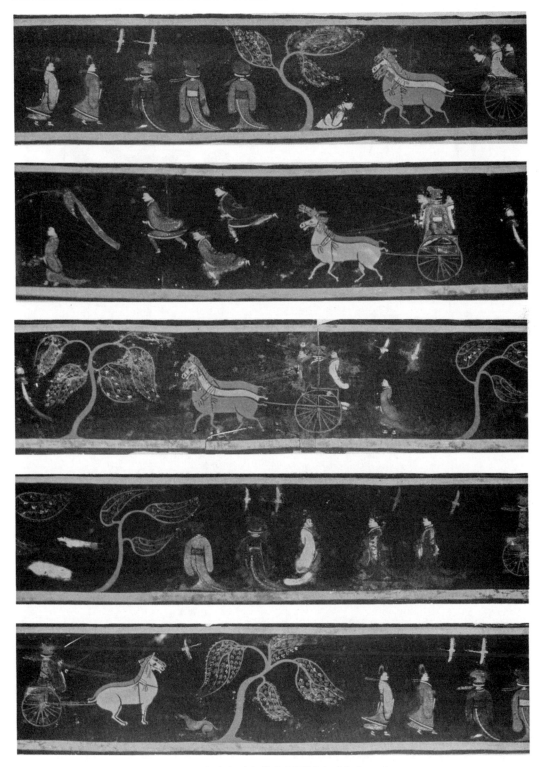

图三四　彩绘车马人物出行图漆奁（包山M2）

图三五　猪形酒具盒宴乐狩猎图（天星观M2）

1.狩猎纹　2.赶车纹　3.牵马纹　4.宴乐纹

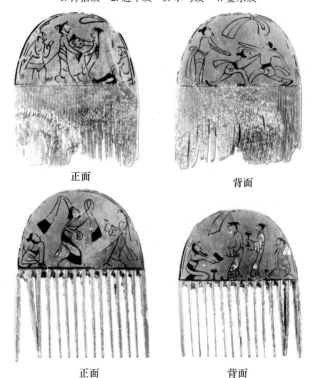

正面　　　　　　　　　　　　背面

正面　　　　　　　　　　　　背面

图三六　秦彩绘人物画木梳篦（凤凰山M70）

上：送别和相扑图　下：歌舞和饮宴图

图三七 西汉彩绘神人图漆龟盾（凤凰山M8）

图三八 西汉彩绘人物画漆圆奁（擂鼓台M1）

左：盖内 右：内底

　　战国和秦汉时期，是我国古代漆器史上的发展繁荣时期，湖北省出土的这个时期的漆器，不仅数量与种类繁多，而且制作工艺、装饰纹样也都具有很高的水平，是当时我国漆器发展的缩影，通过对这些漆器的初步研究，我们不难看出，它对我国漆器工艺的发展，产生了相当深远的影响。

图三九　长沙马王堆一号墓漆棺上"土伯吃蛇"和"羊骑鹤"图

参 考 书 目

陈振裕：《湖北楚秦汉漆器综述》，《楚秦汉漆器艺术·湖北》，湖北美术出版社，1996年。

河南省文物研究所：《信阳楚墓》，文物出版社，1986年。

湖北省博物馆：《曾侯乙墓》，文物出版社，1989年。

湖北省荆沙铁路考古队：《包山楚墓》，文物出版社，1991年。

湖北省荆州博物馆：《荆州高台秦汉墓》，科学出版社，2000年。

湖北省荆州博物馆：《荆州天星观二号楚墓》，文物出版社，2003年。

湖北省荆州地区博物馆：《江陵雨台山楚墓》，文物出版社，1984年。

湖北省荆州地区博物馆：《江陵马山一号楚墓》，文物出版社，1985年。

湖北省文物考古研究所：《江陵凤凰山一六八号汉墓》，《考古学报》1993年第4期。

湖北省文物考古研究所：《江陵九店东周墓》，科学出版社，1995年。

湖北省文物考古研究所：《江陵望山沙冢楚墓》，文物出版社，1996年。

湖北省文物考古研究所、云梦县博物馆：《湖北云梦睡虎地M77发掘简报》，《江汉考古》2008年第4期。

湖南省博物馆、中国科学院考古研究所：《长沙马王堆一号汉墓》，文物出版社，1973年。

荆州地区博物馆：《江陵马山砖厂二号楚墓发掘简报》，《江汉考古》1987年第3期。

孝感地区第二期亦工亦农文物考古训练班：《湖北云梦睡虎地十一号秦墓发掘简报》，《文物》1976年第6期。

云梦县文物工作组：《湖北云梦睡虎地秦汉墓发掘简报》，《考古》1981年第1期。

论江陵凤凰山汉墓的"称钱衡"

武家璧

（北京师范大学历史学院考古文博学系）

摘要：江陵凤凰山168号汉墓墓主"五大夫遂"葬于西汉文帝十三年（前167年）。墓中出土天平秤自铭"婴家称钱衡"，用于铜钱称重，自带砝码1件和文帝"四铢半两"铜钱101枚。"称钱衡"来源于战国时期称量黄金重量的黄金衡。在称重之前要用自带铜钱把天平秤调试到"权与物钧"的平衡状态，并采用"两端等十"法对铜钱进行校验。然后利用砝码重复称重，自证其权钱在百钱以下符合标准，百钱以上加一枚符合标准。墓主可能是市阳里的"婴家"即市场管理人员，他随葬的"称钱衡"是稳定市场秩序的有力工具，是特殊历史时代的产物。"称钱衡"见证了文景之治的盛况，至汉武帝时"重如其文"的五铢钱行于世，"称钱衡"从此消失。

关键词：凤凰山汉墓　五大夫　婴家　称钱衡　天平秤

江陵凤凰山位于楚故都纪南城东南隅，是南北走向的平缓岗地。公元前278年秦将"白起拔郢"之后，楚都纪南城沦为一片废墟，凤凰山岗地因地势较高被辟为南郡江陵县西乡的一处公共墓地。考古钻探发现这里至少有秦汉墓葬180余座，有多座墓进行了考古发掘，著名的168号汉墓就是其中之一[1]。由于该墓出土有堪与马王堆汉墓女尸媲美的西汉男尸（五大夫遂），故受到学术界和公众的普遍关注，长期以来荆州博物馆对该墓进行了场景复原和专题展览。笔者在荆州博物馆工作期间，蒙领导信任曾受命撰文在《中国文物报》荆州博物馆专版对该墓进行介绍[2]，并有机会撰写涉及该墓的陈列大纲和讲解词等。任务迫使笔者对该墓文物做一些调查研究，其中"称钱衡"曾经令笔者困惑不解，三十多年来闻见所及，对这个问题的思考也颇有心得。为了丰富陈列展览的内涵并向公众介绍其科学文化价值，特撰此文研讨与"称钱衡"有关的几个问题，疏漏之处还请大家批评指正。

一、墓主的身份等级与墓葬年代

关于凤凰山168号汉墓的墓主与年代。墓中出土的竹牍"告地书"载云：

十三年五月庚辰，江陵丞敢告地下丞：市阳五大夫遂，自言与大奴良等廿八人、大婢益等十八人、轺车二乘、牛车一两（辆）、骖马四匹、骝马二匹、骑马四匹。可令吏以从事。敢告主。

　　该文书是江陵县丞以"公文"形式写给地府官员的介绍信，记录墓主人基本情况，说明阳间有一位身份为"五大夫"、名字叫"燧"的人死了，带着他的人马、财物到阴间报到，希望阴间地府接纳他，并给予他在阳间对等的待遇。公文呈报的程序是：地上的江陵县丞，报告地下的江陵县丞，再由地下的江陵县丞转告"地下主"。古人在丧葬活动中，为死者办理迁徙地下事宜，模仿现实生活中的有关迁徙文书，写成死人迁徙文书，相当于阳间的"过所"类文书（介绍信），学术界称之为"告地书""告地策"。"告地书"的最终去处是"地下主"，可能是比"地下丞"更高的神主（如地下县令），也可能是主管墓地的冥官（如东汉流行镇墓文中的"丘丞墓伯"之类），又一般写于木牍或者竹牍之上，或可称为"告墓牍"。这类文书显示："地下"鬼神的架构与人世间的行政机关相对应，职衔、管辖区域也相同，区别只是"地下"管鬼、"地上"管人[3]。

　　关于墓主的身份等级。告地书载明墓主的身份是"五大夫"，由县丞亲自主办"燧"的丧事，足以说明"五大夫"的地位高于县丞。"五大夫"是秦汉时期官民二十级爵制中的第九级，跻身于官爵之列。当时民爵的最高级是第八级公乘，官爵的最低级是第九级五大夫。《汉书·食货志》载"（武帝时）诸买武功爵……'千夫'如五大夫"（武功爵"千夫"相当于民爵"五大夫"），颜师古注："五大夫，旧二十等爵之第九级也。至此以上，始免徭役，故每先选以为吏。"二十级爵制是商鞅变法为秦国制定的奖励军功的政策，起初设计的"五大夫"的地位很高，可以养宾客，《商君书·境内》载："故爵五大夫皆有赐邑三百家，有赐税三百家。爵五大夫有税邑六百家者，受客。"汉初吕后颁布的《二年律令·赐律》规定："赐不为吏……卿比千石，五大夫比八百石，公乘比六百石。"[4]即不出任官吏的"五大夫"其待遇相当于八百石秩级（县令）的官员。其后五大夫的地位虽然有所下降，但仍然保持与县令相当的水平。《汉书·惠帝纪》："爵五大夫、吏六百石以上……有罪当盗械者，皆颂系（即免戴刑具）。"如此则"五大夫"享受六百石以上官吏的待遇。《汉书·百官公卿表》："县令、长，皆秦官，掌治其县。万户以上为令，秩千石至六百石。减万户为长，秩五百石至三百石。皆有丞、尉，秩四百石至二百石，是为长吏。"由此可见五大夫的待遇相当于县令（大县县长），略高于县长（小县县长），在长吏（县丞、县尉）之上。

　　关于此墓的年代。告地书牍文中提到"十三年五月庚辰"，没有年号。西汉武帝以前无年号纪年，并且墓中不出武帝时代开始铸造和使用的五铢钱，因此此墓的年代下限必定在汉武帝以前。随葬品中不见关中和云梦秦墓常见的陶釜、茧形壶、绳纹溜肩大瓮以及铜鍪、蒜头壶等，而出江陵汉墓中常见的曲尺形灶、瓦屋仓、折肩折腹罐、汲水罐（瓮）等，说明此墓的上限不会早到秦，我们只需要在汉初的几位皇帝中寻找在位"十三年"的那个纪年。

汉初约半个世纪，汉高祖（刘邦）在位12年（前206～前195年），惠帝（刘盈）在位7年（前194～前188年），高后（吕雉）在位8年（前187～前180年），文帝（刘恒）在位23年（前179～前157年），其中改元一次，包括前元16年和后元7年；景帝（刘启）在位16年（前156～前141年），其中改元两次，包括前元7年、中元6年和后元3年。以上纪年中仅文帝前元达到并超过13年，具有唯一性，因此牍文中的"十三年"只能是汉文帝前元十三年，公元前167年，此即凤凰山168号汉墓的下葬年代。

墓中出土四铢重的"半两"钱101枚，《汉书·食货志》载："孝文五年，为钱益多而轻，乃更铸四铢钱，其文为'半两'。除盗铸钱令，使民放铸。……自孝文更造四铢钱，至是岁四十余年……更铸三铢钱。"（《史记·平准书》所记与此略同）可知文帝"四铢半两"曾经作为法定货币行用四十余年。凤凰山168号汉墓出土的"四铢半两"实物与文献记载相符合（详下），更加证实告地书牍文中记载的"十三年"为文帝纪年。

汉初沿用秦《颛顼历》。《史记·张丞相列传》载："故汉家言律历者，本之张苍……张苍文学律历，为汉名相……明用秦之《颛顼历》。"《汉书·律历志》曰："汉兴，方纲纪大基，庶事草创，袭秦正朔。以北平侯张苍言，用《颛顼历》，比于六历，疏阔中最为微近。"就是说张苍比较了先秦古六历（黄帝、颛顼、夏、殷、周、鲁历）的优劣，发现只有《颛顼历》最符合实际天象（晦朔弦望），所以决定继续沿用《颛顼历》。查《颛顼历》表，得到汉文帝十三年（前167年）五月的朔日（初一）干支是戊辰[5]，可知"五月庚辰"为五月十三日。这是江陵丞主持墓主"五大夫燧"的葬礼并为其撰写"告地书"的日期，也就是凤凰山168号汉墓的下葬日期。

二、"称钱衡"铭文的排序与解读

凤凰山168号汉墓椁室边箱第二层出土一件竹笥（编号M168∶245），竹笥内器物分上、下两层，上层器物包括砚台和研石各1件，半两钱62枚，青铜环形砝码1枚，写有墨书文字的竹质天平衡杆1件，其他用途不明的木棍5件（图一）等。下层出有笔筒、毛笔、削刀各1件，空白木牍和竹棍若干，一木牍上堆放有墨及灰白粉等；另有铜钱39枚，与上层铜钱合计共有101枚。

天平衡杆的长、宽、厚分别为29.2、1、0.3厘米，上侧面正中钉一小铜环作准心以系提纽，两端各插入一竹钉标志系绳处悬挂权盘和物盘以称重（未发现铜盘实物）。天平衡杆上有墨写隶书42字，分别书写于竹黄、竹青及其底侧面（图二）。

因衡杆文字分三段书写，使得释文的排序在客观上存在几种可能，为了方便排序，兹按书写位置的正（黄）、反（青）、侧三面编号，列出释文如下：

竹黄面（22字）：正为市阳户人婴家称钱衡。以钱为累，劾曰四朱，两端□。

竹青面（17字）：十。敢择轻重衡，及弗用，劾论，罚徭里家十日。

底侧面（3字）：□黄律。

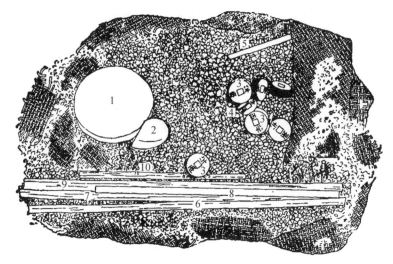

图一　竹笥（M168：245）上层器物分布图

1.砚　2.研石　3.半两钱（62枚）　4.砝码　5~7、9、10.木棍　8.天平秤

由此可知这件竹杆自铭"婴家称钱衡"。文中"以钱为累，劾曰四朱"是说以法定的四铢钱作为称重的权钱。云梦秦简《金布律》和《效律》皆曰："黄金衡累不正，半铢以上，赀（罚）各一盾。"其中"黄金衡"就是称量黄金的天平衡杆，"黄金累（垒）"指称量黄金的"权"即砝码。因砝码呈环状，习称"环权"，其重量值一般成等比数列，可以由小到大垒叠起来放置在权盘中，以对等称出物盘中的黄金重量，故称"黄金累"。本例用以称量铜钱，当称为"称钱衡"和"称钱累"，盖起源于"黄金衡累"，将其拓展应用于"铜钱称重"。

关于称钱衡释文的排序，学术界有三种意见：

第一种排序意见：①竹黄→②竹青→③底侧面，代表人物有华泉和钟志诚[6]、晁华山[7]、骈宇骞[8]；

第二种排序意见：③底侧面→①竹黄→②竹青，代表人物有华泉和钟志诚[9]、黄盛璋[10]；

第三种排序意见：②竹青→①竹黄→③底侧面，代表人物有俞伟超等[11]、发掘简报（1975）[12]、洪家义[13]等。

笔者同意第一种意见，将"两端□十"连读，骈宇骞先生释为"两端等十"，我们认为可能是一种对权钱进行校验的方法（说详下）。

关于"婴家"。《云梦秦简·金布律》曰："有买及卖也，各婴其价，小物不能名一钱者勿婴。"[14]按婴通缨，《说文》："缨，冠系也。""缨其价"就是将价格标牌系于商品之上，明码标价，以便市民按照官方牌价购买物品。"婴家"指管理和检查价格的机构，下文"里家"指"里"一级的行政机构，前者核查物价，后者实施处罚。由此推知，当时的价格是由官方机构"婴家"制定和标注的，并不能由商人自行标价，以避免价格战和市场竞争。

　　关于"择轻重衡"。《云梦秦简·金布律》曰："贾市居列者及官府之吏，毋敢择行钱布。择行钱布者，列伍长弗告，吏循之不道，皆有罪。金布。""择行钱布"与"择轻重衡"是同样的行径，即收钱者选择收取重钱和良布，付钱者选择交付轻钱和恶布，这都是法律不允许的。正确的处置方法如《金布律》所言"百姓市用钱，美恶杂之"。称钱衡铭文从"以钱为累"至"罚徭里家十日"，大约是类似《金布律》的法律条文，律名书于末尾，故称钱衡杆的底侧面书写律名为《□黄律》。

　　称钱衡铭文实际上讲了轻重衡与价格两方面的问题，具体解读如下：市阳里正为户籍人口制作了价格管理者使用的称钱衡。以铜钱作为砝码，核实重量为四铢，在天平两端分别任意放置十个铜钱，重量相等（即可作为砝码钱）。有敢选择专门点收重钱或者点付轻钱者，不采用官方定价明码标价者，查处论罪，罚其在本里服徭役十天。以上依据《金黄（衡）律》。

三、"称钱衡"来源于黄金衡

　　称钱衡的底侧面有"□黄律"三字，或释为乐律，或释为法律。前者如俞伟超先生（1975年）依据《史记·律书》有"生钟分""生黄钟术"而释为"生黄律"三字。黄盛璋先生依据上海博物馆藏东汉《光和二年铜斛》铭文有"铜称依黄钟律"等字样，主张此处可能是"依黄律"三字，后来他改正说"称钱衡"所写是律令条文，属于黄金律，"黄律"就是黄金律的省称[15]。国家标准计量局度量衡史料小组读为"同黄律"，即同于黄金律[16]。洪家义先生读"黄"为衡，黄律即衡律，是有关于衡器的

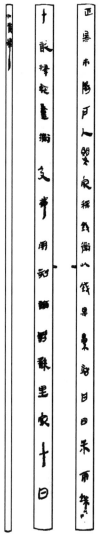

图二　"称钱衡"的
铭文（摹本）

律令条文，当是"准黄（衡）律"三字。骈宇骞先生释"□黄律"为法律，如同《云梦秦简》诸法律的律名，均写在各篇的末尾。至此虽然"黄律"前的□字不能确认，但"□黄律"三字的意思已基本清楚，就是与衡量黄金或者钱币有关的法律条文。

　　理论上铸币是取代称量货币而出现的，铸币铭文一般标明自身重量，重如其文，从而无须再称重，这是市场经济发展的一般要求。而黄金一般不做成铸币，即使做成固定形状也不标注重量，故此需要"黄金衡累"进行称重。战国楚墓中经常出土天平砝码，因为楚国市场流行"郢爰"金版货币，经常需要对版金进行切割和称量，故此天平砝码不可缺少[17]。这就是云梦秦简《效律》所称的"黄金衡"。

　　文帝铸造的"四铢半两"，其钱文铭曰"半两"，实际重量却只有四铢，只相

当于"半两"重量（十二铢）的三分之一，这是铸币早期阶段钱文与重量分离的典型例子。因为不能做到"重如其文"，那么"铜钱称重"就很有必要。另外如果没有统一铸币权，必然会出现劣币驱逐良币的现象。正如贾谊所言"又民用钱，郡县不同：或用轻钱，百加若干；或用重钱，平称不受。法钱不立……奸钱日多……令禁铸钱，则钱必重；重则其利深，盗铸如云而起，弃市之罪又不足以禁矣！"（《汉书·食货志》），正是在这种情况下，本来用于称量黄金的天平秤，演变成为"称钱衡"。

与天平衡杆同出的环形砝码重10.75克。出土实物证实战国秦汉时期，衡器标准为每斤重250克[18]，按1斤等于16两，1两等于24铢，那么1铢的标准重量当为250/（16×24）=0.651克。按此标准计算，凤凰山168号汉墓的砝码重量为10.75/0.651≈16.5铢，取其整数为16铢，约当4个四铢半两钱。又四铢的法定重量为0.651×4=2.604克，凤凰山168号汉墓出土"四铢"钱多达101枚，够得上大样本了，实测其每枚的重量为2~3.3克，取其中值（2+3.3）/2=2.65克，与四铢的标准重量（2.604克）十分密近，从而可以判定该墓出土的"半两"钱，就是文帝五年始铸的"四铢半两"。又因铜钱与砝码的重量可以取整数而通约（四个铜钱等于1个砝码），可以说明铜钱称重等效于砝码称重。

101枚铜钱出土时分上、下两层，有62枚与衡杆同出在竹笥的上层、39枚出在竹笥下层。上层的62枚"四铢半两"，可以分五组，排列成等比数列：

$$2+4+8+16+32=62$$

考虑到等比数列不能找出两个等量的组合以调平砝码两边的重量，可以将62枚铜钱一分为二，在天平两端分别放置31枚铜钱以调试天平。31枚铜钱也可按五组排成等比数列：

$$1+2+4+8+16=31$$

这样一来就符合了砝码称重的两大特征：其一是大小砝码的重量排列成等比数列，其二是依靠自带的砝码组合调平天平。至此，我们可以说凤凰山168号汉墓的"称钱衡"，来源于砝码称重的黄金衡。

四、天平秤的调平

天平秤在称量黄金或者铜钱之前，首先要确认天平本身是否符合标准，这不能借助其他标准器，必须依靠自身携带的砝码或者权钱把天平秤调试到符合标准的平衡状态。云梦秦简《效律》记载衡器的法定标准："斤不正，三铢以上……黄金衡累不正，半铢以上，赀各一盾。"黄金衡所能称出的最小单位是1铢（详下"钧益"砝码），故误差不能超过半铢；称钱衡所能称出的最小单位是1钱（4铢），故误差不能超过两铢。

要保证误差在允许范围之内，前提是天平中心至两端的重力臂必须相等。何以得到等长的力臂呢？衡杆上没有长度单位的刻度，显然不是拿尺子量出来的。《墨子·经说下》云："衡……权重相若也。"《汉书·律历志》曰："权与物钧而生衡,衡运而生规。"即在"权"与"物"平衡(钧)之后,再将"权"与"物"对换(运)而重复出现平衡时,证明两臂是等长的(规),并且两者的重量是相等的(衡)。这里的"权"与"物",对于黄金衡而言都是砝码,对于称钱衡而言都是铜钱;不过权砝码与物砝码或者权钱与物钱至少需要互换一次,在互不增加额外重量的情况下再次出现平衡,才能证明天平秤的两臂是等长的。也就是说"衡运生规"与"物权互换"是等价的。理论上讲就是利用杠杆原理得到等臂天平。

依据杠杆原理:动力×动力臂=阻力×阻力臂,对于称钱衡而言就是:物钱×物臂=权钱×权臂,用代数式表示为(方程1):

$$F_1 \times L_1 = F_2 \times L_2$$

设物重为F_1,权重为F_2;物臂长为L_1,权臂长为L_2;在"权与物钧"(两端等十)而天平衡杆保持水平的情况下,可表示为(方程2):

$$F_1 = F_2$$

联立以上两个方程,解得物臂等于权臂,即

$$L_1 = L_2$$

这是第一步:用两组相同的十个铜钱初步确认两臂等长。然后第二步:将权盘与物盘清空,旋转两臂180°,则权盘与物盘的位置已经互换,再将"权"与"物"放入已经更换的盘中;或者不用旋转两臂而直接将权盘与物盘中的什物对换——这两种方法是等效的,这时天平衡杆如果再次出现平衡,则证明两端放置的十个铜钱的重量相等,同时反证两臂是等长的。

假设在两臂不等的前提下天平保持平衡,则所称出的两组铜钱必然轻重不等,根据杠杆原理定性的有:轻钱×长臂=重钱×短臂。旋转两臂或者物权互换之后,显然有:轻钱×短臂≠重钱×长臂,即天平在物权互换之后不可能再次出现平衡。如果事实上天平再次显示平衡,于是反证两臂不等的前提条件不成立。

第二步是反过来思考问题:在$L_1 = L_2$的情况下,有$F_1 = F_2$,于是得到杠杆原理:$F_1 \times L_1 = F_2 \times L_2$。此即《墨子》所云"权重相若也"。这里的"权重"相当于现代力学中平衡力的"力矩"($F \times L$)。

以上实际上只有重力(F)和力臂(L)两个未知数,需要两次测量得到两个方程才能解决问题,因此第二步"衡运生规"或者"物权互换"的操作是必须的。

综合上述对杠杆原理的应用分析,可知称钱衡铭文所说的"两端等十"是等臂天平对铜钱重量进行校验的方法,必须两次称重、物权互换、再次平衡,得到两组等重量的铜钱,才能确认天平秤已经调试成功。

五、"两端等十"校验法

当称钱衡被调试到"权与物钧"的平衡状态之后,还需要对它自带的权钱进行检验。与天平衡杆同出于一个竹筒中的101枚铜钱,或认为是称钱衡用来称量市场铜钱的法钱[19],准确地说是天平自带的权钱。其校验方法称钱衡自铭"两端等十"。其中

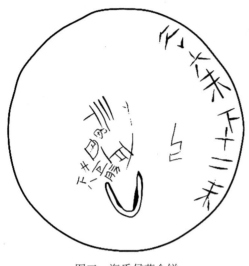

图三　海昏侯墓金饼
（白艺摹）

"端"字由俞伟超先生（1975年）释出，"等"字由骈宇骞先生（1980年）释出。从字面上讲，就是以天平衡杆正中的铜环提纽为准心，两端以相同的力臂长度悬挂物盘和权盘，在两盘中分别放置十个铜钱，当天平衡杆保持水平位置时，这两组铜钱的重量相等。这样做的目的是要验证天平自带的铜钱是否符合法定标准，能否用来称量市场中的其他铜钱。

在讨论称钱衡的校验法之前，先来看看黄金衡的校验法，这是我们在整理海昏侯墓资料时发现的。《文物》2020年第6期发表西汉海昏侯刘贺墓出土一金饼铭文曰"去六朱下十二朱"（图三）[20]，经研究我们认为此铭文所描述的不是称量黄金的重量，而是对称量黄金的砝码本身进行校验的方法。

这种校验方法是通过天平自身携带的砝码进行的，无须借助其他标准器或参照物。它要求满足两个条件：其一是大砝码（十二铢）是小砝码（六铢）重量的两倍，即大、小砝码依次排成等比数列；但是仅有等比数列构不成等量组合以调平天平，还必须满足第二个条件，即在等比数列之前加上小砝码以使最大砝码的重量等于或小于它的所有砝码的总和，从而依靠自带砝码形成等重量组合以调试天平。

楚国的"钧益"砝码[21]就符合等比数列和等量组合这两个条件，其十个砝码的重量系列为：1铢，2铢，3铢，6铢，12铢，24铢（1两），48铢，96铢，192铢，384铢（1斤），能称出总重量2斤之内的所有整数铢。自第3项以后构成等比数列：3×2^0，3×2^1，3×2^2，3×2^3，3×2^4，3×2^5，3×2^6，3×2^7。这个数列显示能够称出3的倍数或者间隔为3的整数铢；其间隔的空缺可由小砝码1铢、2铢填补，正好将3铢间隔填满，从而称出砝码总重量之内的连续整数铢而没有缺项。

依据"钧益"砝码的重量数列，可以合理解释海昏侯金饼铭文"去下法"的含义："去""下"分别相对于物盘和权盘而言：大砝码"十二铢"应"下"放到权盘中，小砝码"六铢"应"去"放到物盘中，即去物盘、下权盘（表一）。

表一显示，对于每一次称重而言，权盘中放置的都是最大砝码，物盘中放置的都是小于最大砝码的所有砝码之和，两者形成等重量平衡。称重依大小次序进行，每当完成一次称重，然后依次进行重量倍增的下一次称重时，需要清空权盘中的最大砝码，将其放置到另一端的物盘之中去，这就是"去"；去到物盘中的砝码立刻失去最大砝码的资格，变成下一次称重中的"次大砝码"；被清空的权盘中需要下放新的最大砝码，这就是"下"。所下砝码是所去砝码重量的两倍，故此海昏侯金饼铭文曰"去六铢、下十二铢"。

再来看称钱衡的校验法。在天平调试平衡之后，遵照两端每次加入十个铜钱、总重量梯次递进的原则，同时采用从权盘中移去十钱到物盘等于下放二十钱到权盘的做法，只需要五次称重，就将100枚铜钱检验完毕（表二）。

表一　"钧益"砝码的"去下"校验法

物盘		权盘	
	2+1	=3	下三铢
去三铢	3+2+1	=6	下六铢
去六铢	6+3+2+1	=12	下十二铢
去十二铢	12+6+3+2+1	=24	下廿四铢
去廿四铢	24+12+6+3+2+1	=48	下卅八铢
去卅八铢	48+24+12+6+3+2+1	=96	下九六铢
去九六铢	96+48+24+12+6+3+2+1	=192	下半斤
去半斤	192+96+48+24+12+6+3+2+1	=384	下一斤

表二　称钱衡的"两端等十"校验法

去十（到物端）=下二十（于权端）

				10	=	10				
			10	10	↙	（10）	（10）			
		10	10	（10）	↙	[10]	[10]	（10）		
	10	10	（10）	[10]	↙	〈10〉	〈10〉	[10]	（10）	
10	10	（10）	[10]	〈10〉	↙	《10》	《10》	〈10〉	[10]	（10）

表二中用不同括号表示不同次序下放的铜钱，每次用相同括号标记20个铜钱；上一次下放在权盘的20个铜钱中，下一次有10个铜钱被移到物盘中去，箭头表示铜钱由权盘移去物盘，不同形态的括号显示了被移铜钱的去向。总之，"两端等十"法同样遵守"去下"法的原则，从这个意义上讲，也许海昏侯金饼铭文"去六铢、下十二铢"可以做出另一种解释，即"两端等六"法。

百枚铜钱的五次称重，分别证明10个铜钱与另外10枚铜钱等重，20个铜钱与20枚铜钱等重，……50个铜钱与50枚铜钱等重。这实际上是一种统计平均的方法。《云梦秦简·金布律》曰："钱善不善，杂实之……百姓市用钱，美恶杂。"实测凤凰山168号汉墓的101枚铜钱中最轻者为2克，最重者为3.3克，轻重钱混杂，其中值（2.65克）与四铢的标准重量（2.604克）十分接近，这说明铜钱的平均重量大致符合标准法钱。

比较两种校验法，其实质都是重量梯次递进而两端相等，以验证天平衡杆及其自带砝码或者权钱符合标准，从而可以用来称量货币。所不同的是"去下"法用于称黄金，"等十"法则用于称铜钱；"去下"法以1铢为衡量单位，"等十"法则以1钱（4铢）为单位；"去下"法每次累加的重量倍增，"等十"法每次累加的重量相等。

总之，作为标准衡器，首先必须能够自证其符合标准并且能重复演示，随时随地可以进行校验，才能令市场主体放心使用。

六、总量校正

"两端等十"校验法能够验证100个铜钱中50个铜钱与另外50枚铜钱的重量相等，但不能得出总重量是多少。要进行总量校验，必须引入另外的标准权，与天平衡杆、铜钱同出于一个竹筒之中的一件重十六铢的青铜环权，充当了标准权的角色。

凤凰山168号汉墓出土的四铢钱101枚，发掘报告没有给出总重量，只提供了每枚的重量分布为2～3.3克，我们只好取其中值2.65克作为每枚铜钱的平均重量，推算100枚四铢钱的总重量约为265克，而101枚四铢钱的总重量约为267.65克。

又据十六铢砝码的重量为10.75克，100枚四铢法钱是十六铢砝码的25倍（16×25=400），则砝码总重量400铢相当于10.75×25=268.75克。砝码400铢与铜钱101枚的总重量大致相等，两者仅差268.75-267.65=1.1克，这个误差在称钱衡所能称出的最小单位（4铢=2.6克）的一半以下，因此是允许的。

综上所述，砝码重量的400铢，等于四铢半两钱101枚。也就是说100枚四铢钱，其实际重量不足400铢，只有101枚四铢钱才足够400铢。因此凤凰山168号汉墓出土的101枚"四铢半两"钱属于文献记载的"轻钱"。

《汉书·食货志》记载文帝时贾谊谏曰："又民用钱，郡县不同：或用轻钱，百加若干。"颜师古注："法钱，依法之钱也。"又引东汉应劭曰："时钱重四铢，法钱百枚，当重一斤十六铢，轻则以钱足之若干枚，令满平也。""民用钱"分出轻重来，足见当时在民间已经盛行铜钱称重的习惯，这是文献中关于使用称钱衡的间接记载。凤凰山168号汉墓的称钱衡，在100钱之外仅补足1枚铜钱就达到了"法钱百枚"的重量，就总量而言，应该说称钱衡自带的101枚铜钱是轻钱中最接近标准法钱的了。

剩下一个问题是，同墓仅出一枚砝码，其重量只是百枚法钱的1/25，如何校验101枚铜钱的总重量呢？我们认为可以借助细沙：用同一砝码重复称量细沙，把称量过的细沙累积在相应的秤盘中，将砝码在权盘与物盘的沙堆上来回移动，经过13次称重与平衡，然后去掉砝码，正好得到两端的细沙总量为400铢，即百枚法钱的重量（表三）。

表三　砝码的细沙称重

次序	物盘=权盘		所称细沙
第1次	（16）	【16】	（16）×1=16（铢）
第2次	（16）【16】	↙ （16）（16）	（16）×3=48（铢）
第3次	（16）（16）（16）	↘ 【16】（16）（16）	（16）×5=80（铢）
第4次	（16）（16）（16）【16】	↙ （16）（16）（16）（16）	（16）×7=112（铢）
第5次	（16）（16）（16）（16）（16）	↘ 【16】（16）（16）（16）（16）	（16）×9=144（铢）
...	......	......	
第13次	（16）×13	【16】+（16）×12	（16）×25=400（铢）

注：【16】为砝码，（16）为细沙。

表三中的方括号【16】中表示砝码的重量（铢数），圆括号（16）表示相当单个砝码的细沙的重量（铢数），箭头表示砝码【16】在权盘和物盘中来回移动。

得到400铢重量的细沙之后，将所有细沙转入物盘中，在清空的权盘中放置铜钱，发现只有铜钱达到101枚时才能使天平保持平衡，于是证明101枚四铢钱的总重量为400铢。由此可知称钱衡自带的铜钱属于贾谊所说轻钱"百加若干"中最少的一种："百加一枚"，即百钱补足一枚可令天平秤"满平"。

七、"称钱衡"与文景之治

战国时秦国早期铸币多为私铸，秦惠文王二年（前336年）"初行钱"，始规定钱币由国家统一铸造，主要流通方孔无郭的"半两"钱，"重如其文"。秦惠文王以后的半两钱大多实重八铢，钱文与实际重量开始脱节。秦始皇统一货币即以八铢半两为准，在秦朝统一的广大疆域内，六国通行的铲币、刀币、圜钱、蚁鼻钱等基本消失，代之以圆形方孔的秦半两钱。

秦半两没有轮廓，奸民易于剪切其外边、内框以牟利，使得半两钱变轻。秦国政府也将原来"重如其文"的"半两"钱减半为八铢。汉初半两钱变得越来越轻，《汉书·食货志》载"孝文五年（前175年），为钱益多而轻，乃更铸四铢钱，其文为'半两'"；"自孝文更造四铢钱，至是岁四十余年……令县官销半两钱，更铸三铢钱"；此后"有司言三铢钱轻……更请郡国铸五铢钱"（《史记·平准书》同）。《汉书·武帝纪》载建元"五年春罢三铢钱，行半两钱"；"元狩五年罢半两钱，行五铢钱"。由此可知货币的统一从秦始皇向全国推行秦半两开始，到汉武帝推行五铢钱才真正实现。

汉文帝铸造的"四铢半两"简称"四铢钱"，又称"汉半两"，推行四十余年，是汉初使用时间最长的法定货币。这一时期也是汉朝历史上的鼎盛时期，出现了经济社会发展少有的繁荣局面——"文景之治"。这不得不令我们认真检讨当时的货币经济政策。

秦汉货币的统一进程按主要使用的货币可以表示为：秦半两→汉半两→五铢钱。汉文帝在推行汉半两的同时，"除盗铸钱令，使民放铸"，于是"农事弃捐而采铜者日蕃，释其耒耨，冶熔炊炭"（《汉书·食货志》贾谊谏曰）。废除盗铸钱令，是西汉政府让利于民的一项举措，这在一定程度上对农业生产造成了冲击，但在客观上激活了民间资本，促进了商品货币的流通，有利于整个社会经济的发展。另外，商民争相鼓铸的结果造成"法钱不立""奸钱日多"。为了维持市场秩序，政府设置专门管理机构"婴家"，在明码标价的同时配置"称钱衡"，进行铜钱称重，以保证等价交换和公平交易。

由称钱衡实物和铭文透露的信息，可以知道基层政府对市场经济采取了如下管理措施：第一，专门设置了物价管理人员"婴家"，以维持市场秩序；第二，"婴家"由社会地位较高的"五大夫"担任，以确保公平执法；第三，"婴家"的主要责任是"缨其价"于物，也就是将价格标牌缠绕或者悬挂在出售的物品之上，这可能表示"婴家"掌握商品的定价权，市场主体不能自行定价或自我标价；第四，"婴家"使用标准衡器"称钱衡"对市场流通的轻、重钱进行平抑，这种衡器由基层政府主官"里正"负责监造，以确保其权威性和公平公正；第五，"称钱衡"自带的权钱和砝码，可以自证其权钱在百钱以下符合标准，百钱以上加一枚符合标准；第六，不准自行标价或者刻意选择轻重钱，违者由"婴家"报告"里家"，由"里家"按律进行处罚。这些都是稳定市场秩序的有力措施。

贾谊是西汉前期著名的政治家、思想家和文学家，在经济思想上他是一个重农主义者，尤其对文帝"除盗铸钱令"持批评态度。他所指出的开放铸钱所引发的负面效果是客观存在的，但汉文帝并没有采纳贾谊的建议，而是采取了一些重商主义的政策。事实证明，开放铸钱产生的负面效果是可以克服的，不然的话，我们很难解释在混乱的经济秩序下，何以出现"文景之治"的繁荣景象。"称钱衡"正是克服市场混乱秩序的利器之一，它是特殊时代背景的产物。

汉武帝将铸币权收归中央政府，所铸五铢钱有内外轮廓，不易磨损取铜，并且真正实现了铸币"重如其文"，铜钱称重的现象一去不复返了，于是盛行汉初约半个世纪的"称钱衡"失去了存在的必要，退出历史舞台。

八、余 论

凤凰山168号汉墓墓主"五大夫燧"，可能是市阳里的"婴家"，即市场管理人员。五大夫是官爵的最低级，但有官爵者并不一定有官职，故此五大夫有"不为吏"和"为吏"两种。《二年律令·赐律》规定："赐不为吏……五大夫比八百石。"《汉书·食货志》颜师古注："五大夫……至此以上，始免徭役，故每先选以为吏。""五大夫"有优先出任基层吏员的义务，但按他们爵位应享受的特权远在他们担任的职务之上。"婴家"很可能如里"三老""员外"一样，是具有荣誉性质的职位，由"五大夫"出任比较合适。

依照"五大夫燧"的爵位应该享受县官级别的待遇，但他的行政职务却在里正之下，具体负责管理本里内的市场价格和衡器等。按照汉代"事死如事生"的习俗，随葬品除了普通流行的礼器、生活用器和模型明器等之外，还可能有与其职务或职业相关的特殊用品，以表示其特定身份，"称钱衡"就是这样的一件特殊物品。如果不是发掘到一位"婴家"官员的墓葬，我们是很难发现"称钱衡"实物的。因为"称钱衡"在历史上存在的时间本来就很短，而且仅出现在极少数"婴家"官员的墓葬之中。基于某种特殊的机缘，在历史上曾经昙花一现的"称钱衡"得以重见天日，见证了"文景之治"那段辉煌的历史，也为我们留下了一件不可多得、弥足珍贵的历史文物。

注　释

[1]　纪南城凤凰山一六八号汉墓发掘整理组：《湖北江陵凤凰山一六八号汉墓发掘简报》，《文物》1975年第9期；湖北省文物考古研究所：《江陵凤凰山一六八号汉墓》，《考古学报》1993年第4期。

[2]　武家璧：《千秋不朽的五大夫》，《中国文物报》1991年4月28日第4版。

[3]　陈直：《关于"江陵丞"告"地下丞"》，《文物》1977年第12期。

[4]　张家山二四七号汉墓竹简整理小组：《张家山汉墓竹简〔二四七号墓〕》，文物出版社，2001年，第31页，第291、292简，第173页释文。

[5]　陈久金、陈美东：《临沂出土汉初古历初探》，《文物》1974年第3期；张培瑜：《中国先秦史历表》，齐鲁书社，1987年，第231页。

[6]　华泉、钟志诚：《关于凤凰山一六八号汉墓天平衡杆文字的释读问题》，《文物》1977年第1期。

[7]　晁华山：《西汉称钱天平与法马》，《文物》1977年第11期。

[8]　骈宇骞：《江陵凤凰山168号汉墓天平衡杆文字释读》，《社会科学战线》1980年第4期。

[9]　华泉、钟志诚：《关于凤凰山一六八号汉墓天平衡杆文字的释读问题》，《文物》1977年第1期。

[10]　黄盛璋：《关于江陵凤凰山168号汉墓的几个问题》，《考古》1977年第1期；黄盛璋：《江陵凤凰山汉墓出土称钱衡、告地策与历史地理问题》，《考古》1977年第1期；黄盛璋：《关于称钱衡与墨书文字争论问题总议》，《江汉考古》1990年第1期。

[11]　俞伟超等：《关于凤凰山一六八号汉墓座谈纪要》，《文物》1975年第9期；洪家义：《关于〈衡书〉中"黄律"一词的解释》，《南京大学学报（哲学·人文科学·社会科学版）》1979年第4期。

[12]　纪南城凤凰山一六八号汉墓发掘整理组：《湖北江陵凤凰山一六八号汉墓发掘简报》，《文物》1975年第9期。

[13]　俞伟超等：《关于凤凰山一六八号汉墓座谈纪要》，《文物》1975年第9期；洪家义：《关于〈衡书〉中"黄律"一词的解释》，《南京大学学报（哲学·人文科学·社会科学版）》1979年第4期。

[14]　佚名：《云梦秦简释文（二）》，《文物》1976年第7期。

[15]　黄盛璋：《关于称钱衡与墨书文字争论问题总议》，《江汉考古》1990年第1期。

[16]　转引自黄盛璋：《关于称钱衡与墨书文字争论问题总议》，《江汉考古》1990年第1期。

[17]　楚文物展览会：《楚文物展览图录》第61号，北京历史博物馆出版，1954年；湖南省博物馆：《湖南省文物图录》第35号，湖南人民出版社，1964年；高至喜：《湖南楚墓中出土的天平与法马》，《考古》1972年第4期；国家计量总局：《中国古代度量衡图集》第159号，文物出版社，1984年，第107页；刘和惠：《郢爰与战国黄金通货》，《楚文化研究论集（第一集）》，荆楚书社，1987年；后德俊：《楚国科学技术史稿》，湖北科学技术出版社，1990年，第150页；黄德馨：《楚爰金研究》，光明日报出版社，1991年，第52页；中国社会科学院考古研究所：《殷周金文集成（第十六册）》，中华书局，1994年，第289页，第10378号。

［18］ 国家计量总局：《中国古代度量衡图集·序言》，文物出版社，1981年，第5页；国家标准计量局度量衡史料小组：《我国度量衡的产生和发展》，《考古》1977年第1期；武家璧：《论楚国的"砝码问题"》，《考古》2020年第4期。

［19］ 杜金娥：《谈西汉称钱衡的砝码》，《文物》1982年第8期。

［20］ 江西省文物考古研究院、北京大学考古文博学院：《江西南昌西汉海昏侯刘贺墓出土部分金器的初步研究》，《文物》2020年第6期。

［21］ 高至喜：《湖南楚墓中出土的天平与法马》，《考古》1972年第4期；武家璧：《论楚国的"砝码问题"》，《考古》2020年第4期。

二、考古新发现

沮漳河沿岸几处古文化遗址考古调查简报*

湖北省文物考古研究院　保康县博物馆

远安县博物馆　枝江市博物馆

摘要： 2016年3月10日至4月26日，湖北省文物考古研究所（今湖北省文物考古研究院）为配合国家社科基金"清华简《楚居》与楚国都城研究"课题研究，对沮漳河沿岸古文化遗存进行了考古调查，新发现了一批古文化遗存，对楚文化之源的探寻提供了重要线索。

关键词： 沮漳河　古文化遗址　调查

2016年3月10日至4月26日，湖北省文物考古研究所（今湖北省文物考古研究院）对沮漳河沿岸楚文化遗存进行了考古调查，这次调查是配合国家社科基金"清华简《楚居》与楚国都城研究"课题进行的，其目的是寻找与楚国早期都城有关的楚文化遗址，并对已有大型楚文化遗址进行复查，以探索楚国早期都城的环境构成与形制特征。本次调查采取的是实地踏查的方式，对沮漳河两岸2千米范围内的台地和岗地进行踏查，严格按照最新《田野考古工作规程》进行，发现新遗址，明确其分布范围，考察遗址环境；采集标本，认定其文化内涵，断定时代，并测定其中心地理坐标及高程，填写遗址调查表，做工作日记。这次调查历时48天，行程300多千米。发现新遗址5处，复查大型遗址10余处。有了一些新突破。下面对几处重要遗址加以介绍（图一）。

一、穆林头遗址

穆林头遗址属于保康县马良镇紫阳村8、9组，中心地理坐标E111°22′49″，N31°29′09″，海拔293米。遗址位于重阳盆地的最北边，沮河从西向东从遗址南边流经，遗址南距沮河中心约200米。遗址处于一不规则长方形台地上，台地西北—东南向，南北长900、东西宽600米，面积54万平方米。台地西北高，东南低，高出四周5～8米。遗址南边为沮河；西边为沮河支流巨（沮）流河；洞河则从沮河以南汇入沮河，形成三河相汇；

---

* 本文系国家社科基金项目"清华简《楚居》与楚国都城研究"（项目编号：14BZS069）资助的阶段性研究成果。

遗址北靠雏山，上面有条小溪从东向西注入巨（沮）流河，小溪上游现为水库，溪沟已干涸，遗址现表面为居民点、农田、堰塘和树木（图二）。

遗址上采集到西周时期的小口鬲、粗柄豆、罐等陶片标本，器物口沿多卷沿尖唇，上面多饰细绳纹和方格纹；并在土坎断面上发现文化层堆积，最厚达2米。经过北京大学、武汉大学的专家对标本鉴定：从陶器特征看，与宜昌万福墩遗址具有相似性，但时代更显早，可到西周早中期。

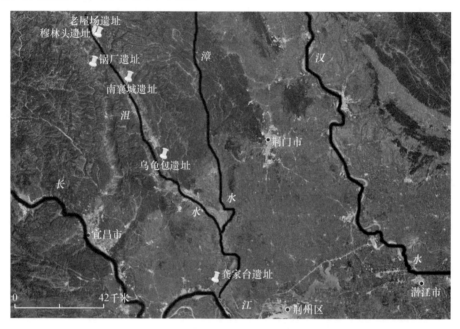

图一　沮漳河沿岸遗址分布示意图

图二　穆林头遗址分布范围图

陶器以夹砂红褐陶为主，次为黑皮红陶，少量泥质灰陶。纹饰有细绳纹、方格纹、篮纹等（图三）。器形有鬲、豆、簋。

鬲　采：1，夹砂褐红陶。轮制。卷沿，尖唇，束颈，溜肩，肩下残。颈以下饰细绳纹。口径22厘米（图四，1）。采：2，夹细砂灰陶。轮制。卷沿，尖唇，直颈，溜肩，下部残。颈以下饰细绳纹。口径17厘米（图四，2）。采：4，夹细砂褐红陶。轮制。敞口，卷沿，圆唇，束颈。口径24.8厘米（图四，3）。

图三　穆林头遗址陶器纹饰

簋圈足　采：6，泥质灰陶。手制。喇叭形矮圈足。圈足高2、底径10厘米（图四，4）。采：3，泥质灰陶。手制。圈足径8厘米（图四，5）。

豆柄　采：5，泥质灰陶。手制。粗柄中空，柄下部残。柄径5.4厘米（图四，6）。

鬲足　采：7，夹砂红陶。捏制。截锥状足，足窝浅，裆高，下部残。断面呈圆形。足身饰竖行细绳纹。断面最大径3.2厘米（图四，7）。采：8，夹砂红陶。捏制。截锥状足，足窝深，裆高，下部残。断面呈圆形。足身饰竖行细绳纹。断面最大径4.4厘米（图四，8）。

穆林头遗址是目前荆山腹地发现的最早的西周时期文化遗存，对于早期楚文化的探索具有重要价值。其文化面貌与典型周文化具有相似性，如流行鬲、簋、豆、罐的器物组合型式，但同时又有一定的地域文化特色，如不同于姬周文化的细绳纹、方格纹、釜等，更接近江汉地区的器物风格。近年，在保康县北部的清溪河、南河上先后发现了王湾、虾子坪、庹家坪等西周遗址，而穆林头遗址则是保南首次发现的西周遗

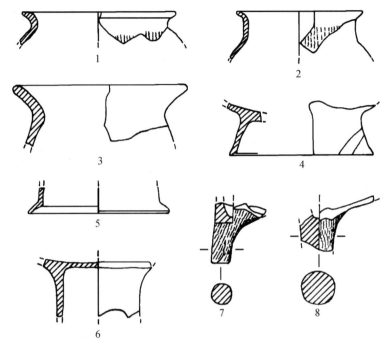

图四　穆林头遗址采集陶器标本

1～3.鬲（采：1、采：2、采：4）　4、5.篡圈足（采：6、采：3）　6.豆柄（采：5）

7、8.鬲足（采：7、采：8）

址，且位于沮河上。保南与保北的同时期遗址彼此有什么联系？沮河与清溪河在早期人类文化交流中所起的作用如何？穆林头遗址是解决这些问题的关键。总之，该遗址对解决楚文化的一系列重大问题意义非凡。

二、老屋场遗址

老屋场遗址属保康县马良镇西坪村2组，中心地理坐标E111°21″23′，N31°29″31′，海拔323米。遗址位于一长方形台地上，其东、北、西三面为沮河环绕，南面依高家山，重马公路从遗址中间穿过，将遗址分为两部分。遗址呈不规则长方形，面积2万平方米，遗址文化层厚1.5米。遗址高出四周5～10米，遗址上现为农田和村民居屋（图五）。

采集陶片以夹砂褐红陶为主，少量泥质灰陶。纹饰有篮纹、方格纹、叶脉纹和交错细绳纹（图六）。器形有豆、盘、罐、鼎等。时代为新石器至西周。

罐　采：1，夹砂红褐陶。轮制。折沿，方唇，溜肩。口径12厘米（图七，1）。采：2，夹砂红陶。轮制。敞口，折沿，方唇，溜肩。口径10厘米（图七，2）。采：3，夹砂灰陶。轮制。折沿，方唇，溜肩。口径10厘米（图七，3）。

瓮　采：4，夹砂灰陶。轮制。直口，方唇。口径9厘米（图七，4）。采：5，夹砂红陶。轮制。直口，方唇，溜肩。口径8.8厘米（图七，5）。

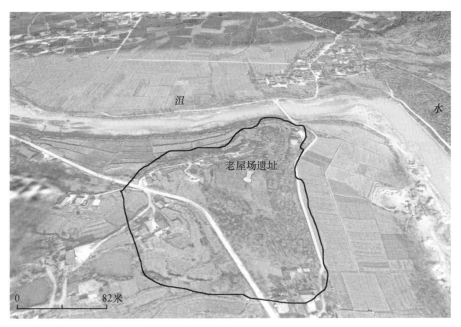

图五　老屋场遗址分布范围图

图六　老屋场遗址陶器纹饰

钵　采：6，夹砂红陶。手制。敞口，圆唇。口径12厘米（图七，6）。

豆盘　采：7，泥质红陶。手制。敞口，曲壁，尖唇。盘径10厘米（图七，7）。

圈足　采：8，泥质灰陶。手制。喇叭状，上部残。圈足径8厘米（图七，8）。
采：9，泥质灰陶。手制。圈足底，斜壁，上部残。圈足径8.2厘米（图七，9）。

器盖　采：10，泥质灰陶。手制。覆碟状，沿边起棱，盖上部残。盖径3.3厘米
（图七，10）。

锥形器　采：11，泥质红陶。手制。圆锥形。底径2.4、高3.8厘米（图七，12）。

石斧　采：12，青灰石，磨制。上窄下宽，弧形刃，下残。残长8.8厘米
（图七，11）。

老屋场遗址是保康县发现的一处新石器时代的文化遗址，文化内涵有其地域特
色。荆山地区新石器时代文化面貌究竟如何？与平原地区存在何联系？老屋场遗址的
发现无疑为回答这些问题提供了珍贵的资料。

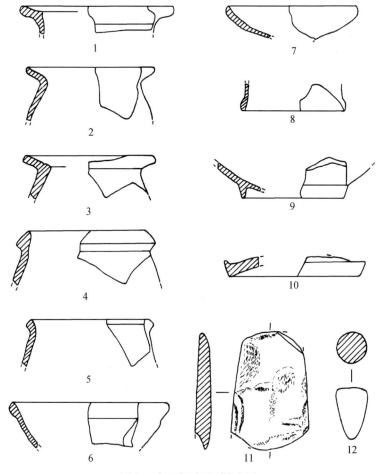

图七　老屋场遗址采集标本

1~3.陶罐（采：1、采：2、采：3）　4、5.陶瓮（采：4、采：5）　6.陶钵（采：6）　7.陶豆盘（采：7）
8、9.陶圈足（采：8、采：9）　10.陶器盖（采：10）　11.石斧（采：12）　12.陶锥形器（采：11）

三、锅厂遗址

　　锅厂遗址属保康县店垭镇锅厂村，中心地理坐标E111°20″53′，N31°21″58′，海拔723米。遗址位于一山梁上，两侧为山涧，遗址面积3万平方米。现地表为茶树（图八）。遗址文化层厚1.5米，采集标本以夹砂褐红陶为主，少量泥质灰陶、橙黄陶。火候较高，纹饰有中、粗绳纹（图九），器形有鬲、豆、盂、罐等残陶片。时代为东周。

　　鬲　采：1，泥质灰陶。轮制。平沿，沿边起棱，削修。方唇，束颈，溜肩。颈下饰粗绳纹。口径38.4厘米（图一〇，1）。

　　豆柄　采：2，泥质红陶。手制。细直柄，中空。柄径2.8、孔径1.6厘米（图一〇，2）。采：3，泥质灰陶。手制，火候高。直柄，喇叭座，柄中空。孔径1.6、残高10.8厘米（图一〇，3）。

　　甗足　采：4，夹砂红陶。手制。圆柱形，足窝浅，裆弧，断面呈圆形。足身饰斜行粗绳纹。足最大径3.6厘米（图一〇，4）。

　　鬲足　采：5，夹细砂红褐陶。手制。圆柱形足，中间细，两端粗，足窝深，断面呈圆形。足底饰交错绳纹。足底径3.8厘米（图一〇，5）。

　　石刀　采：6，青灰石。磨制。半圆形，单面刃，上有一穿孔，残断。残长5.6厘米（图一〇，6）。

　　锅厂遗址是荆山最西边的一处东周时期楚文化遗址，它的发现对于进一步了解楚文化向荆山以西的拓展提供了不可多得的资料。

图八　锅厂遗址分布范围图

图九　锅厂遗址陶器纹饰

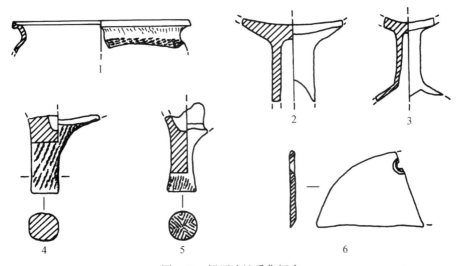

图一〇　锅厂遗址采集标本

1.陶鬲（采：1）　2、3.陶豆柄（采：2、采：3）　4.陶甗足（采：4）　5.陶鬲足（采：5）
6.石刀（采：6）

四、乌龟包遗址

乌龟包遗址属远安县莲花寺镇慈化村2组，中心地理坐标E111°40″27′，N30°58″09′，海拔106米。遗址为河边一高台地，西临沮河，东为村舍，南部为树林，北部为农田。遗址东西长100、南北宽150米，面积1.5万平方米，文化层厚1.5米。遗址高出四周5~15米（图一一）。采集标本有鬲足、豆柄、罐口沿等，纹饰有细绳纹和中绳纹等（图一二）。时代为周代。

鬲 采：1，泥质灰陶。轮制。平沿，沿边起棱，方唇，唇上有一凹槽。口径24厘米（图一三，1）。采：2，夹砂灰陶。轮制。折沿，方唇，沿边起棱。口径24厘米（图一三，2）。

长颈罐 采：3，夹砂灰陶。轮制。窄平沿下翻，方唇，束颈，下残。口径21厘米（图一三，3）。

豆盘 采：4，泥质灰陶。轮制。敞口，尖唇。口径14厘米（图一三，4）。采：5，泥质灰陶。轮制。敞口，尖唇，深腹。口径14厘米（图一三，5）。

钵 采：6，泥质红陶。轮制。敛口，圆唇。口径10.8厘米（图一三，6）。

罐底 采：7，夹砂灰陶。轮制。束平底。底径8厘米（图一三，7）。

擂钵 采：8，夹砂灰陶。轮制。器底内有沟槽（图一三，8）。

盉流 采：9，泥质灰陶。手制。流口。流口口径0.95厘米（图一三，9）。

豆柄 采：14，泥质灰陶。手制。矮喇叭状，中空。柄最大径3.4厘米（图

沮

水

乌龟包遗址

0   76米

图一一 乌龟包遗址分布范围图

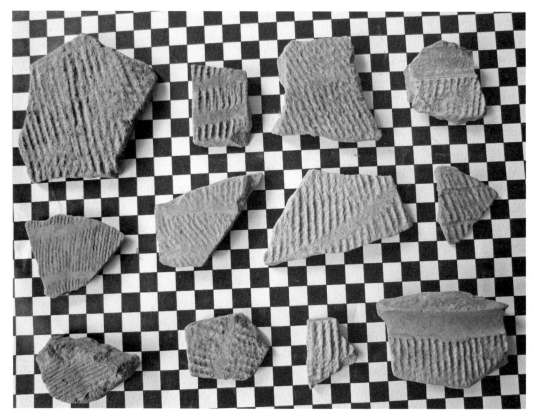

图一二 乌龟包遗址陶器纹饰

一三，10）。

高足 采：10，夹砂红褐陶。捏制。截锥状，裆高，足窝浅，断面呈圆形。足最大径1.8厘米（图一三，11）。采：11，夹砂红褐陶。捏制。截锥状，裆矮，足窝深，断面呈圆形。足最大径2.1厘米（图一三，12）。采：12，夹砂红褐陶。捏制。截锥状经削整，裆高，足窝浅，断面呈椭圆形。足上饰绳纹抹平。足最大径2.7厘米（图一三，13）。采：13，夹砂红褐陶。捏制。截锥状，裆高，足窝深，断面呈椭圆形。足上饰竖绳纹抹平。足最大径4.2厘米（图一三，14）。采：15，夹砂红褐陶。捏制。截锥状，裆高，足窝浅，断面呈圆形。足最大径2.4厘米（图一三，15）。采：16，夹砂红陶。捏制，截锥状，裆高，断面呈椭圆形。断面最大径2.1厘米（图一三16）。采：17，夹砂红褐陶。捏制。截锥状，裆高，足窝浅。最大径1.4厘米（图一三，17）。

乌龟包遗址是沮河中游发现的一处重要的周代遗址，时代从西周晚期至东周时期。它的发现将沮河上游与下游的周代遗存联系起来。究竟是上游影响下游，还是下游影响上游？乌龟包遗址的发现则提供了极其重要的资料。

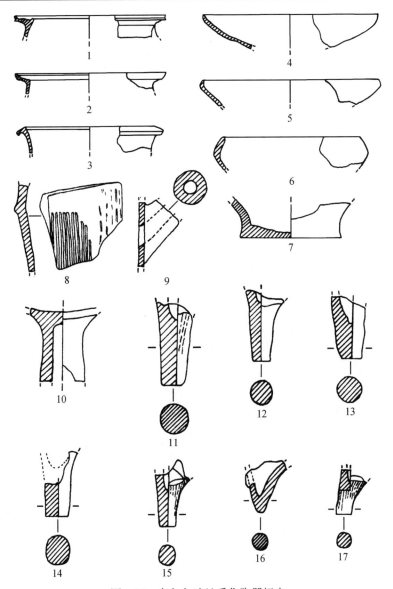

图一三 乌龟包遗址采集陶器标本

1、2.鬲（采：1、采：2） 3.长颈罐（采：3） 4、5.豆盘（采：4、采：5） 6.钵（采：6）

7.罐底（采：7） 8.镏钵（采：8） 9.盉流（采：9） 10.豆柄（采：14） 11～17.鬲足（采：10、采：11、

采：12、采：13、采：15、采：16、采：17）

五、龚家台遗址

　　龚家台遗址属枝江市七星台镇团结村，中心地理坐标E111°53″06′，N30°27″31′，海拔34米。遗址东距沮漳河1.5千米，南距长江2千米，北距季家湖古城10千米，西距万福垴遗址30千米。遗址为多个台地组成，面积达5平方千米，遗址文化遗存十分丰富，随处可见陶片（图一四），遗址文化层厚2米左右，采集标本有鬲足、豆柄、罐口沿、盂等，以夹砂灰陶为主，少量夹砂红褐陶。纹饰有绳纹、方格纹、弦纹等（图一五）。时代为周代。

图一四　龚家台遗址分布范围图

　　鬲　可分为五式。
　　Ⅰ式：1件（采：19），夹砂褐红陶。轮制。卷沿，斜方唇，束颈，溜肩，下残。沿下饰竖绳纹。口径18厘米（图一六，2）。
　　Ⅱ式：8件（图一六，7、8；图一七，1、2、8）。采：24，夹砂黑皮褐红陶。轮制。仰折沿略卷，斜方唇，束颈，溜肩。口径24厘米（图一六，5）。采：28，夹砂褐红陶。轮制。折沿微凹，斜方唇，束颈。口径40厘米（图一七，3）。采：33，夹砂红褐陶。轮制。折沿，斜方唇，束颈。口径30厘米（图一七，10）。
　　Ⅲ式：3件。采：22，泥质灰陶。轮制。折沿，方唇，高束颈，溜肩。沿下饰竖绳纹。口径14厘米（图一六，9）。采：23，夹砂黑皮褐红陶。轮制。仰折沿，方唇，束颈，溜肩。口径16厘米（图一六，10）。采：32，泥质褐陶。轮制。折沿，方唇，颈

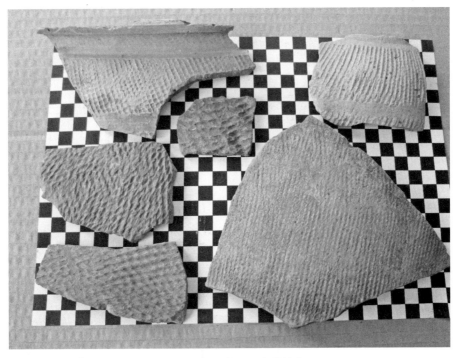

图一五　龚家台遗址陶器纹饰

腹间有一凸棱。口径20厘米（图一七，9）。

　　Ⅳ式：3件。采：20，泥质灰陶。轮制。平折沿，斜方唇，束颈，溜肩。口径26厘米（图一六，3）。采：40，夹砂灰陶。轮制。平沿，斜方唇，束颈。沿下饰绳纹。口径16厘米。采：41，泥质灰陶。轮制。平沿，斜方唇，束颈，溜肩。颈饰斜绳纹。口径23厘米（图一七，7）。

　　Ⅴ式：3件。采：1，夹砂灰陶。轮制。平折沿，沿面微凹，方唇，束颈，溜肩。颈下饰竖绳纹。口径30厘米。采：3，泥质灰陶。轮制。平折沿，方唇，束颈，溜肩。颈下饰竖绳纹。口径38厘米（图一七，5）。采：21，夹砂黑皮红褐陶。轮制。平折沿，方唇微凹，短颈，溜肩。口径28厘米（图一六，4）。

　　鬲足　采：4，夹砂红褐陶。手制。柱状，足窝浅，足上有刀削痕。足最大径1.6厘米（图一八，1）。采：5，夹砂褐陶。手制。截锥状，足窝浅，足上有刀削痕。足最大径1.5、残高4厘米（图一八，2）。采：6，夹砂褐红陶。手制。截锥状，足上有刀削痕，足窝浅。足最大径2.8、残高9.2厘米（图一八，3）。采：7，夹砂黄褐陶。手制。柱状，足窝深。足上饰竖绳纹。最大径3.2、残高8.8厘米（图一八，4）。采：8，夹砂红褐陶。手制。截锥状，足窝深，足底呈疙瘩状。足身饰竖绳纹。最大径4.8、残高10厘米（图一八，5）。采：11，夹砂红褐陶。手制。截锥状，足窝深，足底呈疙瘩状。足身饰竖绳纹。最大径3.2、残高8.4厘米（图一八，6）。采：12，夹砂红褐陶。手制。截锥状，足窝深，足底略呈疙瘩状。足身饰粗竖绳纹。最大径2.4、残高9.6厘米（图

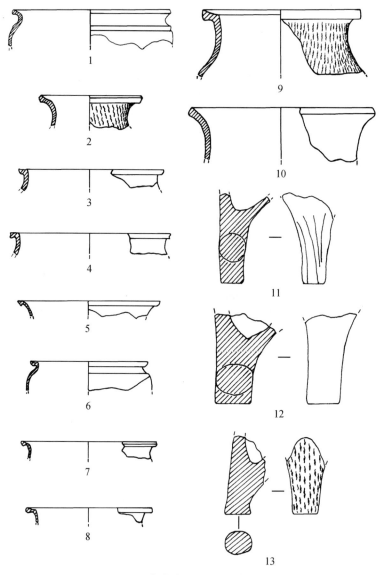

图一六　龚家台遗址采集陶器标本

1、6.盂（采：2、采：25）　2. I式鬲（采：19）　3. IV式鬲（采：20）　4. V式鬲（采：21）　5、7、8. II式鬲（采：24、采：46、采：47）　9、10. III式鬲（采：22、采：23）　11～13. 鬲足（采：43、采：44、采：45）

一八，11）。采：43，夹砂红陶。手制。高柱足，高裆，有刀削痕。足径2、残高7.6厘米（图一六，11）。采：44，夹砂红陶。手制。矮柱足，有刀削痕。足径3.2、残高7.6厘米（图一六，12）。采：45，夹砂褐红陶。手制。截锥状，足底呈疙瘩状，足身饰竖绳纹。最大径3、残高6.6厘米（图一六，13）。

　　盂　采：2，夹砂灰陶。轮制。平折沿，沿面微凹，斜颈，弧腹内收。沿面有二道凹弦纹。口径32厘米（图一六，1）。采：18，夹砂灰陶。轮制。折沿，方唇，斜颈，弧腹内收。口径28厘米。采：25，泥质灰陶。轮制。平折沿微凹，圆方唇，斜肩，弧

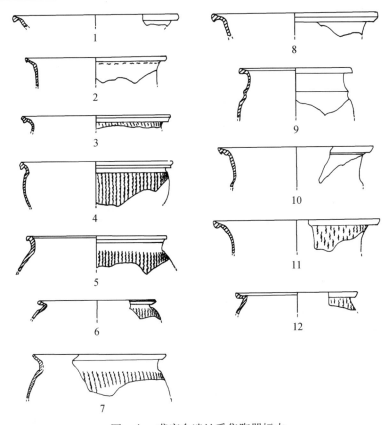

图一七　龚家台遗址采集陶器标本

1~3、8、10.Ⅱ式鬲（采：26、采：27、采：28、采：31、采：33）　4、6.盆（采：29、采：30）　5.Ⅴ式鬲

（采：3）　7.Ⅳ式鬲（采：41）　9.Ⅲ式鬲（采：32）　11.长颈壶（采：34）　12.罐（采：37）

　　腹。口径33厘米（图一六，6）。

　　豆座　采：14，夹砂红褐陶。轮制。细高柄，中空，喇叭足。柄径3.2、圈足径10厘米（图一八，7）。采：15，泥质灰陶。轮制。细直柄，柄中空，喇叭足。柄径4、圈足径8厘米（图一八，12）。

　　罐　采：37，泥质褐红陶。轮制。平折沿微凹，斜方唇，束颈，广肩。沿下饰绳纹。口径22厘米（图一七，12）。

　　盆　采：29，泥质灰陶。轮制。折沿略卷，沿边上下起棱，圆方唇，束颈，弧腹内收。颈下饰绳纹。口径40厘米（图一七，4）。采：30，泥质灰陶。轮制。折平沿微凹，方唇，束颈。颈下饰绳纹。口径32厘米（图一七，6）。

　　长颈壶　采：34，夹砂灰陶。轮制。折沿，斜方唇，束颈。口径28厘米。采：27，夹砂灰陶。轮制。折沿微凹，斜方唇，束颈。口径38厘米（图一七，11）。

　　钵　采：38，泥质灰陶。轮制。敛口，尖圆唇，口腹间有一凹沟。腹饰四周凹弦纹。口径20厘米（图一八，16）。采：39，泥质灰陶。轮制。敛口，口腹间有一凹沟，腹饰三周凹弦纹。口径18厘米（图一八，17）。

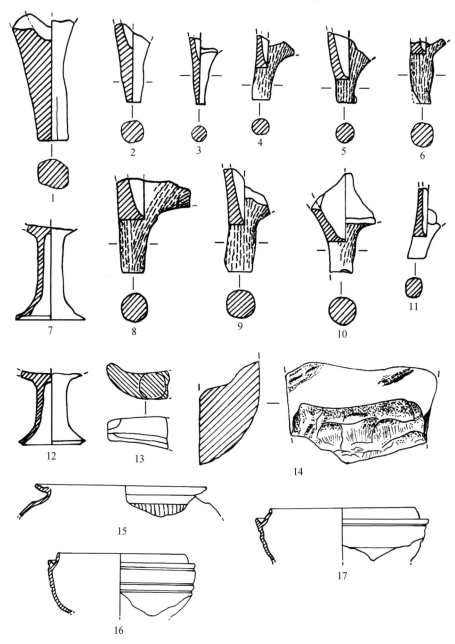

图一八 龚家台遗址采集标本

1~6、11.陶鬲足（采：4、采：5、采：6、采：7、采：8、采：11、采：12） 7、12.陶豆座（采：14、采：15） 8~10.陶甗足（采：9、采：10、采：13） 13.陶盉手柄（采：16） 14.石砍砸器（采：17）

15.陶瓮（采：42） 16、17.陶钵（采：38、采：39）

　　瓮　采：42，泥质灰陶。轮制。平沿，尖圆唇，束颈，广肩。颈下饰绳纹。口径24厘米（图一八，15）。

　　盂手柄　采：16，夹砂红陶。手制。手柄端微弧曲。残足8.5厘米（图一八，13）。

　　鬲足　采：9，夹砂红陶。手制。截锥状，高裆，足窝深。足上饰竖绳纹。足最大径6.5、残高12.8厘米（图一八，8）。采：10，夹砂红陶。手制。柱状足，足窝深，足上饰竖绳纹。最大径4.8、残高14厘米（图一八，9）。采：13，夹砂红陶。手制。截锥状，足窝深，足上饰竖绳纹。最大径4、残高13.2厘米（图一八，10）。

　　砍砸器　采：17，石英岩。打制。单面交互打击。残长20.5厘米（图一八，14）。

　　龚家台遗址是沮漳河下游最大的一处楚文化遗址，时代从西周晚期至东周时期。该遗址目前虽然未发现城垣，但其文化堆积的丰厚及规模够得上都城的级别。它的典盛期是什么时候？它与其北的当阳季家湖古城[1]及其西的宜昌万福垴遗址[2]有什么联系？这些都有待进一步的发掘与研究加以揭示。

　　附记：这次调查得到了华中师范大学楚学所、保康县文化局及博物馆、远安县博物馆、枝江市博物馆等的大力支持和协助，在此一并表示诚挚的感谢！参加调查的人员有王小杰、王六顺、王洪琪、王洪敏、杨颢、郑文路、黄道华、曾毅。

绘　　图：朱高权
照相、执笔：笪浩波

注　释

［1］　湖北省博物馆：《当阳季家湖楚城遗址》，《文物》1980年第10期。

［2］　湖北省文物考古研究所、武汉大学历史学院考古系、宜昌博物馆：《湖北宜昌万福垴遗址发掘简报》，《江汉考古》2016年第4期。

荆州长稻场井群考古发掘简报

荆州博物馆　荆州区博物馆

　　摘要：长稻场井群位于湖北省荆州市荆州区纪南镇高台村五组，2011年，为配合引江济汉工程荆州段建设，在荆州博物馆的指导下，荆州区博物馆对引江济汉工程河道施工过程中暴露的7座古井进行了抢救性发掘，编号J1～J7，除J7为陶圈井外，其余6座均为竹圈井。出土的器物主要是陶罐、陶板瓦、陶豆、陶井圈等，从出土器物判断该井群起止年代应为战国中期至晚期。

　　关键词：引江济汉　竹圈井　陶圈井　战国时代

一、地理位置

　　长稻场井群位于湖北省荆州市荆州区纪南镇高台村五组，南距荆州古城约9千米，东南距郢城遗址约4千米，北距楚故都纪南城约0.4千米，东距庙湖约2千米（图一；图版一，1）。

　　长稻场井群原地表为一片农田，农田中有一块1200平方米的高台地，高约1米，名为长稻场。受湖北省文物局委托，2011年7～8月，在荆州博物馆的指导下，荆州区博物馆对引江济汉工程河道施工过程中暴露的7座古井进行了抢救性发掘，编号J1～J7（图二）。

二、形制和层位

　　长稻场井群在引江济汉人工河道开挖时暴露，从河岸的断面看：第1层为农耕层，厚25～35厘米，土色为黄褐色，包含砂粒和植物根系。第2层为近现代堆积层，厚35～50厘米，黄褐色土，包含瓷片、陶片、砖屑。第3层为文化层，厚50～100厘米，灰褐色土，包含红、灰绳纹陶片，草木灰等。其下为黄褐色生土。如若地表至暴露面部被破坏按层位逐层向下，井口应在近现代层和文化层以下。

　　此次发掘的井有7座，均为直筒形，除J7为陶圈井外（图三），其他均为竹圈井（图四～图七）。井内从暴露面往下分为2层，上层为青灰色淤泥，厚150～200厘米，泥较稠；下层为灰褐色淤泥，厚250～300厘米，出土的器物在此层中。

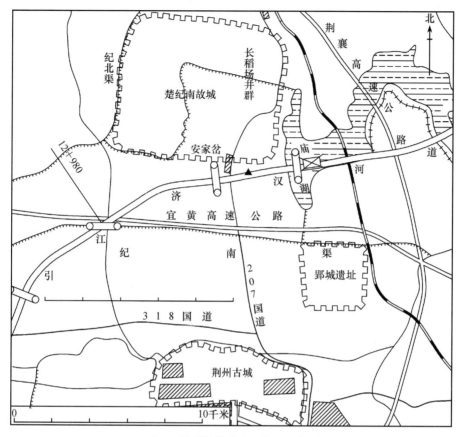

图一　长稻场井群地理位置示意图

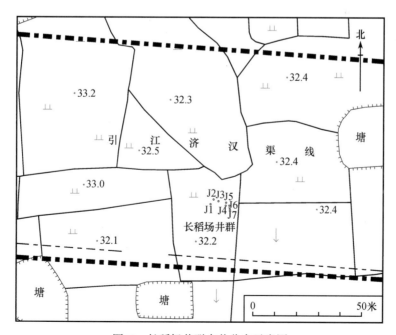

图二　长稻场井群古井分布示意图

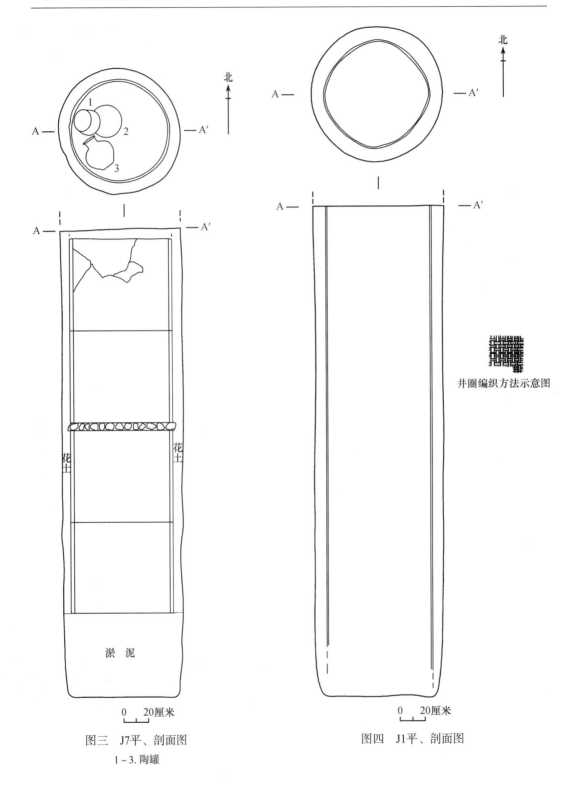

井圈编织方法示意图

图三　J7平、剖面图

1～3.陶罐

图四　J1平、剖面图

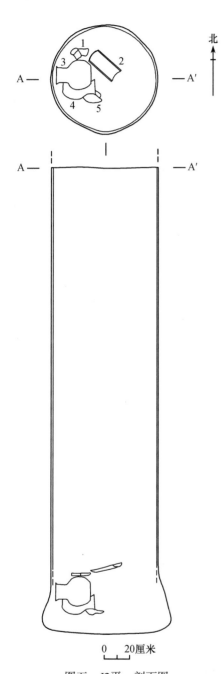

北

0   20厘米

图五　J2平、剖面图
1.板瓦　2.筒瓦　3、4.陶罐　5.陶豆盘

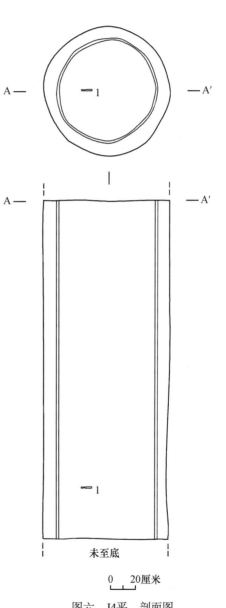

北

未至底

0   20厘米

图六　J4平、剖面图
1.骨饰件

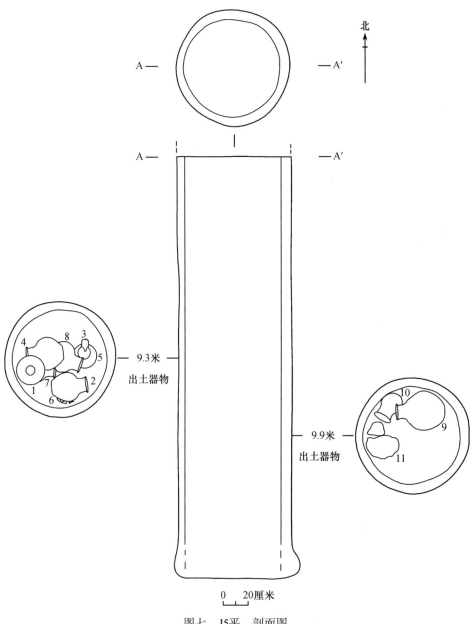

图七 J5平、剖面图

1 ~ 11. 陶罐

三、出 土 遗 物

此次发掘因条件有限，除发掘J1、J2、J5、J7到底外，其他3座井因塌方未清理至底。出土器物主要是罐、板瓦、豆、井圈等。

罐　16件，修复13件。分五型。

A型　11件。高领罐。根据颈高矮和大小、口沿、纹饰不同分二式。

Ⅰ式：2件。泥质灰陶。胎质附褐色掺合料颗粒，内外黑衣部分脱落。侈口，折平沿，颈微束近直，圆腹，圜底内凹，最大径在腹中部。颈饰有抹过的竖绳纹，上腹竖向绳纹及抹痕，下腹至底饰横向交错绳纹。标本J5：5，通高33、口径19.2、腹径23厘米（图八，1；图版一，2）。标本J7：3，通高31.5、口径17.6、腹径22.9厘米（图八，2）。

Ⅱ式：9件，修复6件。泥质灰陶。胎质可见褐色掺合料颗粒，器表残留黑衣。侈口，折平沿较宽，颈微束近直，圆腹，圜底内凹。颈部有抹过的竖绳纹，上腹饰竖向绳纹，下腹至底饰横向交错绳纹。标本J2：3，通高25.5、口径15、腹径21.2厘米（图八，3；图版一，3）。标本J2：4，通高24.5、口径16、腹径19.5厘米（图八，4）。标本J5：2，通高20、腹径21.7、底径7.9厘米（图八，5）。标本J5：6，通高23.4、口径15.8、腹径21.8厘米（图八，6）。标本J5：8，通高25.6、口径16.1、腹径21.3厘米（图八，7）。标本J7：2，通高24.2、口径15厘米、腹径22.6厘米（图八，8；图版一，4）。

B型　1件。泥质灰陶。器胎附褐色掺合料颗粒，器表施黑衣，多已脱落。侈口，粗颈，肩附两个对称环耳，圆腹，圜底内凹。颈饰抹过的竖绳纹，上腹饰斜绳纹及一周抹痕，下腹至底饰横向交错绳纹。标本J7：1，通高22.1、口径14.9、腹径21.3厘米（图八，9；图版二，1）。

C型　1件。泥质灰陶。器胎可见褐色掺合料颗粒，器表黑衣多数已脱落。侈口，平沿，束颈，圆腹，平底。颈腹各饰凹弦纹一周。标本J5：1，通高16.9、口径10.6、腹径13.8厘米（图八，10；图版二，2）。

D型　1件。泥质灰陶。器表施黑衣，但少部分已脱落。侈口，卷沿，圆唇，颈微束，溜肩，圆腹，凹圜底。颈部饰五道较窄弦纹，上腹饰两道较窄弦纹。标本J5：9，通高26.6、口径12.8、腹径22.3厘米（图八，11；图版二，3）。

E型　2件。长颈罐。根据颈长短、大小分二式。

Ⅰ式：1件。泥质灰陶。器胎可见褐色掺和颗粒。喇叭口，圆唇，长筒形，直颈，腹部呈椭圆形，平底。器表饰七周凹弦纹。标本J5：3，通高27、口径16、腹径14.3、底径6.9厘米（图八，12；图版二，4）。

Ⅱ式：1件。泥质灰陶。器表施黑衣，但多已脱落。喇叭口，折腹，凹平底。颈部饰四周凹弦纹。标本J5：10，通高21.8、口径14.4、腹径11.9、底径6.8厘米（图八，13；图版二，5）。

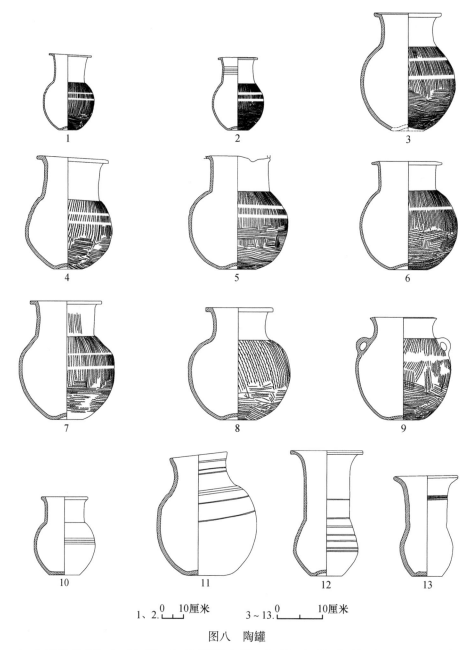

图八　陶罐

1、2.A型Ⅰ式（J5：5、J7：3）　　3～8.A型Ⅱ式（J2：3、J2：4、J5：2、J5：6、J5：8、J7：2）
9.B型（J7：1）　10.C型（J5：1）　11.D型（J5：9）　12.E型Ⅰ式（J5：3）　13.E型Ⅱ式（J5：10）

陶井圈　修复2件。2件器物造型相同，高矮与直径有细小差别。泥质灰陶。圆直筒状，外饰竖绳纹，腰部正中有两个对称圆孔。标本J7：4，通高70.6、直径80.5厘米。标本J7：5，通高74.9、直径78.5厘米（图版二，6）。

骨饰件　1件。圆柱状，一端较粗，一端略细，纵剖面呈梯形。标本J4：1，通高8.1、大径1.1、小径0.9厘米（图九；图版二，7）。

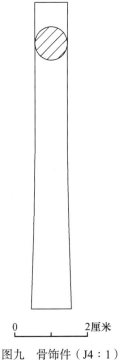

0　　　　2厘米

图九　骨饰件（J4∶1）

四、结　语

此次发掘井7座，3座因条件限制未到底，发掘到底4座（J1、J2、J5、J7）。从时间先后顺序看J5时期要早一些，J2和J7的时期要晚一些，J1无出土物，难以判断。

长颈罐J5∶3与九店东周墓A型Ⅱ式长颈罐M572∶1器形相同，可断定J5最早的使用时期应为战国中期[1]。J2∶3、J2∶4高领罐与九店东周墓Ⅲ式高领绳纹罐M421∶8类似[2]。M421为九店东周墓第四期6段，属战国晚期早段。因此，长稻场井群发掘的几处古井，其年代应为战国中期至晚期。

发　　掘：彭家宝　杨晓明　张德昀

器物修复：朱　枫

绘　　图：朱　枫　王家鹏

摄　　影：彭　巍

执　　笔：刘建业　陈　灵　彭家宝

注　释

［１］　湖北省文物考古研究所：《江陵九店东周墓》，科学出版社，1995年。

［２］　湖北省文物考古研究所：《江陵九店东周墓》，科学出版社，1995年。

荆州龙会河北岸墓地M227、M265考古发掘简报

荆州博物馆

摘要：为配合207国道荆州枣林至郢城段改扩建项目，荆州博物馆在龙会河北岸墓地发掘东周墓329座，其中2座墓葬的墓坑长边带阶梯，其墓葬形制不同于常见的中、小型楚墓。

关键词：荆州　龙会河　阶梯墓

龙会河北岸墓地位于湖北省荆州市荆州区纪南镇雨台二组，东临荆（门）沙（市）铁路，西距楚纪南故城东城垣约0.6千米，西南距荆州古城约7.5千米。中心地理坐标为北纬30°25′21.24″，东经112°13′0.65″，海拔32.95米（图一）。为配合207国道荆州枣林至郢城段改扩建项目建设，荆州博物馆于2018年7月至2019年5月对龙会河北岸墓地进行了考古发掘，共清理古墓葬329座。其中，M227、M265两座墓葬的墓坑长边带阶梯，不同于常见的中、小型楚墓墓葬形制，现将M227、M265两座墓葬发掘情况报告如下。

一、墓 葬 形 制

龙会河北岸墓地处于一高出四周地面3～4米呈坡状堆积的低丘岗地，其南北长约140、东西宽约100米。本次发掘的2座墓葬分布在墓地东部缓坡上。发掘区地层堆积简单，在现代农耕土下即为生土。已发掘墓葬均为竖穴土坑式，开口于耕土层下，并打破生土。未见封土迹象。填土为黄、褐、黑色混合黏土，土质较松软。葬具均为一棺一椁，人骨腐朽无存，其由北至南分别编号为M265、M227（图二）。

（一）M227

M227位于龙会河北岸墓地南部，墓坑为两长边带阶梯的长方形土坑墓，方向188°。墓口长540、宽406厘米，墓底长334、宽198厘米，墓坑深495厘米。阶梯位于墓葬东西两壁，均为8级。东壁自北向南依次降低。每级长30～39、高24～34、宽17～19厘米。由上至下每级台阶为：第一级长30、高32、宽19厘米，第二级长31、高31、宽19厘米，第三级长33、高28、宽19厘米，第四级长32、高24、宽19厘米，第五级长28、高30、宽18.5厘米，第六级长35、高34、宽18厘米，第七级长33、高34、宽18厘

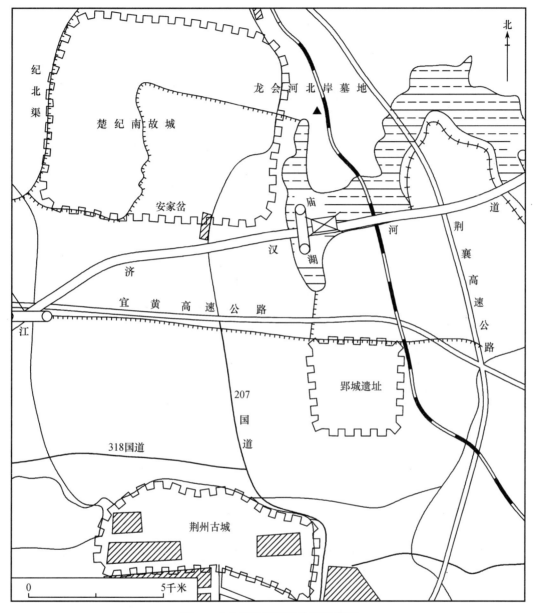

图一　龙会河北岸墓地位置示意图

米，第八级长39、高33、宽18厘米，距墓底245厘米。西壁自南向北依次降低，每级阶梯宽均为19厘米，每级长28～48、高23～36厘米。由上至下每级台阶为：第一级长35、高35厘米，第二级长39、高34厘米，第三级长34、高26厘米，第四级长34、高32厘米，第五级长34、高27厘米，第六级长28、高23厘米，第七级长37、高35厘米，第八级长48、高36厘米，距墓底241厘米。墓壁上部斜直，下部陡直。墓坑内填五花土和青灰泥，五花土较板结，青灰泥较软。

　　棺椁结构，一棺一椁，棺与椁均保存一般。椁室通长300、宽140、高129厘米

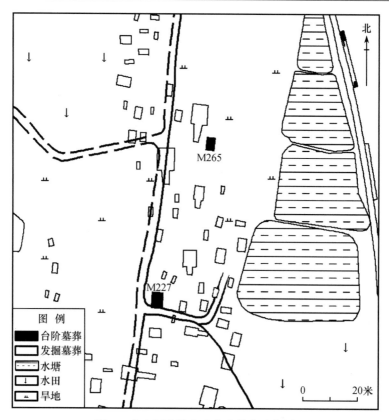

图二　龙会河北岸墓地墓葬分布示意图

（不含垫木）。椁由盖板、墙板、挡板、底板及底板下垫木构成。椁盖板有8块木板横铺而成，平列横铺，两端略有不同程度的残朽，每块长152～154、宽27～43、厚20厘米，铺成较为紧密。椁墙板和挡板每边3块木板竖向叠砌而成。墙板每块长263、高27～31、厚20厘米，挡板每块长149～151、高27～32、厚20厘米。墙板的两端与挡板的两头做成浅槽套榫结合。底板有4块，纵铺，每块长299、宽35～41、厚20厘米，4块底板结合后总宽149厘米，直铺在两根长177、宽11～12、厚8厘米的方形横垫木上。两垫木相距172厘米。

椁室内分头箱和棺室两部分，未设隔板。头箱东西长139、南北宽44、深86厘米。木棺长210、高76、宽88厘米，为悬底弧棺。棺盖板长210、宽76、厚24厘米。墙板长211、宽53、厚20厘米，挡板厚6厘米。盖板与墙板、挡板之间用子母口结合，墙板与挡板之间用半肩榫卯结构。底板长188、宽52、厚4厘米；嵌入墙板、挡板内的浅槽内。底板下安有两根长57、宽8、厚6厘米的垫木支撑底板。棺内人骨腐朽无存，葬式不明，随葬品11件，陶豆1件、陶筒2件、陶鼎1件、陶罍1件、陶缶1件、陶环耳鼎1件、漆镇墓兽1件、漆豆1件，均置于头箱。铜戈1件、铜匕首1件，均置于木棺东侧与椁墙板之间（图三）。

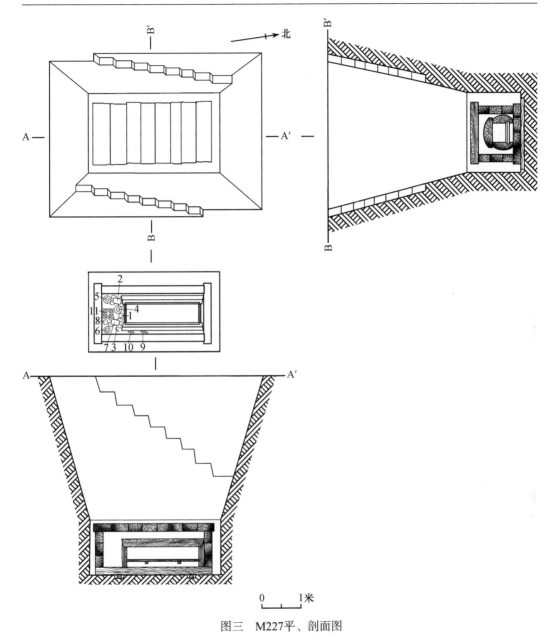

图三　M227平、剖面图

1.陶豆　2、7.陶簠　3.陶鼎　4.陶罍　5.陶缶　6.陶环耳鼎　8.漆豆　9.铜戈　10.铜匕首　11.漆镇墓兽

（二）M265

　　M265位于墓地中部，墓坑为两长边带阶梯的长方形土坑墓，方向189°。墓口长463、宽345厘米，墓底长358、宽186厘米，墓坑深289厘米。阶梯位于东西两壁，东壁上有7级阶梯，自南向北依次降低。每级长23～34、高21～31、宽25～27厘米。由上至下每级为：第一级长23、高22、宽27厘米，第二级长25、高27、宽27厘米，第三级长23、高28、宽27厘米，第四级长29、高25、宽26.5厘米，第五级长27、高31、宽26.5厘

米，第六级长34、高21、宽26厘米，第七级长26、高32、宽25厘米，距墓底106厘米。西壁阶梯同为7级，每级长28～48、高22～27、宽24～27厘米。由上至下每级为：第一级长25、高24、宽27厘米，第二级长24、高30、宽26厘米，第三级长27、高27、宽26厘米，第四级长23、高24、宽25厘米，第五级长22、高30、宽24厘米，第六级长27、高21、宽24厘米，第七级长64、高24、宽24厘米，距墓底100厘米。墓壁上部斜直，下部陡直。墓坑内填五花土和青灰泥，五花土较板结，青灰泥较软。

棺椁结构　一棺一椁，棺与椁均保存较差。椁室通长273、宽119、高110厘米（不含垫木）。椁由盖板、墙板、挡板、底板及底板下垫木构成。椁盖板由7块木板横铺而成，平列横铺，两端略有不同程度的残朽，每块长122～129、宽24～40、厚14厘米，木板铺成间隙较大。椁墙板和挡板为每边3块木板竖向叠砌而成。墙板每块长249、高24～32、厚13厘米，挡板每块长127～131、高25～30、厚14厘米。墙板的两端与挡板的两头做成浅槽套榫结合。底板3块，纵铺，每块长275、宽35～42、厚14厘米，3块底板结合后总宽121厘米，直铺在两根长153、宽10、厚7厘米的方形横垫木上。两垫木相距125厘米。

椁室内分头箱和棺室两部分，未设隔板。头箱东西长90、南北宽50、深82厘米。木棺长190、宽67、高72厘米，为悬底弧棺。棺盖板长191、宽57、厚17厘米。墙板长189、宽57、厚16厘米，挡板厚7厘米。盖板与墙板、挡板之间用子母口结合，墙板与挡板之间用半肩榫卯结构。底板长172、宽41、厚3厘米；嵌入墙板、挡板内的浅槽内。底板下安有两根长45、宽7、厚6厘米的垫木支撑底板。棺内人骨腐朽无存，葬式不明，随葬品8件，漆镇墓兽1件、陶缶1件、陶鼎2件、陶罍1件、陶豆1件，均置于头箱。铜戈1件、铜剑1件，均置于木棺东侧与椁墙板之间（图四）。

二、出 土 器 物

出土随葬品共19件（套），按质地分为陶器、铜器、漆器。

1. 陶器

12件，可修复的6件。

豆　2件。盘较浅，腹壁圜，柄细长，柄座较矮，上有一道凸棱。标本M227：1，通高22、口径14、盘深2.5、底径10厘米（图五，4）。

鼎　3件。无盖，敛口，口沿外侧有一圈凸棱，腹壁较直，足外撇，外侧圆，内侧有刀削三角形空槽。腹上部饰两道凸弦纹。标本M265：3，残高22.5、口径18厘米（图五，1）。

簋　2件。口沿壁近于垂直，底外弧，足、纽外张，无耳。素面。标本M227：2，通高21、身长26厘米（图五，3）。另有标本M227：7与之相似。

缶　2件。子口承盖，盖上四环纽，口沿外沿有凸沿一周，颈细短，腹呈椭圆形，最大径在腹上部，圜底内凹，圈足较矮。标本M227：5，通高33、盖径12、口径10、

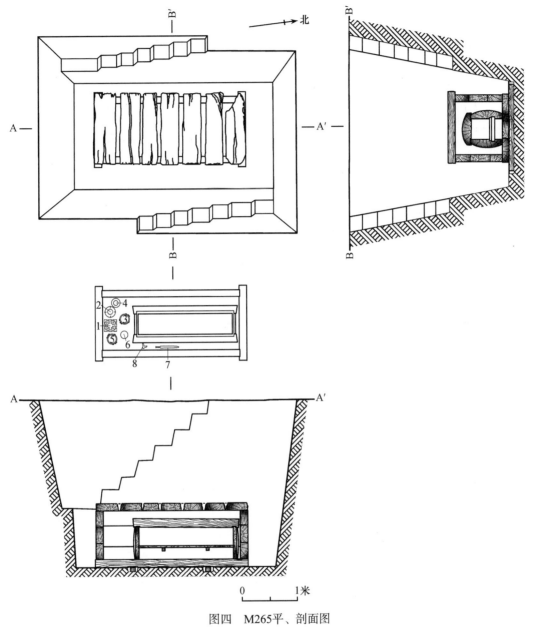

图四　M265平、剖面图

1.漆镇墓兽　2.陶缶　3、5.陶鼎　4.陶罍　6.陶豆　7.铜剑　8.铜戈

腹径22、底径13厘米（图五，2）。另有标本M265：2与其相似，残高14.8、口径9.8厘米。

罍　2件。短颈，肩凸起，弧腹，凹圜底，无耳，肩腹部饰三道凹弦纹。标本M265：4，通高15.6、口径9.2、腹径19.2、底径11.2厘米（图五，6）。

环耳鼎　1件。直立环耳，小口，圆腹，圜底，足外撇，外侧圆，内侧呈三角形。标本M227：6，通高20、口径9、腹径16厘米（图五，5）。

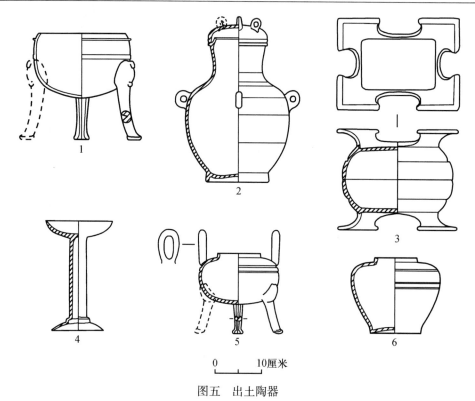

图五　出土陶器

1.鼎（M265：3）　2.缶（M227：5）　3.簠（M227：2）　4.豆（M227：1）　5.环耳鼎（M227：6）

6.罍（M265：4）

2.铜器

4件。

剑　1件。隆脊有从，剑茎中空，茎内嵌有灰黑色石塞。标本M265：7，通长43.5、宽3.9、厚0.3厘米（图六，1）。

戈　2件。援较直，无脊，长胡，栏侧二穿，穿长方形，内上一穿，长方形，内末下角有缺。标本M227：9，通长20.2、援长11.2、援宽2.6、脊厚0.3、胡长9.6厘米（图六，2）。另标本M265：8，残长9.2、胡长7.7厘米（图六，3）。

匕首　1件。扁茎，窄格，身平无脊，刃面较宽，前锋尖。体薄质劣，应为明器。标本M227：10，残长16、宽3、厚0.1厘米（图六，4）。

3.漆器

3件

镇墓兽　2件。面部上弧下方，垂舌折弯，曲颈，舌颈间的弧形空洞较大，高座，鹿角残。器表用红色油彩绘三角云纹、几何间云纹、菱形纹。标本M227：11，通高48厘米（图七，1）。

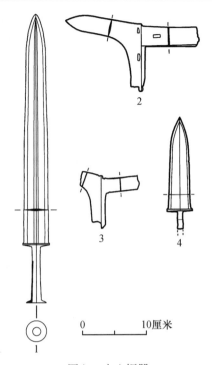

图六　出土铜器

1. 剑（M265：7）　　2、3. 戈（M227：9、M265：8）　　4. 匕首（M227：10）

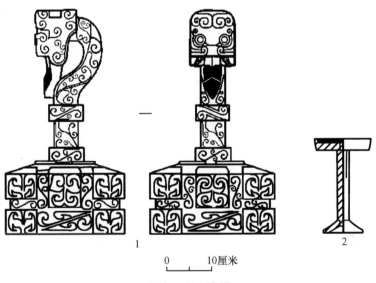

图七　出土漆器

1. 镇墓兽（M227：11）　　2. 豆（M227：8）

漆豆 1件。浅盘，细柄，全器髹黑漆，无纹饰。标本M227：8，盘径12.6、柄径2.8、座高20.4厘米（图七，2）。

三、结　语

这次发掘的两座墓葬没发现有纪年的文书，其中M227随葬的陶缶与本地区江陵九店Ⅴb式陶缶相似（第三期5段，战国中期晚段），M265随葬的陶罍与九店Ⅳb式陶罍相似（第三期5段，战国中期晚段）[1]。因此，两座墓葬的年代大致为战国中晚期之际。

两座墓葬葬具均为一椁一棺，墓主的身份等级似不低于士。尤其值得关注的是墓坑形制特点与郭德维《楚系墓葬研究》[2]中介绍的江陵张家山M20楚墓相似。在《楚系墓葬研究》中俗称"梯子"，其作用可能是便于墓坑的挖掘与下葬时棺椁的安放，或是防止墓坑的垮塌。

领　　　　队：郑忠华

执 行 领 队：彭　军

发　　　　掘：陈新平　刘中标

器物绘图、执笔：彭　军　黄　祥

注　释

[1]　湖北省文物考古研究所：《江陵九店东周墓》，科学出版社，1995年，第380、383页。

[2]　郭德维：《楚系墓葬研究》，湖北教育出版社，1995年，第126、127页。

荆州刘家台墓地考古发掘简报

荆州博物馆　荆州区博物馆

　　摘要：刘家台墓地位于湖北省荆州市荆州区（现纪南生态文化旅游区）纪南镇高台村六组，2011年11月22日至12月14日，为配合南水北调中线工程引江济汉渠的建设，荆州区博物馆在荆州博物馆的指导下，发掘西汉时期墓葬4座，出土较多的陶器、木器、竹器、铜器等随葬品，为研究荆州地区汉代晚期居民生活葬俗提供了新的考古学资料。

　　关键词：荆州古城　引江济汉　高台秦汉墓　西汉晚期

一、地 理 位 置

　　刘家台墓地位于湖北省荆州市荆州区（现纪南生态文化旅游区）纪南镇高台村六组，地处高台秦汉墓地中心地带。南距荆州古城约9千米，北0.4千米为楚纪南故城，东1千米为庙湖，东南约4千米为郢城遗址。刘家台墓地属荆州区文物保护单位（县级），1992年荆州博物馆在其西北约1千米的高台墓地发掘过40余座秦汉墓（图一）。

　　刘家台墓地因引江济汉河道开挖而暴露，受湖北省文物局委托，在荆州博物馆的指导下，荆州区博物馆于2011年11月22日至12月14日发掘西汉时期墓葬4座（图二）。

二、遗 迹 与 遗 物

　　发掘的4座墓葬均为长方形土坑竖穴木椁墓，其中M3遭晚期严重破坏，仅存椁底板。M1、M2、M4均为带墓道的土坑墓。

　　M1　土坑竖穴墓，方向191°。墓道被毁，墓口上部已被工程破坏约3米。残存一级台阶，宽0.2、残高0.12米。墓坑开口南北残长4.8、东西残宽4米，墓坑底部长4.6、宽3.8米，墓底距现墓口残高1.64米（图版三，1）。

　　葬具为一椁双棺。椁室为梁柱结构。椁盖板已腐朽成八根残杆，椁底板长2.22、宽1.62、残高0.8米。双棺一大一小，大棺长1.22、宽0.41、高0.42米；有棺床，床与椁底板间距0.11米。小棺长1.19、宽0.38、高0.42米，棺床与椁底板间距0.08米。双棺之间由五根立柱隔开，两边椁室均宽0.55米。左右头箱的三个角各有三根立柱，另一角为一公

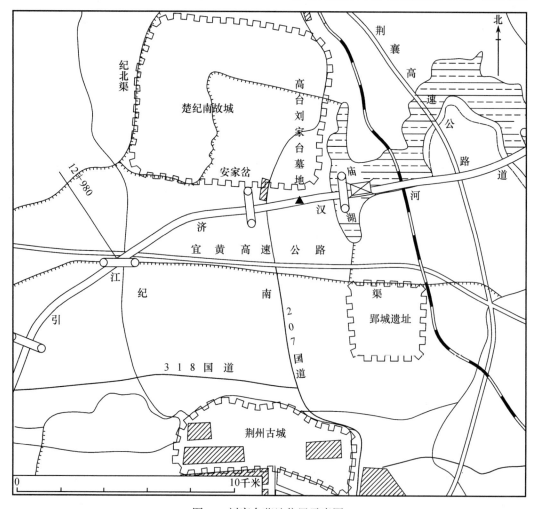

图一　刘家台墓地位置示意图

用立柱。残存一具人骨架（图三～图七）。随葬器物81件（套）。西棺下棺床板有阳刻文字（图八；图版一〇，4）。

　　M2　"甲"字形土坑竖穴墓，方向190°。墓道在南，残存墓道长2.9、宽1.28、残深0.4米，墓口残存表土0.3米，暴露前地表挖掘深度2米，墓口长4.7、宽4.06米，墓底长3.74、宽3.24米，葬具为一椁双棺，椁盖板无存，椁底板长1.89、宽1.46、残高0.52米；椁室中间有五根立柱把椁室分成两部分，一边宽0.63、另一边宽0.51米。双棺大小不一，大棺长1.09、宽0.34、残高0.25米，小棺长1.09、宽0.32、残高0.15米，棺床椁底板间距0.12米，棺椁有不同程度的腐朽，人骨腐朽不存（图九；图版三，2）。随葬器物18件（套）。

　　M3　长方形土坑竖穴墓，方向182°，墓道无存，墓开口残存表土0.3米，墓口长3.24、宽2.82米，墓底长3.24、宽2.82米，墓底距地表1.2米，葬具腐朽严重仅存椁底板，人骨腐朽无存（图一〇；图版四，1）。

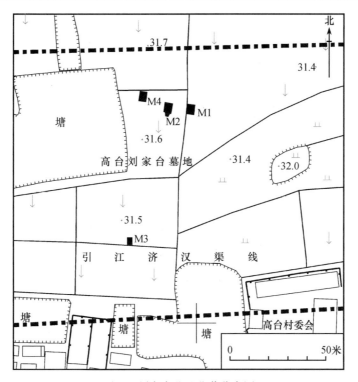

图二　刘家台墓地墓葬分布图

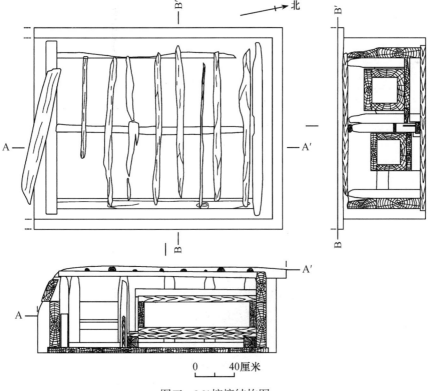

图三　M1棺椁结构图

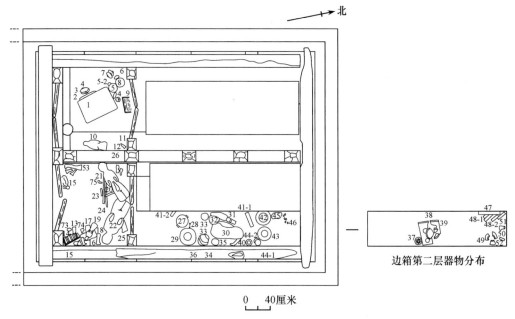

图四　M1器物分布图

1.漆木案　2、9.竹笥　3.漆木盂　4～7.漆木耳杯　8.漆木盘　10、11、13、15、17～19、21～24、26、50.木俑

12、16.木马腿　14.木瑟　20.杂件　25.木俑（2件）　27.陶鼎　28.锡器　29、32.陶壶　30、31.木马

33、34、49.陶罐　35.铜碗　36.陶盂（2件）　37.陶熏炉　38.陶甑　39.陶灶　40.硬陶罐　41、47、51.木片

42、43.陶仓　44.陶井（2件）　45.木兽俑　46.果核　48、73～75.不明木器　52.木牍

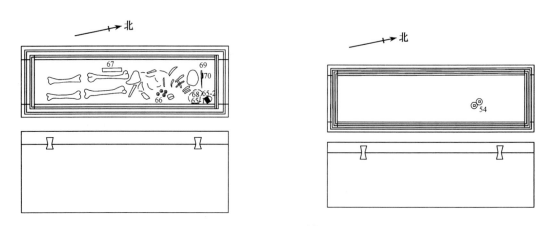

图五　M1棺平面、侧视图

54.铜钱　65-1.木梳　65-2.木篦　66.铜钱　67.木牍　68.木帽　69、70.木簪

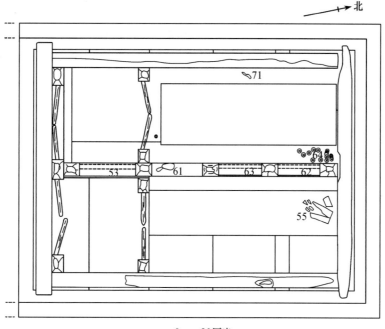

0　　20厘米

图六　M1器物分布图

53、62、63.雕花木板　55.木牍　61.木俑　64.铜钱　71.木片

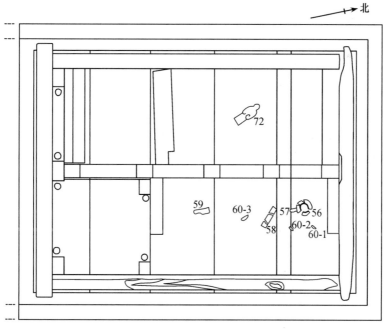

0　　20厘米

图七　M1器物分布图

56.硬陶罐　57、60、72.木俑　58、59.木片

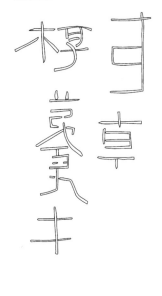

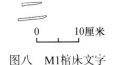

0 ⸻ 10厘米

图八　M1棺床文字

　　M4　长方形土坑竖穴墓，方向190°，墓道无存，墓口残存表土0.3米，墓口长5.1、宽3.8米，墓底长5.02、宽3.76米，墓底距墓口2米，葬具一椁双棺，椁底长2.17、宽1.17、残高0.14米，残存一棺长1.13、宽0.36米。人骨腐朽无存（图一一；图版四，2）。随葬器物23件（套）。

三、随 葬 器 物

　　随葬器物主要有陶器、木器、竹器、铜器、锡器和铜钱。

1. 陶器

　　陶器器类有鼎、壶、罐、仓、灶、井、盂、甄、熏炉、器盖、灯盏。

　　鼎　3件。根据器足、耳分为二型。

　　A型　1件。泥质灰陶。器表内外均施黑衣，但多已脱落。敛口，折沿上扬微凹，圆唇，扁圆浅腹，中腹饰一道凸弦纹，附耳外侈，扁蹄足外撇，足上端外侧饰有凸出纹饰。标本M1：27，通高13.6、口径15.9、腹径17.4厘米（图一二，1；图版五，1）。

　　B型　2件。泥质灰陶。内外残存黑衣。敛口，折沿上扬微凹，圆唇，扁圆浅腹，中腹饰一道凸弦纹，附耳外侈，耳外侧上有半透圆孔，下有半透凹槽，圜底，蹄形足外撇，足上端外侧圆状凸起，下端足外折，中部横截面呈圆角弧边三角形。标本M4：7，通高13.8、口径14.2、腹径16.7厘米（图一二，2；图版五，2）。标本M4：8，通高14.6、口径14、腹径15.9厘米（图一二，3；图版五，3）。

　　壶　5件。束颈，溜肩，鼓腹，圜底带圈足。根据大小和是否有盖共分三式。

　　Ⅰ式：1件。泥质灰陶。器表残存黑衣。口似盘形，敞口，方唇，束颈，球腹，肩附一对对称兽面纽，一道凸弦纹连接双纽，腹饰四周凹弦纹，下腹至底饰绳纹，圜底圈足外撇。标本M1：29，通高39.3、口径18.2、腹径33.1、圈足高4、直径17.4厘米（图一三，1；图版五，4）。

　　Ⅱ式：2件。泥质灰陶。器表施黑衣，但部分已脱落。口似盘形，敞口，方唇，束颈，球腹，肩附一对对称兽面纽，一道凸弦纹连接双纽，腹饰四周凹弦纹，下腹至底饰绳纹，圜底圈足外撇，有盖，盖纽已残，弧顶，方唇。标本M1：32，通高41.7、口径17.9、腹径32.1、圈足高3、直径16.4厘米（图一三，2；图版五，5）。

　　Ⅲ式：2件。泥质灰陶。盘状口微敞，高领束颈，球腹，肩附一对对称兽面纽，中上腹饰四周凹弦纹，下腹至圜底饰绳纹，圈足外撇。标本M2：1，通高34.2、口径14.6、腹径28.6、圈足高5、直径15.6厘米（图一三，3；图版五，6）。

　　罐　根据器形、陶质、大小分为五型。

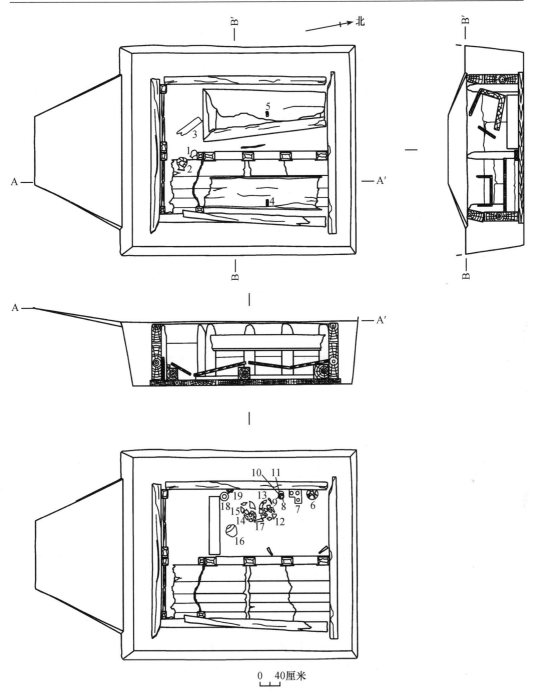

图九　M2棺椁平、剖面图

1. 陶壶　2、13、15、16. 陶罐　3. 木琴　4. 铜钱（18枚）东棺内　5. 铜钱（14枚）西棺内　6、12. 陶仓
7. 陶灶　8. 陶器盖（2件）　9. 陶盂　10、11. 陶器盖　14. 陶甗　17. 陶井　18、19. 硬陶罐

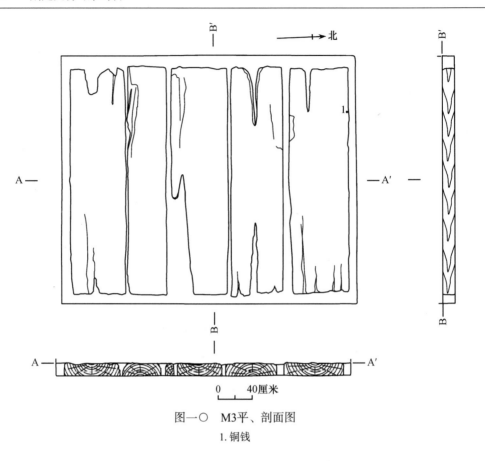

图一〇　M3平、剖面图

1. 铜钱

　　A型　6件，修复6件。根据器形大小及局部差异分为五式。

　　Ⅰ式：1件。泥质灰陶。覆盘形盖，器表残存黑衣。敛口，圆唇微卷，折肩，折腹，平底微内凹。标本M1：34，通高16.4、口径10.2、腹径21.5、盖径13、高2.7厘米（图一四，1；图版六，1）。

　　Ⅱ式：1件。泥质灰陶。器表施黑衣，少部分已脱落。敛口，圆唇微卷，折肩，折腹，平底微内凹。标本M1：49，通高19.3、口径11.2、腹径23.8、底径13.5厘米，盖径12.7、高2.7厘米（图一四，2）。

　　Ⅲ式：1件。泥质灰陶。器表施黑衣，但部分已脱落。覆盘形盖，盖外沿下折，敛口，圆唇微卷，折肩，唇至折肩处微鼓，折腹斜至平底，腹饰两道凹弦纹。标本M2：15，通高16.9、口径10.6、腹径22、底径14厘米，盖径11.6、高2.8厘米（图一四，3，图版六，2）。

　　Ⅳ式：1件。泥质灰陶。器表施黑衣，但多已脱落。敛口，圆唇微卷，折肩，折腹，下腹折斜至平底。腹饰两周弦纹。标本M2：16，通高16.9、口径10.6、腹径22、底径14厘米（图一四，4）。

　　Ⅴ式：2件。泥质灰陶。敛口，圆唇微卷，折肩，唇至折肩处微鼓，折腹，下腹折斜至平底，折肩至折腹间竖直，平底微内凹，有盘形盖。标本M4：10，通高16.7、口

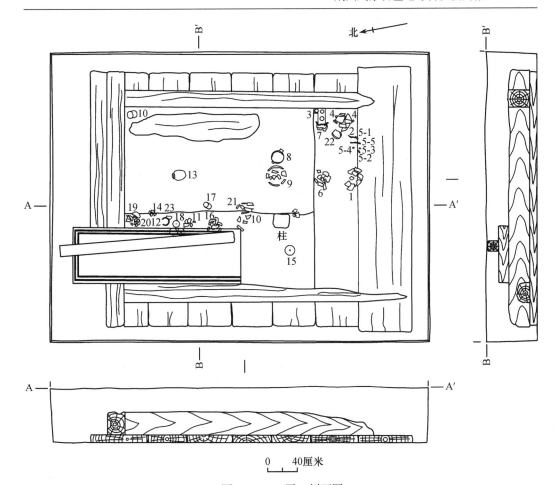

图一一   M4平、剖面图

1、9、11.陶仓   2、6、10、20、21.陶罐   3.陶灶   4.铜钱（2枚）   5.车马器   7、8.陶鼎   12、14、17.陶井

13、16.硬陶罐   15、18.陶器盖   19.陶甑   22.陶灯盏   23.陶盂

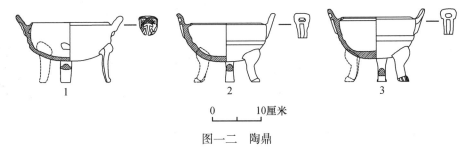

图一二   陶鼎

1.A型（M1：27）   2、3.B型（M4：7、M4：8）

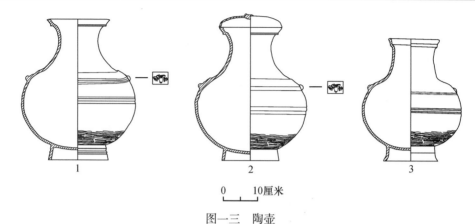

0 ⎯⎯ 10厘米

图一三　陶壶

1. Ⅰ式（M1：29）　2. Ⅱ式（M1：32）　3. Ⅲ式（M2：1）

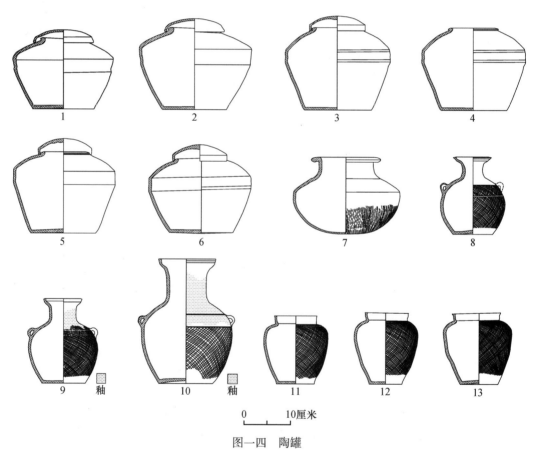

0 ⎯⎯ 10厘米

图一四　陶罐

1. A型Ⅰ式（M1：34）　2. A型Ⅱ式（M1：49）　3. A型Ⅲ式（M2：15）　4. A型Ⅳ式（M2：16）　5、6. A型
Ⅴ式（M4：10、M4：21）　7. B型（M1：33）　8. C型Ⅰ式（M1：40）　9. C型Ⅱ式（M2：2）　10. C型Ⅲ式
（M2：18）　11. D型Ⅰ式（M1：56）　12. D型Ⅱ式（M2：19）　13. D型Ⅲ式（M4：13）

径10.3、腹径21.8、底径13.8厘米（图一四，5）。标本M4∶21，通高18.2、口径10.7、腹径21.8、底径13.4厘米（图一四，6；图版六，3）。

B型 1件。泥质灰黄陶。宽平沿，圆唇，唇下内凹，矮领，溜肩，中腹转折，下腹弧收，圜底。下腹饰绳纹。标本M1∶33，通高15.7、口径14.4、腹径22.3厘米（图一四，7；图版六，4）。

C型 3件。根据器形大小分为三式。

Ⅰ式：1件。硬陶。盘形口，方唇，束颈，鼓腹，肩附对称环耳，腹饰方格纹，中上腹饰两周凹弦纹，平底微凹。标本M1∶40，通高15.9、口径8.1、腹径13.7、底径8.4厘米（图一四，8）。

Ⅱ式：1件。硬陶。盘状敞口，圆唇，束颈，鼓腹，平底，肩附对称环耳，颈下饰小方格纹，肩上分布褐泛绿色釉，肩部饰两周凹弦纹。标本M2∶2，通高17.9、口径8.1、腹径14.8、底径8.8厘米（图一四，9；图版六，5）。

Ⅲ式：1件。硬陶。盘口，直口方唇微敞，束颈，溜肩，鼓腹，平底微凹。肩饰对称环耳，口外饰两道弦纹，肩饰两周凹弦纹，腹饰方格纹。标本M2∶18，通高25.5、口径12.2、腹径19.3、底径11.5厘米（图一四，10）。

D型 3件。2件完整，修复1件。根据口沿和大小的微小差别分为三式。

Ⅰ式：1件。硬陶。表面有白色釉。矮领，口微侈，折肩，弧腹壁向下内收至平底。肩饰一道凹弦纹，器表饰方格纹。标本M1∶56，通高14、口径8.9、腹径13.5、底径7.9厘米（图一四，11；图版六，6）。

Ⅱ式：1件。硬陶。口微敞，方唇，矮领微弧，溜肩，下腹弧壁内收，平底。肩部饰一周弦纹，器表饰方格纹。标本M2∶19，通高14.7、口径9.1、腹径13.4、底径6.8厘米（图一四，12）。

Ⅲ式：1件。硬陶。器表施灰白色釉。口微敞，方唇，矮领，折肩，折腹，弧腹内收，器表饰方格纹，平底微凹。标本M4∶13，通高14.7、口径10.3、腹径14.6、底径8厘米（图一四，13）。

E型 1件。硬陶。器表施灰褐色釉，但多已脱落。质粗，矮领，直口微敞，方唇，鼓肩，深弧腹，平底微内凹，饰方格纹。肩以上施泛绿色釉。标本M4∶16，通高28.7、口径15.5、腹径24.2、底径18厘米（图一五）。

仓 7件。根据形状不同分为二型。

A型 共4件，修复3件。分为二式。

Ⅰ式：1件。泥质灰黄陶。器表施黑衣，但绝大多数已脱落。弧顶盖，器身圆

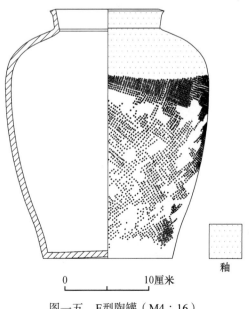

0   10厘米

釉

图一五 E型陶罐（M4∶16）

筒形，直口方唇，微束颈，上腹微鼓，腹壁微弧形，上腹靠口沿下有两长方形窗，鼓腹处饰两道凸弦纹，三扁足，弧顶盖面饰刻花纹。标本M1：43，通高40.7、口径22.7、腹径19.8厘米，盖径20.9、高4.4厘米，足高2.5厘米（图一六，1；图版七，1）。

Ⅱ式：2件。泥质灰陶。器表施黑衣，部分已脱落。隆弧顶盖，器身圆筒形，圆唇直口，口微内敛，上腹微鼓，上腹有长方形窗，饰有两道凸弦纹，腹壁斜收，平底，三扁足外撇，盖面饰刻花纹。标本M2：12，通高28.7、口径18.5、腹径21.9、底径14厘米，盖径20.9、高6.1厘米，足高1.5厘米（图一六，2）。标本M4：1，通高29.3、口径20.7、腹径20.7、底径13.6厘米（图一六，3）。

B型　3件，修复2件。分为二式。

Ⅰ式：1件。泥质灰陶。器表施黑衣，大多已脱落。器身呈圆筒形，敛口，

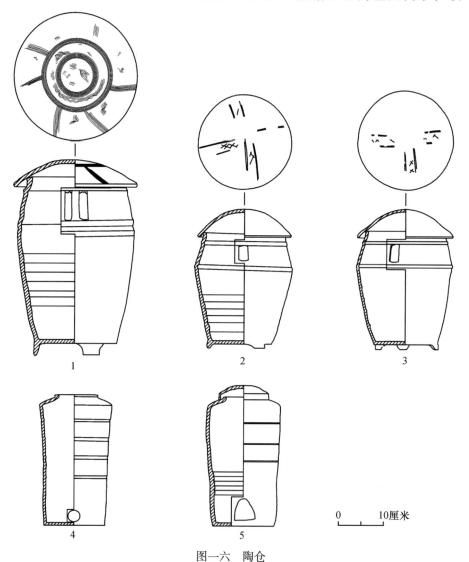

图一六　陶仓

1.A型Ⅰ式（M1：43）　2、3.A型Ⅱ式（M2：12、M4：1）　4.B型Ⅰ式（M1：42）　5.B型Ⅱ式（M2：6）

圆唇，肩内折，深直腹微内弧，腹上部均匀饰四道凹弦纹，近底处开圆形仓门。标本M1：42，通高28.4、口径9.9、底径13.9、肩径16.4厘米（图一六，4；图版七，2）。

Ⅱ式：1件。泥质灰陶。器表施黑衣，部分已脱落。器身圆筒形，敛口，肩内折，深直腹微内收，腹饰三道凹弦纹，平底，近底处开圆角弧边三角形仓门，有覆盘形盖。标本M2：6，通高28.1、口径9.5、腹径16.7、底径13.7厘米，盖径11.2、高3厘米（图一六，5；图版七，3）。

灶　修复3件。根据形状不同分为二型。

A型　1件。泥质灰陶。器表施黑衣。灶面及挡风板上有刻花纹，平面呈长方形，面上有两火孔承大小二釜，前后有一高一矮挡风板，后挡风板中间有一圆柱形空心烟道，前面中部有半圆形火门，大釜为敛口，扁鼓腹，圜底，小釜折沿圆唇上斜，束颈，圜底。标本M1：39，通高29.2、长40.4、宽30.2厘米，大釜高8.5、口径9.9、腹径15.6厘米，小釜高5.3、口径9.5、腹径10.4厘米（图一七，1；图版八，1）。

B型　2件。分二式。

Ⅰ式：1件。泥质灰陶。器表施黑衣，但多已脱落。平面呈曲尺形，面上有三个火孔各承一釜，前面、右前各有一半圆形火门，后面有挡风板，后面中部有一椭圆形孔，釜均为敛口，圆唇，鼓腹，圜底，底部有削痕。标本M2：7，通高16.5、长26.5、大宽22.2、小宽14.2厘米，釜高3.5～3.6、口径6.4～7、腹径8.2～8.6厘米（图一七，2；图版八，2）。

Ⅱ式：1件。泥质灰陶。器表施黑衣，但多已脱落。平面呈曲尺形，面上有三个火孔各承一釜，前面、右前各有一半圆形火门，后端有挡风板，板下中部有一半圆形孔，釜均为敛口，圆唇，鼓腹，圜底，底部有削痕。标本M4：3，通高16.4、长26.8、大宽24.3、小宽14.4厘米，釜高3.4～3.7、口径6.4～6.6、腹径8.2～8.4厘米（图一七，3）。

井　5件，修复5件。根据器形分二型。

A型　1件。泥质灰陶。内外施黑衣。敞口，方唇折沿，沿面有两个对称圆孔，沿面饰两周"△中间有〇"外三角凹下、内圆凸起的戳印纹，器身筒形，束颈，腹中部饰网状刻划纹，腹身饰三道弦纹，平底，腹自上向下内收。标本M1：44-1，通高19.6、口径15.4、底径8.2厘米（图一八，1；图版七，4）。

B型　4件。分为二式。

Ⅰ式：2件。泥质灰陶。器表施黑衣。内有陶提水罐，敞口，折沿，圆唇，沿面有两个对称圆孔，器身筒形，束颈，通体无纹饰，腹微鼓，自上而下微内收至平底。提水罐，泥质灰陶，器表施黑衣，敞口，束颈，鼓腹，圜底，底有削痕。标本M1：44-2，通高13、口径12.2、底径7.5厘米（图一八，2；图版七，5）。标本M4：14，通高14.1、口径12.8、底径6.8厘米（图一八，3）。

Ⅱ式：2件。泥质灰陶。器表施黑衣。敞口，宽平沿，沿面有两个对称圆孔，方唇，器身筒形，束颈，直腹向下收至平底，底部沿内折。内有提水罐，敞口，束颈，

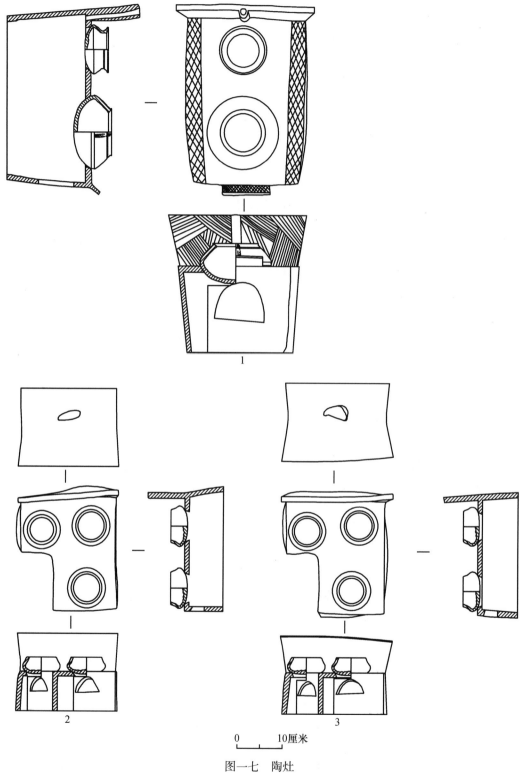

图一七　陶灶

1.A型（M1∶39）　　2.B型Ⅰ式（M2∶7）　　3.B型Ⅱ式（M4∶3）

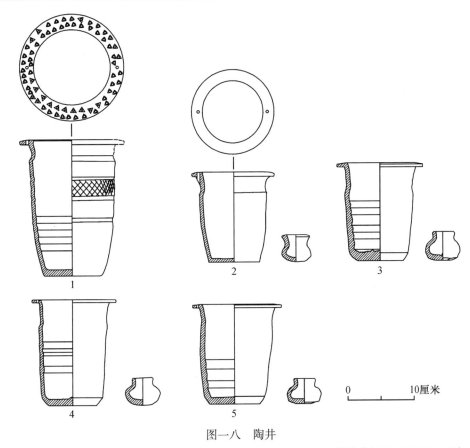

图一八　陶井

1.A型（M1：44-1）　2、3.B型Ⅰ式（M1：44-2、M4：14）　4、5.B型Ⅱ式（M2：17、M4：17）

鼓腹，圜底。标本M2：17，通高15.2、口径12.4、底径6.9厘米（图一八，4；图版七，6）。标本M4：17，通高14.1、口径12.8、底径6.8厘米（图一八，5）。

盂　修复4件。分为二型。

A型　2件。分为二式。

Ⅰ式：1件。泥质灰陶。器表施黑衣。折沿，圆唇，沿面下斜，微束颈，折肩，腹壁斜微弧，小平底微凹。标本M1：36-1，通高7.7、口径21.3、底径4.9厘米（图一九，1；图版八，4）。

Ⅱ式：1件。泥质灰陶。器表施黑衣。敞口，折沿，圆唇，沿面下斜，腹壁斜微弧，小平底。沿面饰两周凹弦纹。标本M1：36-2，通高7、口径19.2、底径5.3厘米（图一九，2）。

B型　2件。泥质灰陶。器表残留黑衣。敞口，折沿，圆唇，沿面局部微上扬，微束颈，折肩，弧壁向下内收，小平底微内凹。标本M2：9，通高5.2、口径14.1、底4.1厘米（图一九，3）。标本M4：23，通高5.5、口径14.9、底径3.9厘米（图一九，4）。

甂　修复3件。按大小和颈的差别分为二式。

Ⅰ式：1件。泥质灰陶。器表施黑衣。敞口，折沿，圆唇，沿面下斜，微束颈，腹

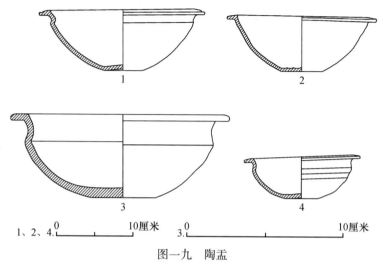

图一九　陶盂

1.A型Ⅰ式（M1：36-1）　2.A型Ⅱ式（M1：36-2）　3、4.B型（M2：9、M4：23）

壁斜带弧，小平底，底有五孔。标本M1：38，通高7.3、口径21.7、底径5.8、孔径0.6厘米（图二〇，1）。

Ⅱ式：2件。泥质灰陶。器表残留黑衣。敞口，折沿，圆唇，微束颈，弧壁内收至平底，底有五孔。标本M2：14，通高5.1、口径13.9、底径4厘米（图二〇，2）。标本M4：19，通高4.3、口径14.4、孔径0.3厘米（图二〇，3）。

熏炉　修复1件。泥质灰陶。器表施黑衣。子口承盖，盖呈塔尖状，顶部有鸟形提纽，纽下为三圈倒"V"形戳印纹，器盖通体饰草叶纹及刻划纹，炉下半部呈短柄豆形，敛口，圆唇，浅腹，腹下为短柄，底座为喇叭形，炉上腹饰草叶纹，柄素面，下底座面饰三道弦纹及满圈草叶纹。标本M1：37，通高18.8、口径12.1、底径16厘米（图二〇，4；图版八，3）。

器盖　3件。覆盘形，外垂直下折。器表施黑衣。盖面中央有圆形抓手，抓手顶内凹。标本M2：11，通高5.6、口径16.3厘米（图二〇，5）。标本M4：15，通高5.8、口径15.8厘米（图二〇，6）。标本M4：18，通高6.1、口径16.1厘米（图二〇，7）。

灯盏　1件。已残。标本M4：22（图二〇，8）。

2. 木器

此次发掘出土的木器有盂、耳杯、案、盘、兽俑、立俑、坐俑、马腿、梳、篦、簪、琴、瑟、雕花木板、木片、不明木器、木牍。

盂　1件。已残。内髹红漆，外髹黑漆。胎较轻薄，深腹弧壁向下内收，平底有假圈足。器沿下有凹弦纹。标本M1：3，通高8.4、口径15.6、底径9厘米（图二一，1）。

耳杯　7件，可修复5件。根据造型及髹漆方式分为四型。

A型　1件。杯口呈椭圆形，胎较厚重，深腹弧壁，平底，底有极矮的假圈足，月

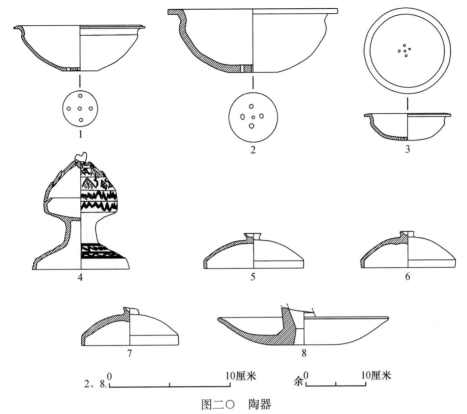

图二〇　陶器

1. Ⅰ式甑（M1：38）　　2、3. Ⅱ式甑（M2：14、M4：19）　　4. 熏炉（M1：37）　　5~7. 器盖（M2：11、M4：15、
M4：18）　　8. 灯盏（M4：22）

牙形圆耳。内髹红漆，外及耳髹黑漆。标本M1：4-1，长16.8、宽12.6、高4.2厘米（图
二一，2）。

B型　2件。分二式。

Ⅰ式：1件。已残。胎较轻薄，杯口呈卵状椭圆形，深腹，弧壁较陡，平底，底部
有极矮的假圈足，月牙形耳，耳上翘。内髹红漆，外及耳髹黑漆。标本M1：5-1，长
16.2、宽13.1、高4.8厘米（图二一，3）。

Ⅱ式：1件。已残。胎较轻薄，杯口呈卵状椭圆形，深腹，弧壁，平底，底部有
极矮的假圈足，月牙形耳，耳上翘。内外均髹黑漆，素面。标本M1：5-2，长16、宽
15.4、高5.2厘米（图二一，4）。

C型　1件。已残。胎较轻薄，杯口呈椭圆形，深腹，弧壁，平底，底部有极矮的
假圈足，月牙形耳，耳上翘。内外髹红漆，素面。标本M1：6，长12.1、宽8.1、高4.2
厘米（图二一，5）。

D型　1件。已残。胎较轻薄，杯口呈椭圆形，深腹，弧壁，上壁外撇，平底，底
部有极矮的假圈足，月牙形双耳上翘。内髹红漆，外髹黑漆。标本M1：7，长12.3、宽
10、高5.1厘米（图二一，6）。

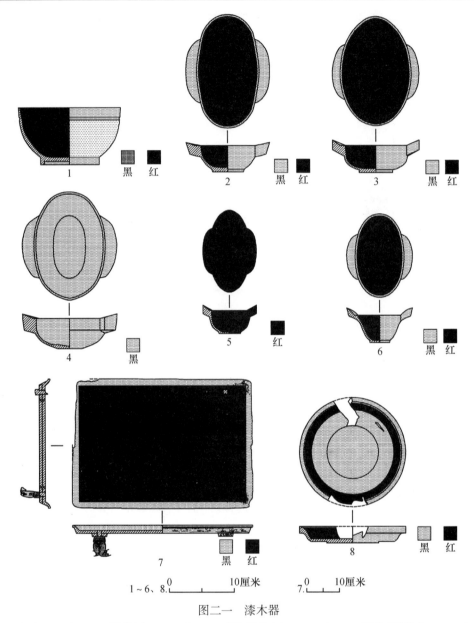

图二一　漆木器

1. 盂（M1：3）　 2. A型耳杯（M1：4-1）　 3. B型 I 式耳杯（M1：5-1）　 4. B型 II 式耳杯（M1：5-2）
5. C型耳杯（M1：6）　 6. D型耳杯（M1：7）　 7. 案（M1：1）　 8. 盘（M1：8）

　　案　 1件。部分残。长方形，外髹漆，案正反两面髹红漆，案边四周上扬高出案面髹黑漆，案边背面黑底有红色彩绘，案底两端内侧有半楔入的横木，并有安足的凿孔，一孔为方，一孔为圆，残存一足，造型似两杵果连体顶一方木，案足有黑底彩绘。标本M1：1，残高9.2、长53.3、宽36.7厘米（图二一，7）。

　　盘　 1件。部分残破。厚木胎，系用整木板剜凿而成，敞口卷沿，方唇，浅腹，腹壁较直，大平底，有极矮的假圈足。除内腹壁和平底中心一圈髹黑漆外，其余部分髹红漆。标本M1：8，口径16.2、底径7.9、高2.4厘米（图二一，8）。

兽俑　1件。标本M1：45，残存头部。由两块木拼接雕刻而成，面部腐朽不清仅存两眼。残高17.5厘米。

刘家台墓地出土木俑大多已残，数量无法计算，保存较完整可修复的可分为立俑、坐俑。

立俑　8件。分六型。

A型　1件。整木砍削雕刻而成，面部腐朽不清，臂残，衣着因腐朽线条模糊，但可分清上衣与下衣是分开的，头部发髻在脑后。标本M1：13，残高32.7厘米（图二二，1）。

B型　2件。头残。整木砍削雕刻，整体因腐朽线条不清，溜肩，上着宽袖衣无手，下着裙裾。标本M1：50，残高13.2厘米（图二二，2）。标本M1：57，残高14.6厘米（图二二，3）。

C型　1件。头残。身体侧袖做片状，因腐朽线条模糊。标本M1：61，残高21.8厘

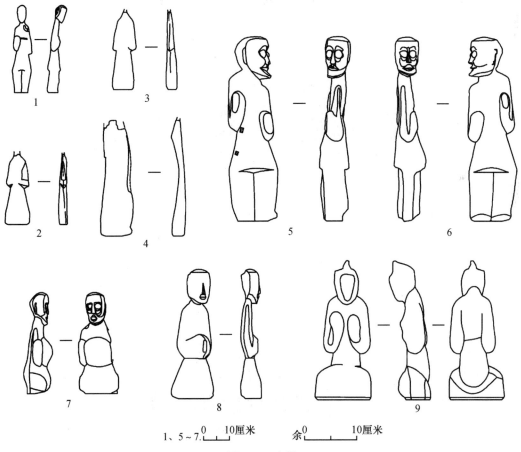

图二二　木俑

1.A型立俑（M1：13）　2、3.B型立俑（M1：50、M1：57）　4.C型立俑（M1：61）　5、6.D型立俑（M1：21、M1：22）　7.E型立俑（M1：10）　8.F型立俑（M1：24）　9.坐俑（M1：25-1）

米（图二二，4）。

D型 2件。整木斫削雕刻，头身因腐朽断开，但可复原，有臂无手，衣裙裾无脚，耳向外张，眼大凸出，眉骨、颧骨高，隆鼻，唇清晰有棱，下颌前伸微翘，两俑作转头对视态。标本M1：21，残高68.3厘米（图二二，5）。标本M1：22，残高70厘米（图二二，6）。

E型 1件。右臂残，身首分开，跪姿，用整木斫削雕刻而成，有臂无手，眼凸出，隆鼻，刻有发际，鼓腹。标本M1：10，通高37.9厘米（图二二，7）。

F型 1件。整木斫削雕刻，身首因腐朽断开，面部仅存鼻，身着宽袖衣，着袖手状，下着裙裾，不见脚，做站立状。标本M1：24，残高24.3厘米（图二二，8）。

坐俑 1件。整木斫削雕刻，身首分开，可复原，有堆状发髻，面部轮廓不清，溜肩，双手抬至胸前作坐姿，身微前倾颔首。标本M1：25-1，通高26.1厘米（图二二，9）。

马腿 2件。标本M1：12、M1：16，残。

梳 1件。部分齿残。整木雕刻而成，梳柄为半圆形，侧面上厚下薄呈锥状。标本M1：65-1，长8.1、宽6.6厘米（图二三，1；图版九，7）。

篦 1件。整木雕刻，篦柄呈半圆形，侧面上宽下窄呈锥状。标本M1：65-2，长7.1、宽6.1厘米（图二三，2；图版九，8）。

簪 2件。根据器形和大小分二型。

A型 1件。整木削成，上端有方，下端为尖状。标本M1：69，长20.4、宽1.1厘米（图二三，3，图版九，5）。

B型 1件。整木削成，正面有杵形，一端有并列的两长方形孔，下端呈匙状。标本M1：70，长6.9、宽0.8厘米（图二三，4，图版九，6）。

琴 1件。已残。正面呈弧面，一头大而高，一头小而低，反面有波浪状虚实相间的凹槽，大头部分实，小头部分已腐烂。标本M2：3，长84.9、宽18、高8.6厘米。

瑟 1件。整木斫削而成，正面呈不规则长方形，两端微向下斜，背面高低起伏呈

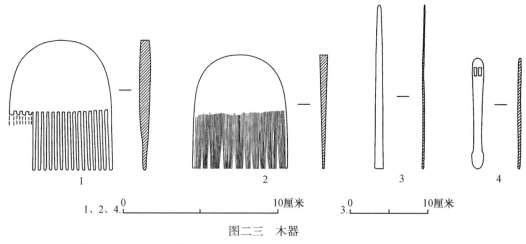

图二三 木器

1.梳（M1：65-1） 2.篦（M1：65-2） 3.A型簪（M1：69） 4.B型簪（M1：70）

波浪状，截面为锯齿状。标本M1：14，长114.2、宽14.2、高11.1厘米。

雕花木板　2件。根据雕花的花形分二型。

A型　1件。整木斫雕而成，一角残，正反两面图案一致，在三个方框内由圆"8"字和锥状三角相交成几何图案。标本M1：53，长73、宽24.6、厚2.4厘米（图二四）。

B型　1件。整木雕凿而成，长方形，板面阴刻斜十字和菱形，凸起部分为菱形方框，排列有序相连成整体，阴阳相间构成几何图案。标本M1：62，长60.3、宽25.6、厚2.5厘米（图二五）。

木片　4件。片状，长方形，厚薄均匀，木片长的一边边缘有凸出的柱状体伸出木片的边缘，似门之转轴。标本M1：47，残长14.6、宽7、厚0.5厘米。

不明木器　4件。均残。

A型　1件（套）。长方形，有两格方框，一框两边残，由三根短木两根长木拼合而成，残存的木格有十个小方孔、三个小圆孔、一个大圆孔，出土时还存一圆状木棍，两头尖，两端有弧形凹槽，木柱中心有八个透孔，一端粗一端细，孔中残留削过的木楔为其他物体榫接的残留。标本M1：48-1、M1：48-2，框长50、宽22.4、棍长48.6、径1.6厘米，残留木残长5.2、宽1.4、厚1.3厘米（图二六，1、2）。

B型　1件。整木斫削挖凿而成，呈短柱状，柱一端面凸出，柱侧面四周均匀分布方孔，柱横截面呈不规则椭圆形，柱中央有穿透孔。标本M1：73，高4.5、直径6.5厘

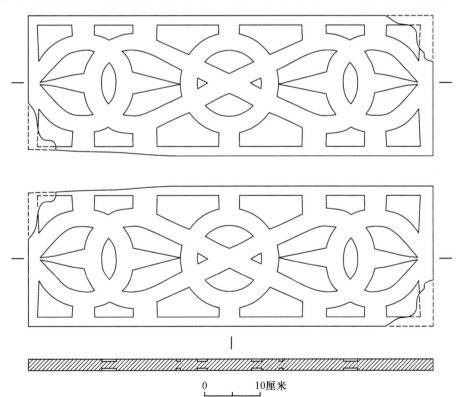

0　　　　　10厘米

图二四　A型雕花木板（M1：53）

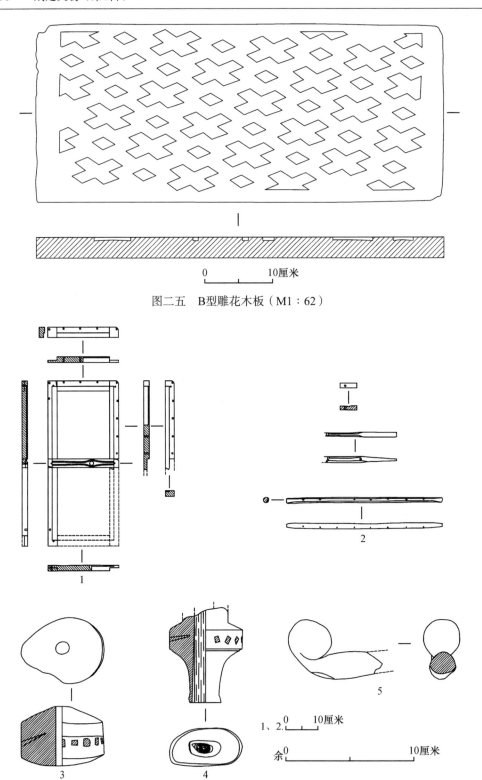

图二五　B型雕花木板（M1∶62）

图二六　不明木器

1、2. A型（M1∶48-1、M1∶48-2）　3. B型（M1∶73）　4. C型（M1∶74）　5. D型（M1∶75）

米（图二六，3）。

C型　1件。整木斫削挖凿而成，中间粗，呈不规则椭圆形，侧面均匀分布小方孔，粗圆部分向一端呈溜肩状收缩，收缩一端截面呈椭圆形，另一端残。标本M1：74，高7.2、宽4.8厘米（图二六，4）。

D型　1件。已残。整木削凿而成，球头上扬，下连扁圆木棍，棍残，整体侧视如蜗牛。标本M1：75，高4.4、长7.2厘米（图二六，5）。

木牍　3件。1件修复，2件残。

标本M1：52，中间断，可复原，两面有字。长6.8、宽3.8、厚0.2厘米（图版一〇，1）。标本M1：55，长方形，略残，一面有字。长10.5、宽4.2、厚0.4厘米（图版一〇，2）。标本M1：67，较完整。长方形，一面有字。长22.8、宽3.6、厚0.4厘米（图版一〇，3）。

3. 竹器

竹笥　2件。均已残，器口沿用竹片内外相夹成筐，人字纹。标本M1：2，残长27.6、残宽9.4、残高7.2、篾宽0.2～0.4厘米。标本M1：9，残长37、残宽24.2、篾宽0.2～0.4厘米。

4. 铜器

此次刘家台墓地出土铜器较少，包括生活用品、车马器。

碗　1件。胎轻薄，为红铜。平沿上扬，弧腹，圜底。标本M1：35，高5.4、口径13.2厘米（图二七，1；图版八，6）。

车马器　5件。

马衔镳　1件。标本M4：5-1，器形呈"S"形，主体为弯曲铜茎，在两端弯曲处饰堆加云纹造型，中间弯曲处有二孔。长9.5厘米（图二七，5；图版八，7）。

辖　1件。标本M4：5-2，整器为"U"形。长2.3、宽1.7厘米（图二七，2；图版九，1）。

釘形器　1件。标本M4：5-3，形状如图钉。高1.1、直径1.5厘米（图二七，3；图版九，2）。

軎辖　1件。标本M4：5-4，整体正视呈梯形，圆筒状，中间凸起棱，把整器分为上下两部分，中空，较细一头不通。高1.6、直径1.2厘米（图二七，4；图版九，3）。

马衔　1件。整器完整，由三个铜件套合而成，两头两节造型相同，两头为大环，内侧为小环，中间一节两头有环与两端两节套合，中间一节侧视如三个串珠。标本M4：5-5，长10.4厘米（图二七，6；图版九，4）。

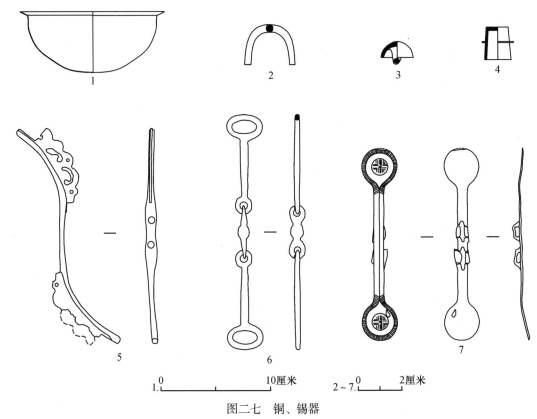

图二七　铜、锡器

1. 铜碗（M1：35）　2. 铜镳（M4：5-2）　3. 铜钗形器（M4：5-3）　4. 铜叀辖（M4：5-4）　5. 铜马衔镳
（M4：5-1）　6. 铜马衔（M4：5-5）　7. 锡器（M1：28）

5. 锡器

此次发掘出土1件锡器。

标本M1：28，两头为圆形，中间有柄相连，圆形有凸起的纹饰，柄的一面有隆起的穿孔。长8.5、圆径1.6厘米（图二七，7；图版八，5）。

6. 铜钱

此次发掘出土的钱币有半两、五铢两类。

半两　4枚，1枚完整。标本M1：64-1，圆内方无轮，内方靠字两边无郭，字为篆书阳文。直径2.1、孔径0.8厘米（图二八，1）。

五铢　139枚，完整65枚。根据大小分三种：大型12枚，直径2.5、孔径1.1厘米，标本M1：66-1（图二八，2）；中型37枚，直径2.1、孔径1.1厘米，标本M1：66-3（图二八，3）；小型90枚，直径2、孔径1厘米，标本M1：64-5（图二八，4）。

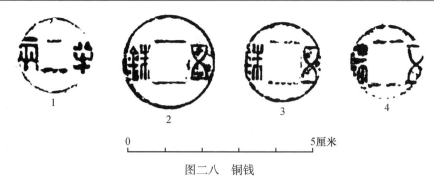

图二八　铜钱

1. 半两（M1：64-1）　2~4. 五铢（M1：66-1、M1：66-3、M1：64-5）

四、结　语

荆州纪南镇高台村属于荆州秦汉墓地的核心区域，此次发掘M1~M4均为土坑木椁墓，除M3早期破坏情况不明外，墓内的随葬陶器组合为鼎、壶、罐、灶、仓、井或壶、罐、灶、仓、井。墓地墓葬分布较密集且相距较近，墓葬形制相似，我们认为该墓地是一处家族墓地；从随葬器物的种类及多寡，我们认为M1级别最高，其他墓葬以M1为中心进行分布；M1、M2、M4均为一椁双棺，应为夫妻同穴合葬墓。

刘家台墓地M1的棺椁形制与高台秦汉墓地M28[1]形制相近，均为夫妻合葬墓。但它们区别明显，后者漆木器类别和数量较多且精致，同类器物的形制也有差别，器物组合区别很大。刘家台墓地M1随葬的车马器与洛阳浅井头西汉壁画墓[2]和洛阳高新技术开发区汉墓GM646[3]内的相同，Ⅱ式仓与浅井头汉墓Ⅰ式仓[4]相近。刘家台墓地的年代应为西汉晚期。

对于1号墓棺床所见文字，应可释为"椁第更二十，口卓（凿）"，似为人名。"第更"下的数字可能是作为编号使用，此类编号常见于秦汉墓中的刻石。推知此编号应与椁室用木编号有关，但这个文字发现在棺床上，由此可推断，这个棺床可能是用椁室的剩木所做成。由此亦可以推知，墓主本想建一个大椁室，所用的是"黄肠"之制。但可能因等级之高有僭越之嫌而改变，后又用已编号椁木制成了棺床。墓中出土木牍，另撰文，本简报不做赘述。

发　　掘：彭家宝　杨晓明　张首明　张德昀

器物修复：朱　枫

器物绘图：朱　枫　王家鹏　张德昀

摄　　影：彭　巍

执　　笔：刘建业　刘　强　彭家宝

注　释

［1］　湖北省荆州博物馆：《荆州高台秦汉墓》，科学出版社，2000年。

［2］　洛阳市第二文物工作队：《洛阳浅井头西汉壁画墓发掘简报》，《文物》1993年第5期。

［3］　洛阳市第二文物工作队：《洛阳高新技术开发区西汉墓（GM646）》，《文物》2005年第9期。

［4］　洛阳市第二文物工作队：《洛阳浅井头西汉壁画墓发掘简报》，《文物》1993年第5期。

荆州万家山墓地考古发掘简报

荆州博物馆

摘要：万家山墓地是一处以西汉、东汉时期墓葬为主的古代遗存。对它的科学发掘，为研究荆州地区汉代墓葬的分布及周边同时期墓地的关系、性质等提供了较为重要的研究素材。

关键词：荆州　万家山　墓地

一、地理位置及环境

万家山墓地位于荆州市西北部的马山镇。墓地距中心城区约15千米，南距全国重点文物保护单位八岭山古墓群约300米，中心地理坐标为东经112°49′22.5″，北纬30°30′02.4″，海拔32.3米。其南北长120、东西宽80米，分布范围约9600平方米。墓地为平原与低丘过渡地貌，属联山村八组农田，地表多为菜地及苗圃林地，地形呈由南向北的阶梯状分布，落差较低，周边区域有多个鱼塘（图一）。

二、调查、勘探经过

2015年10月至2016年2月，为配合荆当（荆州至当阳）旅游公路工程建设，支持荆州文化旅游事业发展，经国家文物局批准，荆州博物馆对该工程涉及的6处（1~6号）取土场进行了区域性的考古勘探及抢救性的考古发掘工作。

工程涉及的6处取土场总面积约125000平方米，根据取土场位置及分布范围共布设50米×50米的探方50个，方向正南北。其中1号取土场布设探方20个、2号取土场6个、3号取土场10个、4号取土场9个、5号取土场3个、6号取土场2个。探方采取象限法统一编号，由英文字母K、N、E和阿拉伯数字组成，"K"为探方代号，"N"为由南向北的排数，"E"为由西向东的列数，即KN1E1、KN1E2、KN1E3……勘探时采取普探与重点勘探相结合，即以每个取土场布设的探方为单位，以2米×2米的探孔网进行普探，发现墓葬等遗迹后再进行重点勘探，并用RTK系统进行实时定位，同时做好影像、绘图及文字记录等工作。经勘探，在1号取土场（王家湾墓地）及4号取土场（万家山墓地）发现不同时期古墓葬数十座（图二）。

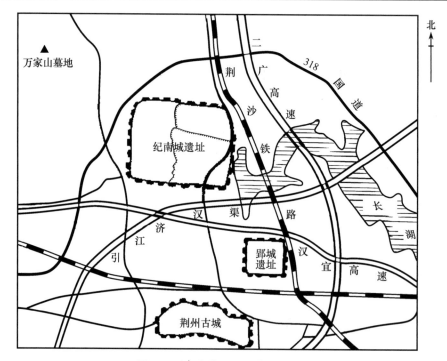

图一　万家山墓地地理位置示意图

受当地阶梯形地势等因素影响，墓葬发掘采取小范围揭取表土的方法进行。发掘位置与勘探探方资料紧密结合，凡是勘探出墓葬的区域均揭取45厘米表土，经削刮平、剖面确定墓葬开口后，沿墓口向下发掘。经发掘，在王家湾墓地（1号取土场）发掘东周时期墓葬6座，保存差，随葬品较少；万家山墓地（4号取土场）发掘汉代墓葬68座，墓葬分布密集，且随葬品丰富。

三、地层堆积及墓葬分布

万家山墓地地层堆积较简单，由上至下可分为三层。第1层，褐色表土层，厚0.3～0.45米，土质疏松，包含大量植物根茎，属现代农耕层，此次发掘的68座墓葬皆开口于该层下；第2层，灰白色土层，厚0.3～0.6米，土质较疏松、纯净，为风化、水浸等自然因素形成的次生堆积；第3层，灰黄色土层，为次生土，距地表深0.75～1.1米。第3层下即为红褐色生土。

68座墓葬皆为汉代墓葬，其中西汉墓59座、东汉墓9座。墓葬呈南北带状分布于墓地中部，较密集，且存在打破关系（图三）。这批墓葬按墓坑形制大致可分为甲字形、长方形两种，较大型的墓葬（甲字形）墓向多为东西向，长方形墓葬规格较小，多为南北向。

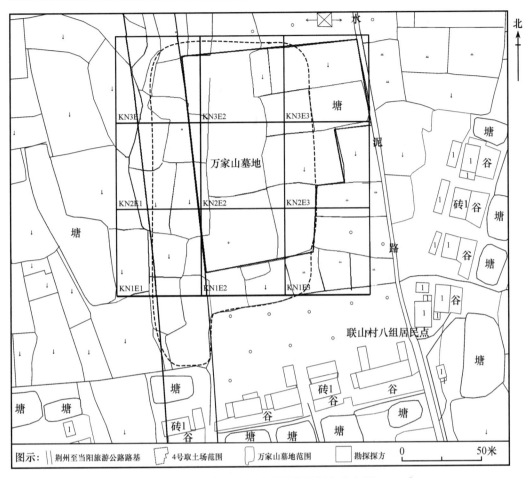

图二　万家山墓地地形及勘探探方分布图

四、墓　葬

发掘的墓葬时代以西汉及东汉时期为主。西汉墓皆为竖穴土坑墓，墓葬以长方形居多，另有少量带墓道的甲字形墓。发掘的9座东汉墓为竖穴土坑砖室墓，扰毁较严重，砖室券顶无存，多数仅存局部墙砖及铺地砖。

（一）西汉墓

发掘西汉墓59座，编号为M1～M14、M16～M36、M40、M41、M43、M45～M49、M51、M53～M59、M61～M68。这批墓葬皆为长方形墓坑，我们以带墓道和不带墓道将墓葬形制分为甲、乙两类，其中甲类墓（带墓道）6座、乙类墓53座。墓葬保存情况一般，葬具及人骨大多腐朽，部分墓坑被扰毁，残存一端。

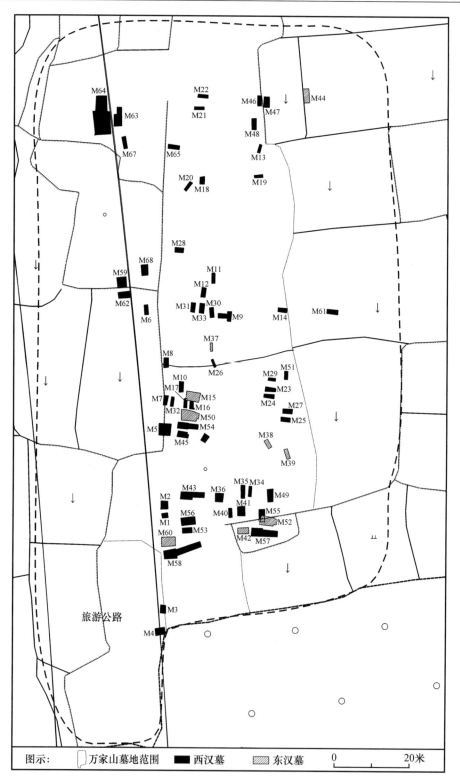

图三　万家山墓地墓葬分布图

1. 甲类墓

甲类墓6座，皆为长方形墓坑，M43、M54、M57、M58、M63在墓坑东壁设长方形斜坡墓道，M64在墓坑北壁设墓道。

M43 位于墓地南部，开口于表土层下，打破其下土层及生土。竖穴土坑，方向75°。墓口总长7.08米，墓口长3.82～3.88、宽1.98米，墓底长3.4、宽1.38～1.46米，墓坑深1.2～1.8米。墓坑口大底小，四壁较陡直，底近平。墓坑东端北侧设斜坡墓道，上口长3.2、宽1.26～1.4米，下端宽0.82、深1.7米，底坡长3.42米，墓道底距墓坑底0.1米。墓坑内填土为灰、黄、褐色花土，结构较疏松，无包含物。葬具腐朽，应为单棺。人骨腐朽无存。出土随葬器物10件，有陶仓1件、陶罐4件、陶壶2件、陶瓮2件、陶灶1件，均置于坑底中南部及西南角（图四）。

M54 位于墓地中部，开口于表土层下，打破其下土层及生土。竖穴土坑，方向100°。墓口总长6.66米，墓坑长3.24、宽1.52～1.76米，墓坑残深1.3～1.44米。墓坑口大底小，四壁较陡直，底近平。墓坑东壁中部设斜坡墓道，墓道上口残长3.44、宽1.4～1.52米，下端宽1.2、深1.25米，底坡长3.5米，墓道底距墓坑底深0.2米。墓坑内填土为灰、黄、褐色花土，结构较疏松，无包含物。葬具及人骨腐朽无存，推测应为单棺。出土随葬器物9件，陶壶1件、陶鼎1件、陶罐4件、陶灶1件、陶仓1件、石砚台1件，均置于坑底北侧（图五）。

M57 位于墓地南部，开口于表土层下，打破其下土层及生土。竖穴土坑，方向92°。墓口总长6.7米，墓口长2.94、宽2.1～2.2米，墓底长2.56、宽1.72～1.76米，墓坑残深2.2米。墓坑口大底小，四壁较陡直，底近平。墓坑东端南侧设斜坡墓道，上口长3.82、宽1.72～1.26米，下端宽1.28、深1.7米，底坡长4.36米，墓道底距墓坑底0.38米。墓坑内填土为灰、黄、褐色花土，结构较疏松，无包含物。单棺1具，置于坑底南侧，仅存底板，长1.72、宽0.64米。人骨腐朽无存。出土随葬器物17件，有铜钱1件（套）、陶釜1件、陶罐6件、陶鼎1件、陶灶1件、陶钵1件、陶壶3件、陶器盖1件、陶仓2件。除了铜钱置于棺内和棺外东部及东北部外，其余置于坑底西北部（图六）。

M58 位于墓地南部，开口于表土层下，打破其下土层及生土。竖穴土坑，方向80°。墓口总长12米，墓坑长3.74、宽2.14～2.5米，墓底长3.6、宽2.06～2.1米，墓坑残深0.42～2.28米。墓坑口大底小，四壁较陡直，底近平。墓坑东壁中部设斜坡墓道，墓道向北偏斜，上口长8.1、宽1.38～1.7米，下端宽1.42、深2.2米，底坡长8.4米，墓道底接墓坑底。墓坑内填土为灰、黄、褐色花土，结构较疏松，无包含物。单棺腐朽仅存痕迹，棺痕长1.84、宽0.6米。人骨腐朽无存。出土随葬器物23件，有陶罐6件、陶壶2件、陶钵2件、陶器盖1件、陶鼎1件、陶盂1件、陶仓5件、陶灶1件、陶井1件、陶豆2件、陶瓮1件，均置于坑底西端（图七）。

M63 位于墓地西北部，开口于表土层下，打破其下土层及生土。竖穴土坑，方向2°。墓口总长4.9米，墓口长3.6、宽2.8～3米，墓底长3、宽1.78～1.9米，墓坑残深

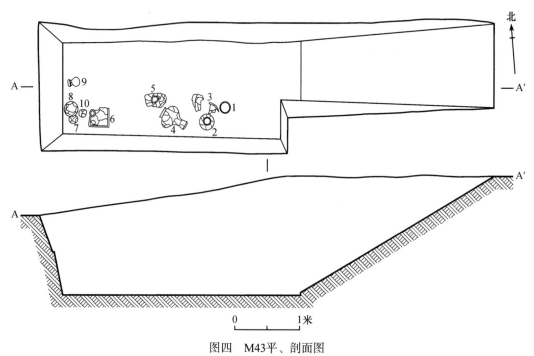

图四　M43平、剖面图

1.陶仓　2、8~10.陶罐　3、4.陶壶　5、7.陶瓮　6.陶灶

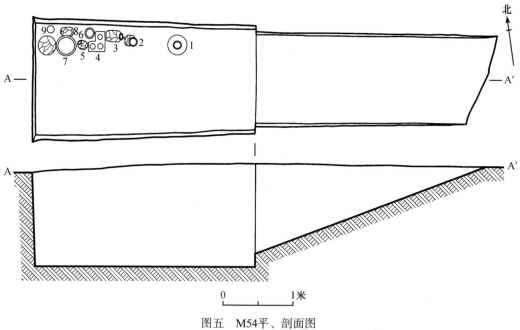

图五　M54平、剖面图

1.陶壶　2.陶鼎　3、5、6、8.陶罐　4.陶灶　7.陶仓　9.石砚台

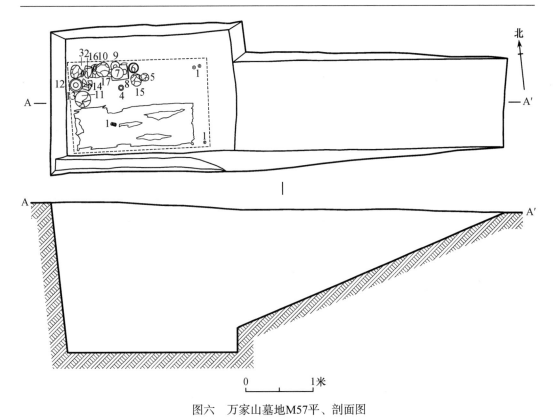

图六　万家山墓地M57平、剖面图

1.铜钱　2、5、9、12、14、15.陶罐　3、10、16.陶壶　4.陶釜　6.陶鼎　7.陶钵　8.陶灶　11.陶器盖

13、17.陶仓

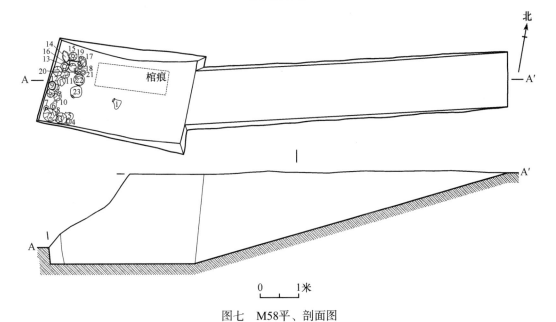

图七　M58平、剖面图

1、13～15、17.陶仓　2、3.陶壶　4～7、10、22.陶罐　8、21.陶钵　9.陶器盖　11.陶鼎　12.陶盂

16.陶灶　18.陶井　19、20.陶豆　23.陶瓮

1.76米。墓坑口大底小，西侧有一曲尺形二层台，四壁较陡直，底近平。墓坑北端东侧
设斜坡墓道，上口长1.28、宽1.2～1.28米，下端宽1.08、深0.8米，底坡长1.84米，墓道
底距墓坑底0.94米。墓坑内填土为灰、黄、褐色花土，结构较疏松，无包含物。葬具及
人骨腐朽无存。出土随葬器物15件，有陶罐4件、陶器盖4件、陶豆1件、陶井1件、陶
壶1件、陶灶1件、陶小口鼎1件、陶仓1件、陶盂1件，均置于坑底中西部（图八）。

M64 位于墓地西北部，开口于表土层下，打破其下土层及生土。竖穴土坑木椁
墓，方向3°。墓口总长10.2米，墓坑长6.2、宽4.4～4.9米，墓底长6.06、宽4.24～4.74
米，墓坑残深0.56～2.54米。墓坑口大底小，四壁较陡直，底近平。墓坑北壁中部设斜
坡墓道，上口残长3.9、残宽1.6～2.6米，下端残宽2.5、深1.92米，底坡残长4.4米，墓
道底距墓坑底深0.56米。墓坑内填土为灰、黄、褐色花土，结构较疏松，无包含物。
葬具为一椁双棺，椁室平面呈长方形，腐朽严重，残长4.7、宽3.66、残高1米。东、西
墙板及南、北挡板各存一块，墙板分别长3.76～3.96、高0.6～0.8、厚0.14～0.28米，
挡板分别长3.7～3.74、高0.3～0.42、厚0.2～0.28米。椁底板为平列横铺6块，分别长

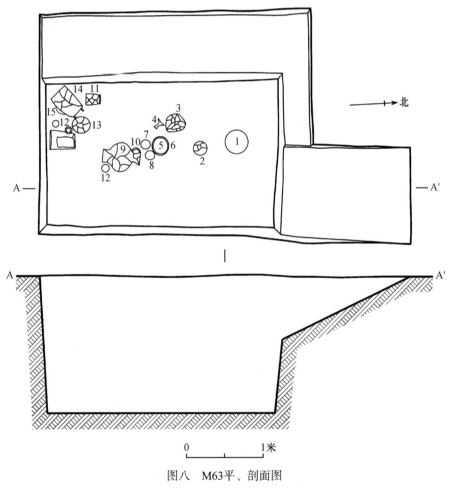

图八 M63平、剖面图

1、3、10、11.陶罐 2、6～8.陶器盖 4.陶豆 5.陶井 9.陶壶 12.陶灶 13.陶小口鼎 14.陶仓 15.陶盂

3.8～3.84、宽0.42～0.88、厚0.15米。单棺2具，东西各置1具，保存极差，仅存部分墙板，分别残长1.28～1.84、残宽0.62～0.66、残高0.3～0.38米。出土随葬器物18件，有铜钱1件（套）、铜片1件、陶壶1件、陶罐8件、陶仓1件、陶小口鼎1件、陶鼎1件、陶井1件、陶盂2件、陶灶1件，多置于椁室西南角（图九）。

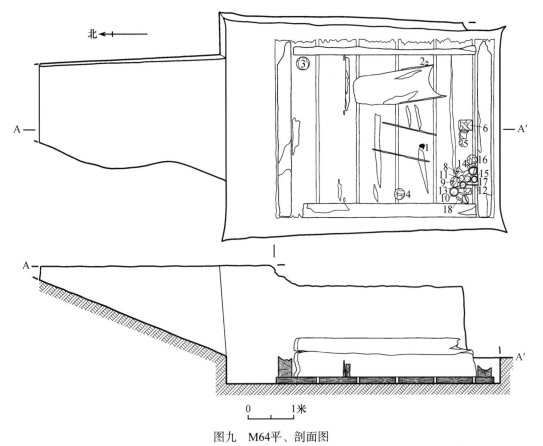

图九　M64平、剖面图

1. 铜钱　2. 铜片　3. 陶壶　4、6、8～12、16. 陶罐　5. 陶仓　7. 陶小口鼎　13. 陶井　14、15. 陶盂

17. 陶灶　18. 陶鼎

2. 乙类墓

发掘长方形墓葬53座，多为南北向，规格较小，埋藏较浅，保存较差。部分墓葬遭扰毁，仅存局部墓坑。除M36为同穴合葬外，余皆为单棺墓，另有少量墓葬设壁龛。

M33　位于墓地中部，开口于表土层下，打破其下土层及生土。竖穴土坑，方向10°。墓口长2.76～2.86、宽1.34～1.7米，墓底长2.66～2.76、宽1.24～1.6米，墓坑残深0.3米。墓坑内填土为灰、黄、褐花土，较疏松，无包含物。墓坑呈亚腰形，口大底小，四壁斜直不光滑，底近平。一椁一棺腐朽仅存痕迹，椁痕长2.52、宽1.06米，棺痕长1.82、宽0.54～0.7米。出土随葬器物7件，有陶瓮1件、陶仓1件、陶罐3件、铜鍪1件、陶灶1件，置于坑底北端椁痕与棺痕之间（图一〇）。

M45　位于墓地中部，开口于表土层下，打破其下土层及生土。竖穴土坑，方向98°。墓口长2.7、宽1.48～1.54米，墓底长2.54、宽1.3米，墓坑深1.3米。墓坑口大底小，四壁较陡直，底近平。墓坑东壁南侧设二层台，长0.5、宽0.92、深0.32米，距墓坑底1米。墓坑内填土为灰、黄、褐色花土，结构较疏松，无包含物。葬具腐朽，应为单棺。人骨腐朽无存。出土随葬器物11件，有陶仓1件、陶井1件、陶灶1件、陶器盖2件、陶罐3件、陶瓮1件、陶壶1件、陶豆柄1件，分置于坑底西南部（图一一）。

M47　位于墓地北部，开口于表土层下，打破其下土层及生土。竖穴土坑，方向3°。墓口长2.84～3.08、宽1.4～1.66米，墓底长2.74、宽1.24米，墓坑残深0.36～0.5米。墓坑内填土为灰、黄、褐花土，较疏松，无包含物。墓坑呈长方形，口大底小，四壁斜直不光滑，底近平。葬具及人骨腐朽无存。出土随葬器物22件，陶仓5件、陶壶2件、陶盂2件、陶罐7件、铜釜1件、陶鼎2件、陶瓮1件、陶钫2件，均置于坑底北部（图一二）。

M49　位于墓地南部，开口于表土层下，打破其下土层及生土。竖穴土坑，方向180°。墓口长3.2、宽1.68米，墓底长2.34、宽1.2米，墓坑深1.5～1.66米。墓坑内填土为灰、黄、褐花土，较疏松，无包含物。墓坑下部四周设二层台，距坑底0.28米。葬

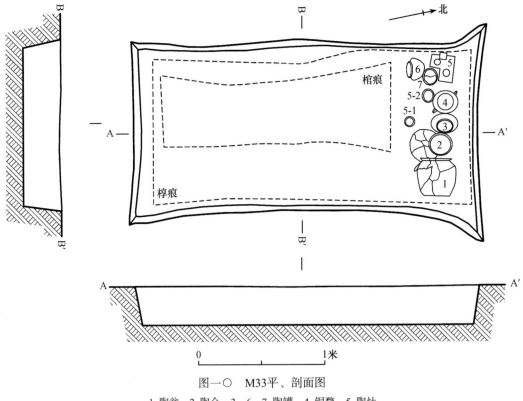

图一〇　M33平、剖面图

1.陶瓮　2.陶仓　3、6、7.陶罐　4.铜鍪　5.陶灶

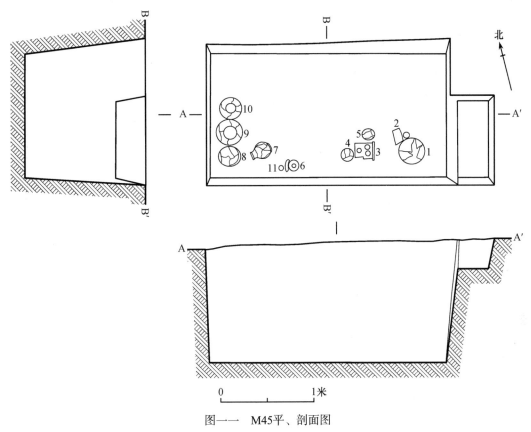

图一一　M45平、剖面图

1.陶仓　2.陶井　3.陶灶　4、5.陶器盖　6~8.陶罐　9.陶瓮　10.陶壶　11.陶豆柄

具及人骨腐朽无存。出土随葬器物13件，陶壶1件、铜洗1件、陶井1件、陶鼎1件、陶仓1件、陶器盖1件、陶盂2件、陶罐3件、陶豆1件、陶灶1件，均置于坑底西部（图一三）。

　　M55　位于墓地南部，开口于表土层下，被M52打破，打破其下土层及生土。竖穴土坑，方向182°。墓口长2.98、宽1.54~1.64米，墓底长2.74、宽1.42~1.46米，墓坑深1米。墓坑内填土为灰、黄、褐花土，较疏松，无包含物。墓坑口大底小，四壁斜直不光滑，底近平。葬具及人骨腐朽无存。出土随葬器物11件，铁剑1件、陶瓮1件、陶灶1件、陶仓1件、陶豆1件、陶罐3件、陶盂1件、陶壶1件、铜盂1件，均置于坑底东南部（图一四）。

　　M68　位于墓地西部，开口于表土层下，打破其下土层及生土。竖穴土坑，方向4°。墓口长2.64、宽1.76~1.84米，墓底长2.54、宽1.4~1.6米，墓坑深0.46~0.76米。墓坑内填土为灰、黄、褐花土，较疏松，无包含物。墓坑口大底小，四壁斜直不光滑，底近平。葬具及人骨腐朽无存。出土随葬器物10件，陶罐4件、陶器盖1件、陶盂2件、陶灶1件、陶仓1件、陶瓮1件，均置于坑底中南部（图一五）。

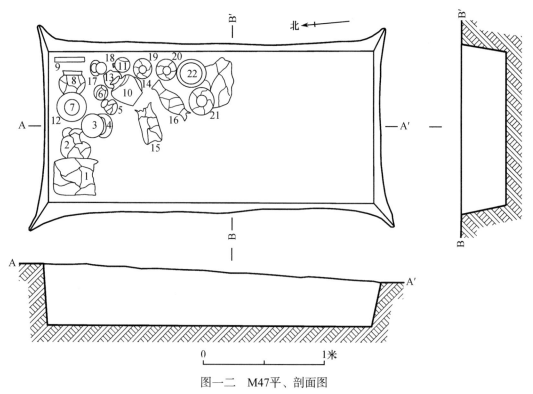

图一二　M47平、剖面图

1、9、19、20、22.陶仓　2、8.陶壶　3、4.陶盂　5、6、12~14、17、21.陶罐　7.铜釜　10.陶瓮
11、18.陶鼎　15、16.陶钫

　　M36　位于墓地南部，开口于表土层下，打破其下土层及生土。竖穴土坑，方向193°。墓口长2.24~2.3、宽2.02~2.04米，墓底长2.13~2.17、宽1.54~1.62米，墓坑深0.56~0.74米。墓坑内填土为灰、黄、褐花土，较疏松，无包含物。墓坑坑底中部留一宽0.2米的生土二层台，将墓室分为东、西二室，二层台距坑底高0.46~0.54米。葬具腐朽无存，人骨应为2具，西室及东室残存少量骨屑及牙齿，其中西室的牙齿在南端，因此推测人骨头向南。出土随葬器物1件（石钺），置于西室中部（图一六）。

　　M51　位于墓地南部，开口于表土层下，打破其下土层及生土。竖穴土坑，方向8°。墓口长2.26、宽0.96米，墓底长1.86、宽0.66米，墓坑深0.8~0.96米。墓坑内填土为灰、黄、褐花土，较疏松，无包含物。墓坑口大底小，四壁斜直不光滑，底近平。墓坑北壁下部设壁龛，龛长0.4、宽0.2、高0.3米。出土随葬陶罐2件，置于壁龛内（图一七）。

3. 随葬器物

　　西汉墓出土随葬器物231件（套），有陶器、铜器、铁器、货币、石器等。其中陶器共209件（套），按用途可分为实用器及明器模型，器物组合以鼎、盒、壶、罐、仓、灶为主，质地多为泥质灰陶，保存较差，多为残片，可修复器物仅80余件，占比

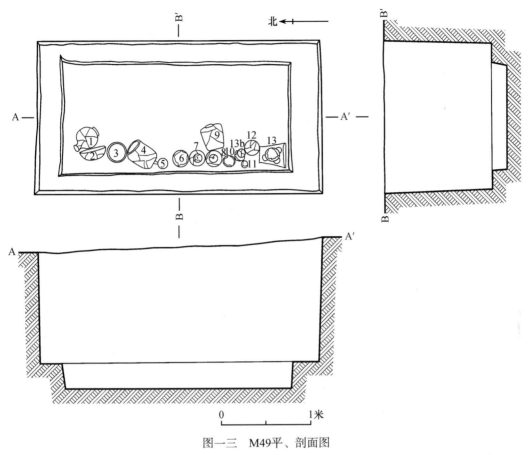

图一三 M49平、剖面图

1.陶壶 2.铜洗 3.陶井 4.陶仓 5.陶器盖 6、12.陶盂 7、9、10.陶罐 8.陶鼎 11.陶豆 13.陶灶

约1/3；铜器10件，胎较薄，多变形或挤压呈片状，器类有鍪、洗、盂、镜、带钩等；铁器共3件，为锈蚀严重的剑、削刀；另出土少量石器。

（1）陶器

共209件（套）。器类有绳纹圜底鼎、盒、壶、钫、罐、盂、甑、钵、豆、井、器盖、瓮、仓、灶。可修复器物标本77件（套）。

鼎 17件，仅2件可修复。按腹部变化分二型。

A型 1件。深腹，圜底略内凹。标本M27：5，泥质灰陶。残缺。敛口，折腹，圜底略内凹。中腹饰一道凸棱。口径16.6、残高10厘米（图一八，1）。

B型 1件。浅腹高足。标本M57：6，泥质灰陶。盖面隆起，顶部一柱形纽，子口承盖，敛口，凹沿，折腹，圜底。长方形立耳略外撇，长蹄足内侧平，外侧凸弧。上腹一道凸棱。口径13.2、通高17.2厘米（图一八，2）。

盒 8件，仅2件可修复。按口部变化分二型。

A型 1件。标本M53：8，泥质灰褐陶。盖顶圆弧，圆形抓手，敞口，深弧腹，圈足略外撇。口径17.2、高14.4厘米（图一八，3）。

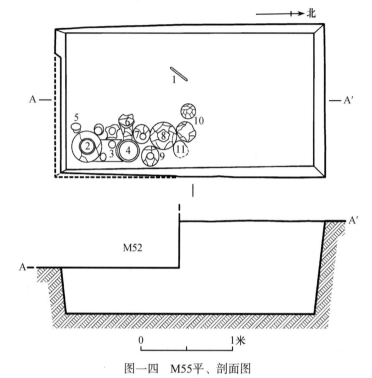

图一四　M55平、剖面图

1.铁剑　2.陶瓮　3.陶灶　4.陶仓　5.陶豆　6、9、10.陶罐　7.陶盂　8.陶壶　11.铜盂

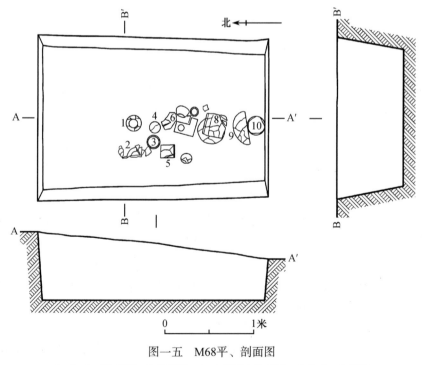

图一五　M68平、剖面图

1、2、5、10.陶罐　3.陶器盖　4、6.陶盂　7.陶灶　8.陶仓　9.陶瓮

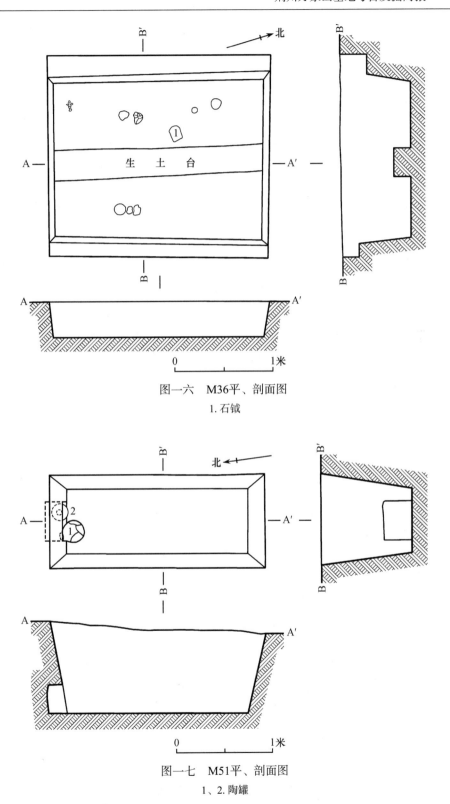

图一六　M36平、剖面图
1.石钺

图一七　M51平、剖面图
1、2.陶罐

B型　1件。标本M59：5，泥质灰褐陶。盖顶圆弧，圆形抓手，子母口承盖，口微敛，方唇，弧腹，圈足。盖、腹各饰一道凹弦纹。口径15.6、高12厘米（图一八，4）。

壶　29件，仅3件可修复。按腹部变化分二型。

A型　1件。鼓腹，高圈足，平底。标本M12：2，泥质红陶。残缺。溜肩，鼓腹，高圈足。圈足径18.4、残高28.6厘米（图一八，5）。

B型　2件。圆鼓腹，圈足较矮，圜底。标本M67：1，泥质灰陶。浅盘口，平沿，束颈，溜肩，圆鼓腹，矮圈足外撇。口沿下有凸棱一周，肩腹饰三组凹弦纹，肩上附两个对称的铺首。口径14.4、圈足径14、高34.4厘米（图一八，6）。标本M49：1，泥质灰陶。侈口，平沿，束颈，溜肩，鼓腹，圈足。口沿下有凸棱一周，腹部两道凹弦纹，肩上附两个对称的兽面铺首。口径18.4、圈足径16.8、高35.6厘米（图一八，7）。

钫　2件，修复1件。标本M47：15，泥质灰陶。盖顶平，四周斜直，四条脊上各有纽孔，纽无存。侈口，平沿，方唇，束颈，弧腹，高圈足。肩饰两个对称铺首衔环。复原口径11.2、通高38.6厘米（图一八，8）。

绳纹圜底罐　修复12件。特征为束颈、圜底，肩、腹饰竖绳纹，下腹及底饰交错绳纹，绳纹中粗，多为拍印。按颈、腹的不同分为二型。

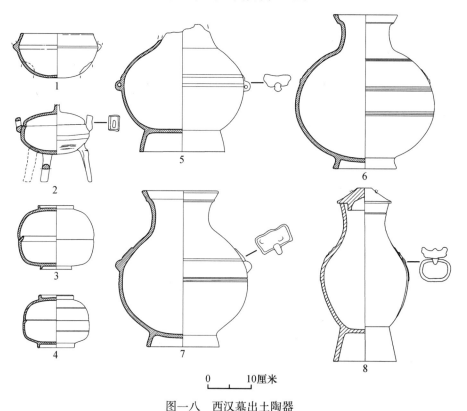

图一八　西汉墓出土陶器

1. A型鼎（M27：5）　2. B型鼎（M57：6）　3. A型盒（M53：8）　4. B型盒（M59：5）　5. A型壶（M12：2）　6、7. B型壶（M67：1、M49：1）　8. 钫（M47：15）

　　A型　9件。束颈较短，溜肩，弧腹，圜底。标本M11：2，泥质灰陶。沿面有凹槽，方唇，溜肩，椭圆腹，圜底内凹。腹部及底部饰交错绳纹。口径10.4、高22厘米（图一九，1）。标本M25：6，泥质灰陶。侈口，折沿，方唇，溜肩，弧腹，圜底内凹。肩腹之间起小台，上腹饰数道凸弦纹，下腹饰交错绳纹。口径10.6、高21.6厘米（图一九，2）。标本M25：9，泥质灰陶。斜折沿，方唇，束颈，溜肩，弧腹，圜底内凹。腹部及底部饰交错绳纹。口径10.2、高21厘米（图一九，3）。标本M41：1，夹砂灰陶。侈口，平折沿，方唇，溜肩，弧腹，圜底内凹。下腹饰交错绳纹。口径9.8、高18厘米（图一九，4）。标本M46：2，泥质灰陶。方唇，斜折沿，束颈，溜肩微折，弧腹，圜底内凹。下腹及底饰交错绳纹。口径10、高18.8厘米（图一九，5）。标本M53：2，泥质灰陶。侈口，斜折沿，束颈，溜肩，弧腹，圜底。肩饰数道凹弦纹，下腹饰交错绳纹。口径12.6、高21厘米（图一九，6）。标本M35：2，泥质灰陶。残缺。溜肩，弧腹，圜底内凹。肩腹饰四道凹弦纹，下腹饰交错绳纹。残高19.2厘米（图

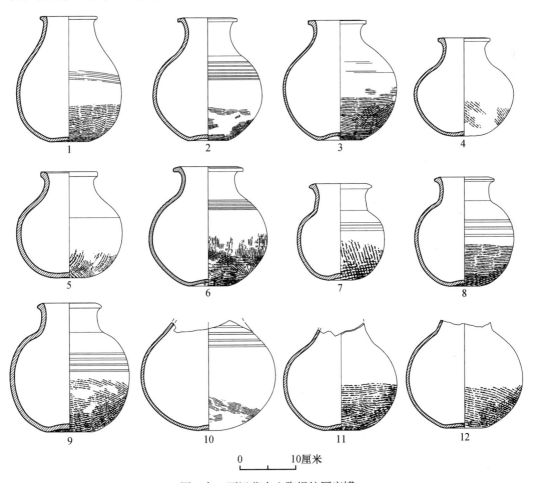

0　　　10厘米

图一九　西汉墓出土陶绳纹圜底罐

1~6、10~12. A型（M11：2、M25：6、M25：9、M41：1、M46：2、M53：2、M35：2、M27：6、M14：2）
7~9. B型（M43：9、M58：7、M62：1）

一九，10）。标本M27：6，泥质灰陶。口、颈残缺。溜肩，弧腹，圜底内凹。腹部及底部饰交错绳纹。残高19.2厘米（图一九，11）。标本M14：2，泥质灰陶。口部残缺。溜肩，弧腹，圜底内凹。下腹饰交错绳纹。残高19.6厘米（图一九，12）。

B型 3件。束颈较粗较直，颈肩处微折。标本M43：9，泥质灰陶。侈口，尖唇，束颈，溜肩，弧腹，圜底内凹。上腹饰两道凹弦纹，下腹饰交错绳纹。口径10.8、高16.4厘米（图一九，7）。标本M58：7，泥质灰陶。侈口，尖唇，束颈，溜肩，弧腹，圜底内凹。上腹饰三道凹弦纹，下腹饰交错绳纹。口径11、高19.2厘米（图一九，8）。标本M62：1，泥质灰陶。侈口，略外撇，尖唇，束颈，溜肩，弧腹，圜底内凹。上腹部饰四道凹弦纹，下腹及底部饰交错绳纹。口径11.4、高22.2厘米（图一九，9）。

矮领罐 修复7件。根据口部、肩腹特征分为二型。

A型 5件。矮领，折肩，折腹，平底。标本M8：3，泥质灰陶。侈口，圆唇，折腹，肩腹之间起台，平底略内凹。口径9、底径5.8、高10.7厘米（图二〇，1）。标本M8：6，泥质灰陶。矮领，肩微鼓，折腹内收，平底。口径8.6、底径7.6、高11.8厘米（图二〇，2）。标本M57：9，泥质灰陶。敛口，折沿，折肩，弧腹微折，平底。口径8.1、底径7.5、高11.6厘米（图二〇，3）。标本M24：10，泥质灰褐陶。残缺。折腹，平底。底径12.8、残高11.3厘米（图二〇，6）。标本M4：8，泥质灰陶。残缺。折腹，平底。底径7.8、残高7.8厘米（图二〇，7）。

B型 2件。矮领，溜肩，平底。标本M57：5，泥质灰陶。盖面圆弧，顶近平，敛口，弧腹，平底。口径9.4、底径12.2、通高16.8厘米（图二〇，4）。标本M57：14，泥质灰陶。盖面隆起，顶近平，小口，折沿，溜肩，折腹内收，平底。肩饰两道凹弦纹。口径9.6、底径12、高14.3厘米（图二〇，5）。

盂 21件，修复4件。皆为敞口，卷沿，折腹或斜弧腹。标本M4：3，泥质灰陶。敞口，折腹，平底略内凹。口径16.8、底径6.5、高6.8厘米（图二〇，8）。标本M25：5，泥质灰陶。敞口，卷沿，折腹，平底。口径18、底径4.4、高7.2厘米（图二〇，9）。标本M27：9，泥质灰陶。敞口，卷沿，折腹，平底。口径15.4、底径4.8、高5.2厘米（图二〇，10）。标本M58：12，泥质灰陶。敞口，平沿，斜弧腹，平底。口径19.2、底径4、高7.2厘米（图二〇，11）。

甑 5件，修复1件。标本M27：8，泥质灰陶。卷沿，敞口，折腹，平底内五个圆形穿孔。口径16.8、底径3、高7.2厘米（图二〇，12）。

钵 2件。分二型。

A型 1件。标本M57：7，泥质灰陶。平折沿，沿面较宽，方唇，斜腹内收，平底。中腹饰两道凹弦纹。口径21、底径11.2、高14厘米（图二一，1）。

B型 1件。标本M58：21，泥质灰陶。口微敛，圆唇，斜弧腹，平底。口径18、底径6.6、高8.8厘米（图二一，2）。

器盖 20件，修复3件。标本M6：9，泥质灰褐陶。盖面隆起，顶部一纽。盖径14.2、高3.8厘米（图二一，3）。标本M57：11，泥质灰褐陶。盖面隆起，顶部一纽。

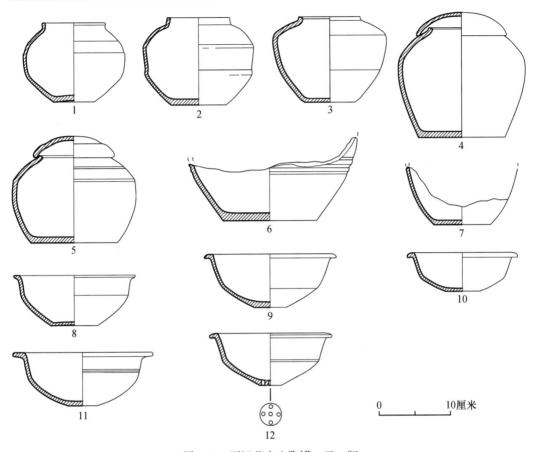

图二〇　西汉墓出土陶罐、盂、甑

1～3、6、7.A型罐（M8：3、M8：6、M57：9、M24：10、M4：8）　4、5.B型罐（M57：5、M57：14）

8～11.盂（M4：3、M25：5、M27：9、M58：12）　12.甑（M27：8）

盖径14.2、高3.8厘米（图二一，4）。标本M58：9，泥质灰陶。盖面圆弧。盖径18、高3.6厘米（图二一，5）。

井　8件，修复4件。按腹部特征分二型。

A型　3件。分为二式。

Ⅰ式：2件。弧腹，底部内收，井内置小汲水罐。标本M4：1，泥质灰陶。盖顶近平，侈口，平折沿，束颈，弧腹斜收，平底。口径11.2、底径10.8、通高17.2厘米（图二一，6）。标本M45：2，泥质灰陶。侈口，凹沿，束颈，弧腹斜收，平底。口径12.6、底径8.3、高16.4厘米（图二一，7）。

Ⅱ式：1件。标本M62：7，泥质灰陶。侈口，平沿，直筒身，腹壁外弧，平底。上腹饰一道凹弦纹。口径13.4、底径12.8、高16.6厘米（图二一，9）。

B型　1件。标本M58：18，泥质灰褐陶。器身略高，口残。束颈，直筒形身内收，平底。上腹饰两道凹弦纹。底径12.7、残高21厘米（图二一，8）。

豆　11件，修复3件。标本M4：9，泥质灰陶。上部残缺。柱形柄中空，喇叭形

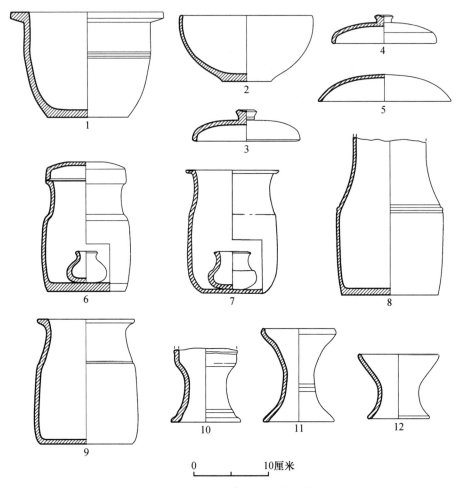

图二一　西汉墓出土陶钵、器盖、井、豆

1. A型钵（M57∶7）　2. B型钵（M58∶21）　3～5. 器盖（M6∶9、M57∶11、M58∶9）　6、7. A型Ⅰ式井（M4∶1、M45∶2）　8. B型井（M58∶18）　9. A型Ⅱ式井（M62∶7）　10～12. 豆（M4∶9、M23∶6、M24∶6）

圈座底部起台。口径9.4、残高9.6厘米（图二一，10）。标本M23∶6，泥质灰陶。敛口，浅盘，圆柱形柄中空，喇叭形圈座。口径10.4、底径9.4、残高12.4厘米（图二一，11）。标本M24∶6，泥质灰陶。敞口，圆唇，中空柄，喇叭形圈座。口径11.2、圈足径8.2、高8.6厘米（图二一，12）。

瓮　18件，修复9件。按口、腹变化分为三型。

A型　2件。大口，圜底内凹。标本M43∶7，泥质灰陶。敞口，矮领，广肩，斜弧腹较深，最大径在上腹部，圜底内凹。上腹饰竖绳纹并抹平三道，下腹及底饰交错绳纹。口径19.2、高26.8厘米（图二二，1）。标本M4∶2，泥质灰陶。矮领，尖唇，广肩，斜弧腹较深，最大径在上腹部，圜底内凹。上腹饰竖绳纹并抹平三道，下腹及底饰交错绳纹。口径17.4、高21厘米（图二二，2）。

B型　6件。按口沿和肩腹变化分为三式。

Ⅰ式：1件。大口，平底。标本M56：1，泥质灰褐陶。侈口，圆唇，矮领，广肩，弧腹，平底。肩腹之间饰两道凸棱。口径19.4、底径18.6、高24.4厘米（图二二，4）。

Ⅱ式：3件。小口，广肩。标本M43：5，泥质灰褐陶。小口，广肩，折腹，平底略内凹。口径10、底径13.2、高17厘米（图二二，3）。标本M14：2，泥质灰陶。小口，广折肩，斜腹壁，平底略内凹。口径7.4、底径11.2、高17.4厘米（图二二，8）。标本M56：4，泥质灰陶。平沿，广肩，弧腹，平底内凹。口径10.2、底径14.6、高17.4厘米（图二二，9）。

Ⅲ式：2件。小口，溜肩。标本M47：10，泥质灰褐陶。矮领，直口，溜肩，弧腹，平底。肩腹饰两组绳索状凸棱。口径10、底径14、高19.6厘米（图二二，5）。标本M46：2，泥质灰褐陶。小口，溜肩，斜腹壁，平底略内凹。中腹饰两道凹弦纹。口径9.2、底径14、高17.8厘米（图二二，6）。

C型　1件。小口，高领。标本M56：1，泥质灰陶。侈口，斜折沿，束颈，广肩，弧腹，平底。颈部饰三道凹弦纹。口径12.2、底径16、高28.4厘米（图二二，7）。

仓　23件，修复15件。按口部、底部特征分为三型。

A型　4件。大口，圈足（立足）。标本M23：2，泥质灰陶。口微敛，上腹凸弧，

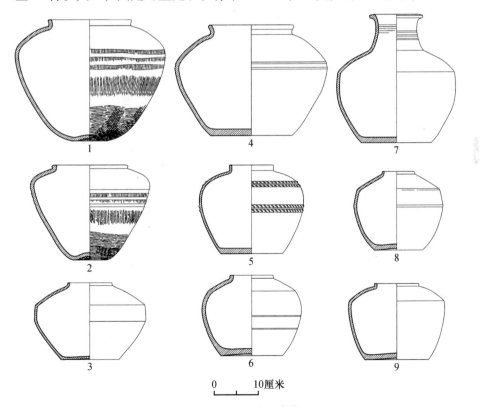

图二二　西汉墓出土陶瓮

1、2.A型（M43：7、M4：2）　3、8、9.B型Ⅱ式（M43：5、M14：2、M56：4）　4.B型Ⅰ式（M56：1）

5、6.B型Ⅲ式（M47：10、M46：2）　7.C型（M56：1）

下腹斜收，平底。上腹正中开两个长方形仓门，三个扁形足。中腹饰凸棱一周。口径24.5、底径20、高24.8厘米（图二三，1）。标本M55：4，泥质灰陶。仓盖作山形，正面饰凸起的瓦棱，顶部内圈饰八道，外圈饰十六道，呈放射状。敛口，圆筒身，下腹斜收，平底。四个柱形足。仓身中部一道宽凸棱，其上饰竖绳纹。口径23、通高36.6厘米（图二三，2）。标本M49：4，泥质灰陶。口微敛，直筒身，斜腹斜收，平底，三矮足外撇。上腹中部两个长方形仓门，中腹饰一道凹弦纹。口径23.4、高29.2厘米（图二三，3）。标本M47：22，泥质灰褐陶。敛口，折沿，斜弧腹，高圈足。上腹正中一近正方形仓门，上、下腹饰四道绳索状凸棱。口径24、圈足径16.4、高22.2厘米（图

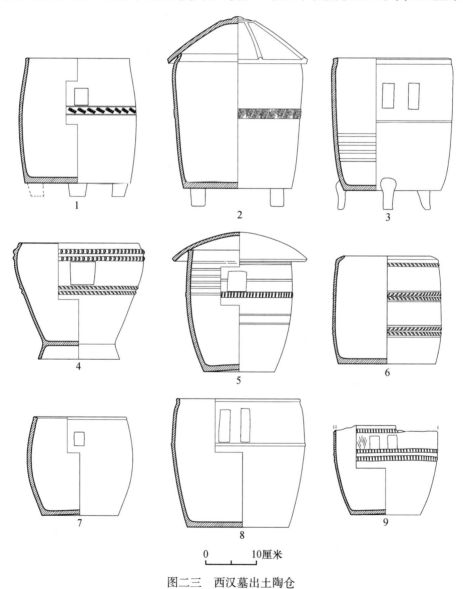

0   10厘米

图二三　西汉墓出土陶仓

1~4.A型（M23：2、M55：4、M49：4、M47：22）　5、8、9.B型Ⅰ式（M58：1、M23：2、M7：2）

6.B型Ⅲ式（M47：20）　7.B型Ⅱ式（M57：13）

二三，4）。

B型　5件。根据口沿及腹部变化分为三式。

Ⅰ式：3件。标本M58：1，泥质灰陶。盖面隆起，口微敛，平沿，弧腹，平底内凹。上腹正中一长方形仓门，上腹及下腹饰四道凹弦纹，中腹饰一道绳索状凸棱。口径26、底径14、高26.9厘米（图二三，5）。标本M23：2，泥质灰陶。口微敛，上腹凸弧，下腹斜收，平底。上腹正中开两个长方形仓门。中腹饰凸棱一周。口径24.5、底径20、高24.8厘米（图二三，8）。标本M7：2，泥质灰陶。残缺。弧腹，平底略内凹。上腹正中开两个长方形仓门，仓门一侧有几何状刻划纹，上腹饰三道绳索状凸棱。底径13.6、残高17.2厘米（图二三，9）。

Ⅱ式：1件。标本M57：13，泥质灰褐陶。敛口，圆唇，弧腹中部微鼓，平底略内凹。上腹正中开一长方形仓门。口径18.4、底径13.6、高19厘米（图二三，7）。

Ⅲ式：1件。标本M47：20，泥质红陶。敛口，尖唇，直筒身，腹壁微微凸弧，下腹斜收。器身饰三组绹索状凸棱及凹弦纹。复原口径21.2、底径19.8、高21.2厘米（图二三，6）。

C型　6件。小口仓。根据口沿及腹部变化分为三式。

Ⅰ式：1件。标本M57：17，泥质灰陶。矮领承盖，盖面隆起，顶近平，溜肩微折，腹壁略凸弧，平底。中腹饰三道凹弦纹。口径8.8、底径14.2、通高21厘米（图二四，1）。

Ⅱ式：1件。标本M47：19，泥质灰褐陶。敛口，折肩，腹壁外弧略甚，平底。下腹正中开一长方形门，两侧饰两个长方形纽。腹饰三组绳索状凸棱。口径10.4、底径21.6、高22.8厘米（图二四，2）。

Ⅲ式：4件。小口，器身较长。标本M62：3，泥质灰陶。小口，折肩，直壁筒身，平底略内凹。仓身中部饰三组六道凹弦纹。口径10.4、底径19.8、高30.5厘米（图二四，3）。标本M43：1，泥质灰陶。小口，折肩，直壁筒身，平底略内凹。下腹正中开一圆孔，仓身上部饰四道凹弦纹。口径8.8、底径15、高39.2厘米（图二四，4）。标本M58：13，泥质灰陶。小口，圆唇，折肩，直壁筒身，平底。仓身上部饰三道凹弦纹。口径9.4、底径19.4、高34.6厘米（图二四，5）。标本M58：15，泥质灰陶。残缺。弧腹，平底略内凹。腹饰三道凹弦纹。底径17.6、残高28.4厘米（图二四，6）。

灶　26件，修复9件。按平面形状分为三型。

A型　2件。长方形方头灶。标本M6：3，泥质灰陶。平面呈长方形，灶边角凸弧。两个圆形火眼。火眼上置两釜，均为敛口、鼓腹、圜底。通高11、长25.6、宽17.2厘米（图二五，1）。标本M57：8，泥质灰陶。平面呈长方形，灶边较直，矮挡板。两个圆形火眼。火眼上置釜、甑，釜为敛口、鼓腹、圜底；甑为敞口、弧腹、平底。灶面有刻划网格纹。通高13.8、长25.6、宽16.4厘米（图二五，2）。

B型　1件。尖圆头灶。标本M12：4，泥质灰褐陶。平面略呈梯形，边角凸弧。一个灶门作拱形落地，两个圆形火眼。灶头中间一柱形烟道后仰。通高12.6、长30.8、宽16.4厘米（图二五，3）。

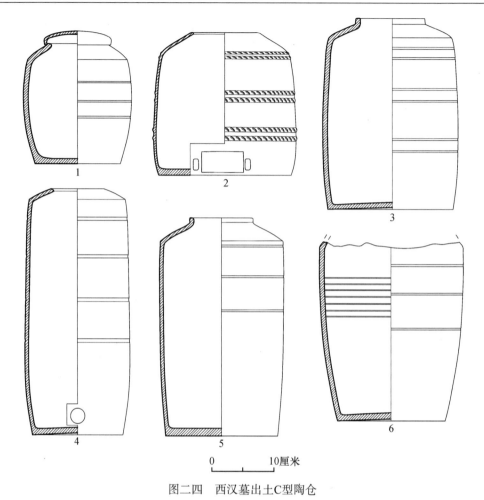

图二四　西汉墓出土C型陶仓
1. Ⅰ式（M57：17）　2. Ⅱ式（M47：19）　3~6. Ⅲ式（M62：3、M43：1、M58：13、M58：15）

　　C型　6件。曲尺形。标本M45：3，泥质灰陶。平面呈曲尺形，灶边近直角，挡板较高，其上刻划菱形纹、圆圈纹。一个灶门，三个火眼，灶门为半圆，不落地，火眼呈圆形。火眼上置小壶、釜，釜为敛口、鼓腹、圜底，壶为侈口、束颈、弧腹、圜底。通高23.8、长23、宽19.5厘米（图二六，1）。标本M49：13，泥质灰陶。平面呈曲尺形，灶边近直角，挡板后仰，有网格刻划纹。一个灶门，三个火眼，灶门作拱形落地，火眼呈圆形。火眼上置三釜，均为敛口、鼓腹、圜底。通高22、长33.8、宽29.6厘米（图二六，2）。标本M53：3，泥质灰陶。平面呈曲尺形，灶边近直角，挡板较直，有网格刻划纹。两个半圆形灶门，不落地，三个圆形火眼。火眼上置两釜一罐，两釜为敛口、鼓腹、圜底，罐为侈口、垂腹、圜底。通高23.6、长34.2、宽24.3厘米（图二六，3）。标本M59：1，泥质灰褐陶。平面呈曲尺形，挡板较高向后仰，上有刻划纹。两个长方形灶门，不落地，三个圆形火眼。火眼上置两个陶盂。通高23.8、长33.4、宽26.4厘米（图二六，4）。标本M58：16，泥质灰陶。平面呈曲尺形，灶边近

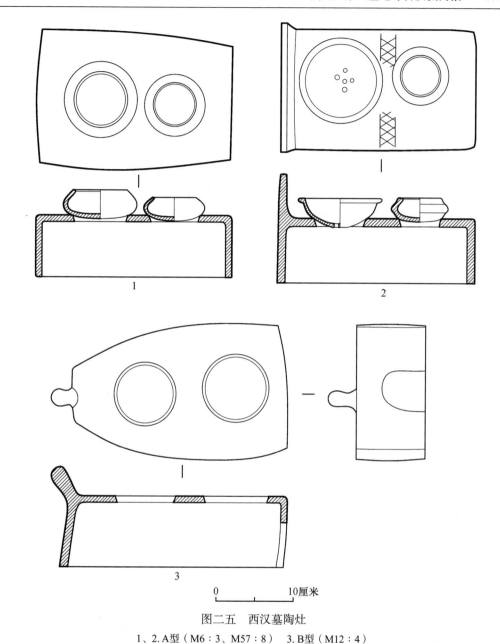

图二五　西汉墓陶灶

1、2.A型（M6：3、M57：8）　3.B型（M12：4）

直角，挡板较高，刻划菱形纹，下方有两个圆形穿孔。两个灶门，三个火眼。一个灶门为半圆，不落地，一个为拱形落地。火眼呈圆形。火眼上置小壶，侈口、束颈、弧腹、圜底。通高22.4、长28.8、宽21.6厘米（图二六，5）。标本M62：4，泥质灰陶。平面呈曲尺形，灶边角较直，挡板略外仰，有网格刻划纹。两个半圆形灶门，不落地，三个圆形火眼。火眼上置两釜，均为敛口、鼓腹、圜底。通高21、长28.6、宽22.4厘米（图二六，6）。

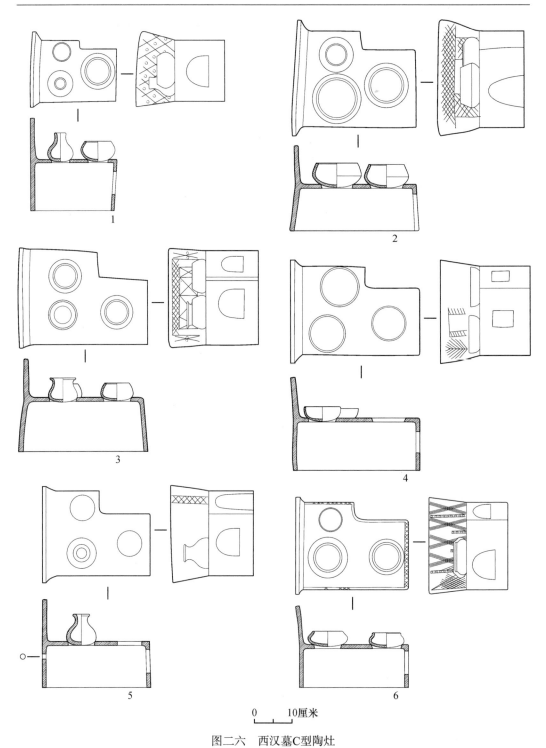

0 ⸻ 10厘米

图二六　西汉墓C型陶灶

1. M45：3　2. M49：13　3. M53：3　4. M59：1　5. M58：16　6. M62：4

（2）铜器

共10件，其中鉴3件、洗2件、盂1件、镜3件、带钩1件，另有铜片（M64：2）数块。铜器胎体大多薄如蛋壳，保存较差。

鉴　3件，出土于M33、M47、M63三座墓中，多残缺、开裂变形。标本M33：4，侈口，束颈，折肩，弧腹，圜底，肩部一大一小双环耳。素面。复原口径15.4、高17.2厘米（图二七，1）。

洗　2件。出土于M34、M48两座墓中。标本M34：1，斜折沿，敞口，折腹，平底。复原口径31.6、底径14.5、高8厘米（图二七，2）。

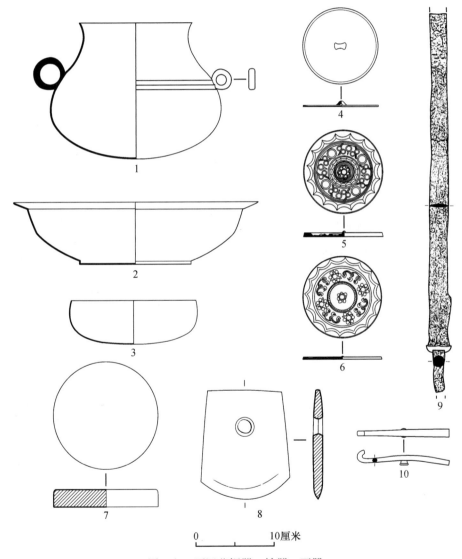

图二七　西汉墓铜器、铁器、石器

1.铜鉴（M33：4）　2.铜洗（M34：1）　3.铜盂（M55：11）　4～6.铜镜（M25：1、M27：1、M40：1）

7.石饼（M19：1）　8.石钺（M36：1）　9.铁剑（M7：1）　10.铜带钩（M46：8）

盂　1件。M55：11，口微敛，弧腹较深，圜底。复原口径16、高6厘米（图二七，3）。

镜　3件。皆为圆形铜镜。标本M25：1，卷缘，桥形纽。素面。直径9.8、缘厚0.3厘米（图二七，4）。标本M27：1，卷缘稍厚，尖圆纽，环绕7个乳钉作纽座。内外各一周连弧纹，主纹为四组阵列的星云纹。直径10.4、缘厚0.6厘米（图二七，5）。标本M40：1，卷缘稍厚，尖圆纽外环绕数个乳钉。内外各两周连弧纹及绚索纹，主纹为四组连续的星云纹。直径10.4、缘厚0.5厘米（图二七，6）。

带钩　1件。M46：8，钩身较长，钩首做鹅头状，弯钩较大，束腰圆柱形纽。通长12厘米（图二七，10）。

（3）铁器

出土铁器3件，其中铁剑2件、削刀1件，锈蚀严重，出土时局部呈铁屑。

铁剑　2件。标本M7：1，首残，扁茎，铜质菱形剑格，剑身前端残断。残长46厘米（图二七，9）。

（4）货币

铜钱3件（套），出自M10、M57、M64三座墓。

皆为"五铢"铜钱，锈蚀较严重，共计200余枚。铜钱为方孔圆钱，正面钱文为小篆书的"五铢"，背面平素。直径2.4～2.6、孔径0.8～1、厚0.1厘米。

（5）石器

共6件，其中3件圆形石饼、1件石钺、2件形状不规则的石砚。

饼　3件。标本M19：1，圆饼形。直径13.4、厚2.4厘米（图二七，7）。

钺　1件。标本M36：1，应作祭祀用，形制匀称，表面较光滑。灰褐色，双面弧刃，刃部宽顶部窄，中部居上有一圆形系孔。长13.8、宽11.4厘米（图二七，8）。

（二）东汉墓

1. 墓葬形制

发掘东汉时期墓葬9座，编号M15、M37、M38、M39、M42、M44、M50、M52、M60。9座墓葬皆为长方形竖穴土坑砖室墓，扰毁严重，多数仅存底部的墙砖及铺地砖，另编号M50、M52的2座墓带短小的墓道，墓坑平面呈凸字形。

M39　位于墓地南部，开口于表土层下，打破其下土层及生土。竖穴土坑砖室墓，方向160°。墓口长2.7、宽1.2、残深0.22米。墓坑四壁陡直不光滑，底近平。墓坑填土为灰白夹黄斑花土，土质疏松，包含大量碎砖块。砖室平面呈长方形，残长2.34、宽1.16、残高0.1米。砖室扰毁严重，仅存一层墙砖及铺地砖，墙砖为单砖错缝平砌，铺地砖为单砖"回"形平铺一层。无随葬器物（图二八）。

M42　位于墓地南部，开口于表土层下，打破其下土层及生土。竖穴土坑砖室墓，方向270°。墓口长3.1、宽1.48米、墓坑残深0.3～0.5米。墓坑四壁陡直不光滑，坑底西端高于东端。墓坑填土为灰白夹黄斑花土，土质疏松，包含大量碎砖块。砖室

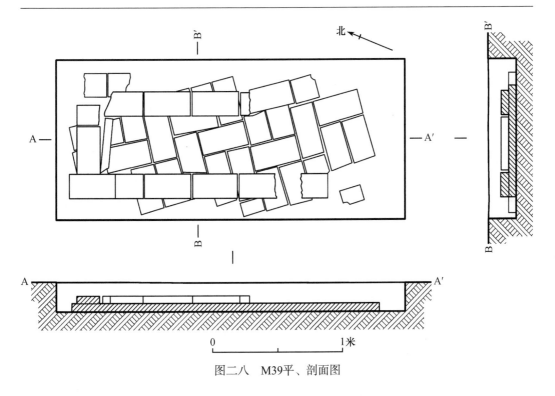

图二八　M39平、剖面图

平面呈长方形，保存较差，券顶无存，残存少量墙砖及铺地砖。墙砖采用单砖错缝平砌，铺地砖为单砖平列横铺一层。墙砖长0.34、宽0.12、厚0.06米，人骨腐朽无存。出土随葬器物5件，陶瓮1件、陶灶1件、陶盉2件、陶罐1件，较分散地置于砖室各处（图二九）。

M60　位于墓地南部，开口于表土层下，打破其下土层及生土。竖穴土坑砖室墓，方向272°。墓坑西部遭扰毁无存，残长2.2、宽2.8、墓坑残深1.3米。墓坑四壁陡直不光滑，底近平。墓坑填土为灰白夹黄斑花土，土质疏松，包含大量碎砖块。残存的砖室平面呈长方形，残长2.1、宽2.66、残高1.3米，残存东部数层墙砖及铺地砖。墙砖以纵向平铺两排砖为一层，其上横向平铺一排砖为一层，如此交叠砌成砖墙，铺地砖为单砖平列横铺一层。整砖长0.34、宽0.16、厚0.06米。人骨腐朽无存。出土随葬器物3件，铜钱1件（套）、陶釜1件、陶仓1件，均置于砖室东北角（图三○）。

M50　位于墓地中部，开口于表土层下，打破其下土层及生土。斜坡墓道竖穴土坑砖室墓，方向95°。墓口长4.9、宽2.54、墓坑残深0.4米。墓坑四壁陡直不光滑，底近平。墓坑西壁中部设斜坡墓道，上口长1.42、宽2.1、残深0.4米，底坡长1.34米，墓道底接墓坑底。墓坑填土为灰白夹黄斑花土，土质疏松，包含大量碎砖块。砖室平面呈长方形，残长3.16、宽2.3、残高0.4米。砖室扰毁严重，券顶无存，保留了部分倾倒状的砖墙，砖墙皆采用单砖错缝平砌而成。砖室中部以单砖平砌成一列东西向的隔墙，将砖室分为两部分，其南部为棺床，北部作边箱放置随葬器物。整砖长0.36、宽0.14、厚0.05米。人骨腐朽无存。出土随葬器物9件，铜钱1件（套）、

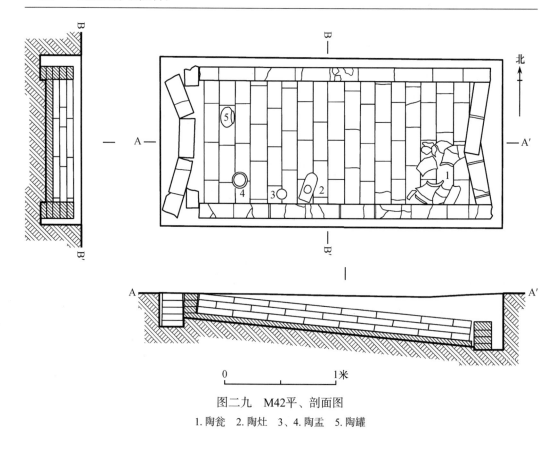

图二九 M42平、剖面图

1.陶瓮 2.陶灶 3、4.陶盂 5.陶罐

陶罐4件、陶盂1件、陶瓮2件、陶灶1件，除1件陶罐置于南室，其余皆置于北部边箱（图三一）。

M52 位于墓地南部，开口于表土层下，打破M55，打破其下土层及生土。斜坡墓道竖穴土坑砖室墓，方向105°。墓口长3.62、宽2.1～2.38米，墓底长3.54、宽2.02～2.3米，墓坑残深0.5米。墓坑四壁陡直不光滑，底近平。墓坑西壁中部设斜坡墓道，上口长0.8、宽1.2～1.6、残深0.5米，底坡长0.96米，墓道底接墓坑底。墓坑填土为灰白夹黄斑花土，土质疏松，包含大量碎砖块。砖室扰毁严重，平面呈长方形，仅存底部二层墙砖，其余结构不明。出土随葬陶釜1件，置于砖室内中南端（图三二）。

2. 随葬器物

东汉墓出土随葬器物16件套，主要为陶器，其中仅有9件可修复，另出土200余枚"五铢"钱，铜钱主要出土于M60。

罐 5件，修复2件。标本M42：5，泥质灰褐陶。圆唇，溜肩，斜弧腹，平底。口径12、底径10.4、高11.4厘米（图三三，1）。标本M50：5，泥质灰陶。直口，溜肩，鼓腹，平底。上腹饰数道凹弦纹。口径8.8、底径7.4、高8.6厘米（图三三，2）。

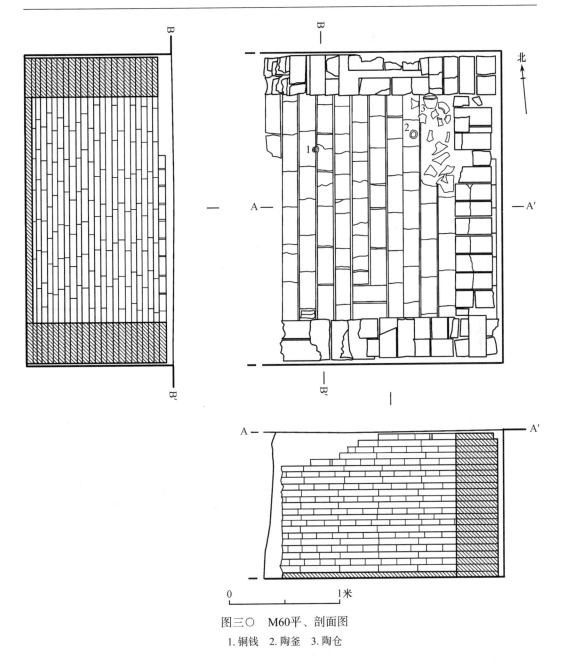

图三〇　M60平、剖面图
1. 铜钱　2. 陶釜　3. 陶仓

　　釜　2件。标本M52：1，泥质灰陶。敛口，折弧腹，平底。口径9.6、底径4.4、高6厘米（图三三，3）。标本M60：2，泥质灰陶。敛口，折腹，平底。口径4.8、底径2.6、高2.7厘米（图三三，4）。

　　盂　3件，修复2件。标本M50：4，泥质灰陶。敞口，圆唇，斜弧腹较深，平底。口径15.2、底径7.2、高6厘米（图三三，6）。标本M42：4，泥质灰陶。敞口，平折沿，斜腹，平底。口径12、底径4.8、高4.8厘米（图三三，7）。

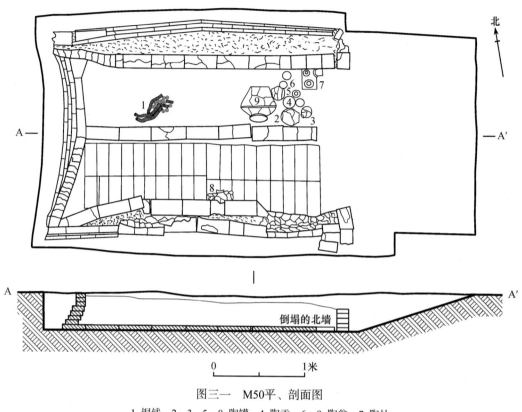

图三一　M50平、剖面图

1. 铜钱　2、3、5、8. 陶罐　4. 陶盂　6、9. 陶瓮　7. 陶灶

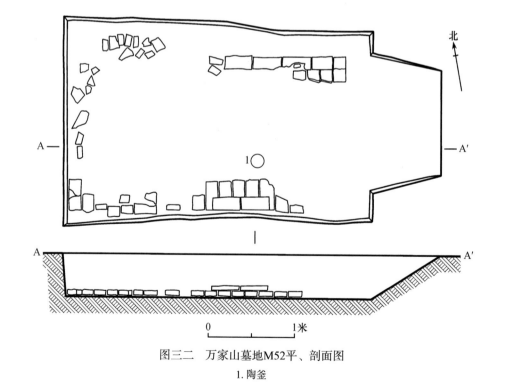

图三二　万家山墓地M52平、剖面图

1. 陶釜

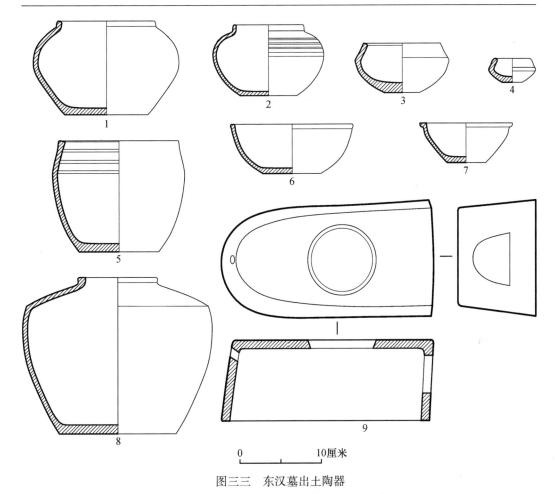

图三三　东汉墓出土陶器

1、2.罐（M42：5、M50：5）　3、4.釜（M52：1、M60：2）　5.仓（M60：3）　6、7.盂（M50：4、M42：4）
8.瓮（M42：1）　9.灶（M42：2）

仓　1件。标本M60：3，泥质灰陶。平折沿，敛口，弧腹，平底。口径14.8、底径10、高13厘米（图三三，5）。

瓮　3件，修复1件。标本M42：1，泥质灰陶。小口，圆唇，广折肩，斜腹壁，平底。口径9.8、底径14.6、高19厘米（图三三，8）。

灶　2件，修复1件。标本M42：2，泥质灰褐陶。平面呈拱形，一端方直，一端圆弧。一个灶门，一个火眼。灶门为半圆形，不落地。火眼为圆形。灶头有一圆形穿孔应为烟孔。通高9.6、长26.4、宽14厘米（图三三，9）。

五、结　语

　　此次为配合荆当旅游公路建设，在万家山墓地共发掘汉代墓葬68座，其中西汉时期墓葬59座、东汉时期墓葬9座。西汉墓有甲字形、刀形、长方形三种形制，规模较大的甲字形墓及刀形墓较集中地分布于墓地南部，且墓向都为东西向，应存在一定的家族性质；发掘的9座东汉墓皆为砖室墓，保存较差，基本上也分布于墓地南部。这同时也反映了该墓地具有一定的延续性。发掘的墓葬规模和随葬器物分析，多数墓葬无随葬器物或只有少量简陋陶器，推测墓主大多属于一个阶层，身份应为平民。

　　59座西汉墓出土随葬器物345件（套），以陶器为主，仅有少量铜器及铁器。随葬品主要为实用器及明器模型，器类包括鼎、盒、壶、罐、仓、灶、盂、甑、鏊、洗等。其中陶仓、灶、盂等器形与荆州高台秦汉墓第二期4段[1]基本相同，墓葬年代应为西汉早期。

　　9座东汉墓保存较差，仅出土随葬器物16件（套），另出土大量"五铢"钱币，主要出土于M60，综合墓葬形制、砖室结构及分布关系来看，初步推测这9座墓葬年代为东汉早期。

　　该墓地是一处以西汉、东汉时期墓葬为主的古代遗存，墓地面积较大，墓葬分布较密集，此外，该墓地地理位置特殊，南部紧邻八岭山古墓群，对它的科学发掘，为研究该地汉代墓葬的分布与周边古遗迹的关系，以及同时期的社会、经济、文化等提供了重要的实物资料。

摄影：谢章伟

绘图：肖友红　刘宏昊

修复：刘祖梅　刘冬梅

执笔：肖玉军

注　释

[1]　湖北省荆州博物馆：《荆州高台秦汉墓》，科学出版社，2000年。

荆州三间庙东汉墓考古发掘简报

荆州博物馆

摘要：荆州地区发掘的东汉墓葬数量不多，保存一般。2019年，在荆州区太晖村三间庙墓地，荆州博物馆发掘了一座东汉晚期砖室墓，不仅保存较好，而且随葬品丰富，为研究该地当时的社会、经济、文化等提供了重要的实物资料。

关键词：荆州　三间庙　东汉晚期　砖室墓

三间庙墓地位于荆州市荆州区太晖村三组，南距荆州古城约2千米，北距楚故都纪南城遗址约3千米，是第三次全国不可移动文物普查时新发现文物点（图一）。墓地中心地理坐标北纬30°22′39.94″，东经112°11′14.42″，海拔35米。墓地呈东西带状分布，地势为北高南低，现为鱼塘及苗圃林地。

2019年9月，为配合荆州区北门中学迁建项目，经国家文物局批准，荆州博物馆对项目建设用地范围内的三间庙墓地进行了考古发掘，共发掘古墓葬11座，墓葬时代主要为东汉时期、宋、明代。其中编号M9的东汉墓位于三间庙墓地东北部一个2米多高的台地上，其上原有民国时期修建的"三间庙"建筑。M9不仅保存较好，而且随葬品丰富，现将该墓的发掘情况简报如下。

一、墓葬形制

M9为长方形竖穴土坑砖室墓，方向352°。墓口长11.8、宽1.9～3米，墓坑残深2.9米，墓坑四壁陡直不光滑，底近平。墓坑填土为灰白夹黄褐色花土，土质疏松，包含大量碎砖块。砖室由甬室、前室和后室三部分组成。砖室墙砖、铺地砖砌法各室不同，区分明显。甬室在北端中部，保存较好，上部用数层楔形砖起券，墙砖砌法为单砖错缝横铺，甬室底砖为仿席纹平铺一层，即单砖横、顺交错，封门砖两端用两层砖平砌成门垛，中部略微向外凸弧；前室呈长方形，长2.7、宽2.32、残高2.22米，其南部有长约0.95米侈出后室墙砖，砌法为"一顺一横"平砌而成，即两块整砖平列顺铺一层和单砖错缝横铺一层，逐层交错向上砌筑，距底部约1.8米起券，券顶残存局部，铺地砖为丁砖铺成人字纹；后室为长方形，长4、宽1.8、残高2.2米，顶部无存，保留三面墙砖，砌法与前室同，铺地砖为人字纹平铺一层。后室、前室、甬室之间有隔墙。砖室用砖长38～40、宽18～20、厚5～7厘米，砖侧饰有菱形纹。人骨腐朽无存，后室底

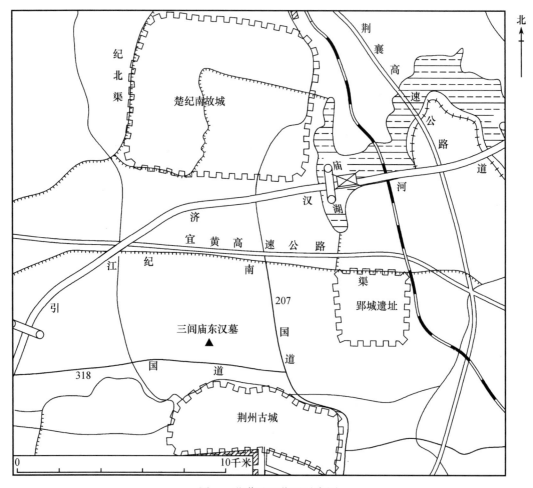

图一　墓葬地理位置示意图

部见漆皮，应为葬具腐朽遗留。出土随葬品61件（套），以釉陶器为主，仅有少量铜器，集中分布于甬室及前室中部（图二；图版——、图版一二）。

二、随葬器物

出土随葬器物61件（套），随葬品以釉陶器为主，按用途大致可分为日用器具、模型明器两类，日用器具如鼎、盒、壶、罐、奁、樽、盘、耳杯、博山炉等，大部分置于前室中部及东侧；模型明器有楼、圈厕、动物俑、人物俑、仓、灶、井等，皆置于甬室东、西两侧。出土的釉陶器制作规整，质地皆为泥质红陶，器表施赭黄色釉或绿釉，釉多脱落，大部分仅存底层的灰白衣，形制多为仿铜礼器。

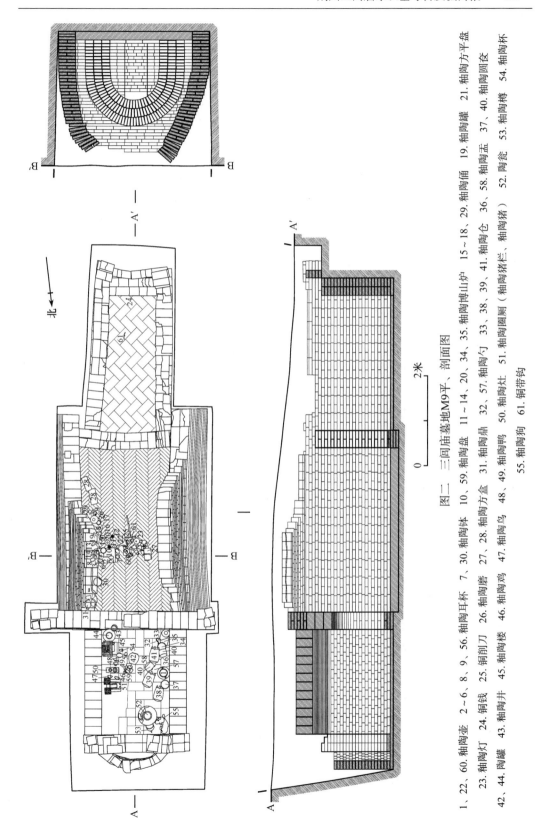

图二　三间庙墓地M9平、剖面图

1、22、60. 釉陶壶　2~6、8、9、56. 釉陶耳杯　7、30. 釉陶盘　10、59. 釉陶钵　11~14、20、34、35. 釉陶博山炉　15~18、29. 釉陶甬　19. 釉陶罐　21. 釉陶方平盘　23. 釉陶灯　24. 铜钱　25. 铜削刀　26. 釉陶磨　27、28. 釉陶碓　31. 釉陶鼎　32、57. 釉陶勺　33、38、39、41. 釉陶仓　36. 釉陶盂　37、40. 釉陶圆瓷　42、44. 陶罐　43. 釉陶井　45. 釉陶鸭　46. 釉陶鸡　47. 釉陶鸟　48、49. 釉陶鸭　50. 釉陶灶　51. 釉陶圆厕（釉陶猪圈、釉陶猪）　52. 陶瓮　53. 釉陶樽　54. 釉陶杯　55. 釉陶狗　58. 釉陶猪　61. 铜带钩

（一）釉陶器

釉陶器55件（套），其中日用器具有鼎、方盒、壶、盘、耳杯、博山炉、樽、罐、盂等；模型明器包括楼、圈厕、仓、灶、磨、井、人物俑及家禽家畜俑等。

1. 日用器具

鼎　1件。M9：31，泥质红陶。敛口，沿面内凹，长方形立耳外折，折腹较浅，平底内凹。蹄足内侧平，外侧凸弧。立耳外侧饰菱形纹，足面雕刻阴阳结合的几何状兽面纹。整器内壁及外壁上部施赭黄色釉。口径21.6、通高20.4厘米（图三，1）。

樽　1件。M9：53，泥质红陶。直口，圆唇，折沿，直壁下腹略内收，平底内凹。三俑式足，做躬身持物状，尖耳长舌。中腹饰两个对称的铺首衔环，上腹及下腹饰两组共四道凹弦纹。内壁及外壁施赭黄色釉，底无釉。口径18.4、通高15.8厘米（图三，2）。

奁　2件。M9：37，泥质红陶。由盖和身套合而成，奁盖顶部圆弧，直腹壁，奁身口微敛，下腹内收，圜底内凹。盖面施赭黄色釉，身无釉。盖径17.4、通高17.6厘米（图三，3）。M9：40，泥质红陶。与M9：37形制相同。盖径18.5、通高17厘米（图三，4）。

灯　1件。M9：23，泥质红陶。豆形身，灯盘直口微敞，直壁，盘底近平，中心一锥形火柱。柱形灯柱，喇叭形圈座中空。器表施赭黄色釉。口径13.8、高15.5厘米（图三，5）。

钵　2件。M9：7，夹砂红陶。敞口，平沿略宽，方唇，斜弧腹，平底内凹。内壁及口沿处施赭黄色釉。口径9.4、底径3.8、高4厘米（图三，7）。M9：30，泥质红陶。圆唇，折沿内凹，弧腹斜收，平底内凹。腹饰三道凹弦纹。整器上部施赭黄色釉，下部及底无釉。口径21.8、底径14、高12厘米（图三，6）。

盂　2件。M9：36，泥质红陶。敞口，圆唇，弧腹斜收，平底略内凹。整器内壁及外壁上部施赭黄色釉。口径17.2、底径7.4、高7厘米（图三，11）。M9：58，泥质红陶。敞口，圆唇，斜弧腹，假圈足较矮。近口沿处两道凸棱，内壁满施赭黄色釉。口径20、底径10.8、高7.8厘米（图三，10）。

盘　2件。M9：10，泥质红陶。敞口，平折沿，沿面略内凹，弧腹，平底内凹。内壁施赭黄色釉。口径13.2、底径4.8、高3厘米（图三，13）。M9：59，泥质红陶。敞口，斜折沿，折腹，假圈足较矮。内壁施赭黄色釉。口径23.4、底径11、高4.8厘米（图三，12）。

罐　1件。M9：19，泥质红陶。直口，圆唇，矮领，鼓弧腹，平底内凹。器表及口沿处施赭黄色釉，釉呈冰裂状含暗斑。口径2.8、底径3.4、高3.4厘米（图三，8）。

杯　1件。M9：54，夹砂红陶。敞口，圆唇，斜腹壁，平底内凹。口径6.4、底径3.4、高8.6厘米（图三，9）。

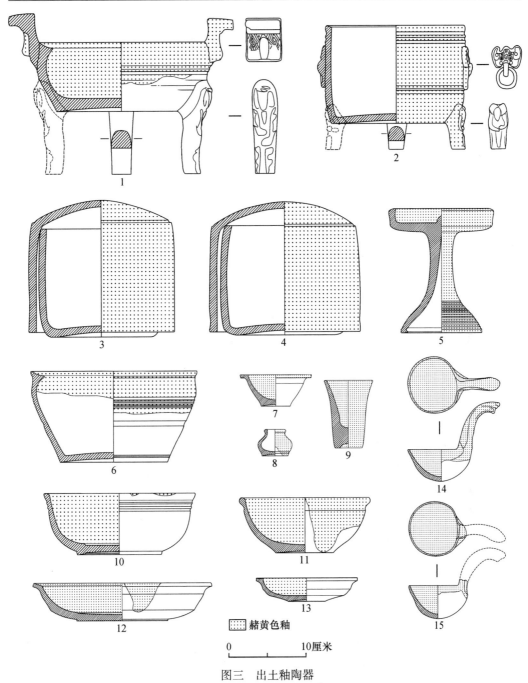

图三　出土釉陶器

1.鼎（M9：31）　2.樽（M9：53）　3、4.奁（M9：37、M9：40）　5.灯（M9：23）　6、7.钵（M9：30、M9：7）　8.罐（M9：19）　9.杯（M9：54）　10、11.盂（M9：58、M9：36）　12、13.盘（M9：59、M9：10）　14、15.勺（M9：32、M9：57）

勺　2件。M9：32，泥质红陶。口近圆形，弧腹较深，圈底。条形柄经削刮，平面呈琵琶形。釉多脱落。口径7.2、通长13.2厘米（图三，14）。M9：57，泥质红陶。与M9：32形制相同。口径7、通长12.9厘米（图三，15）。

方盒　2件。M9：27，泥质红陶。长方盒状，由盖、身套合而成，盖顶斜折，边呈直角，四角有纽，顶近平。身作直口，直壁，平底。盒盖外壁及顶部施赭黄色釉，身无釉。口径36.2、通高17.2厘米（图四，1）。M9：28，泥质红陶。与M9：27形制相同。口径35、通高17.6厘米（图四，2）。

壶　3件。M9：22，泥质红陶。小直口，斜折沿，细长颈，溜肩，折腹，底近平，喇叭形圈足外撇。下腹及底部加工有圆形穿孔，底部穿孔呈蜂窝状，较密集。近口处、颈、腹共饰六组凹弦纹。整器施赭黄色釉，多脱落。口径4.4、圈足径11.6、高22.6厘米（图四，3）。M9：1，泥质红陶。侈口，束颈，溜肩，鼓腹，圈底，喇叭形圈足略高。器表施赭黄色釉，多脱落。肩部两个对称的铺首衔环，肩、腹饰三组凹

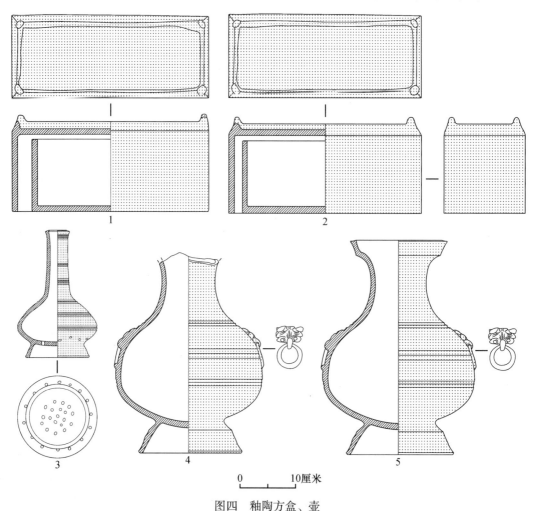

图四　釉陶方盒、壶

1、2.方盒（M9：27、M9：28）　　3～5.壶（M9：22、M9：60、M9：1）

弦纹。口径17.8、底径19.8、高38.2厘米（图四，5）。M9：60，泥质红陶。口残。束颈，溜肩，鼓腹，圜底，喇叭形圈足略高。器表施赭黄色釉，多脱落。肩部两个对称的铺首衔环，肩、腹饰三组凹弦纹。圈足径19、残高35.5厘米（图四，4）。

方平盘　1件。M9：21，泥质红陶。平面呈长方形，侈口，圆唇，浅腹，平底。底部边角处四个圆形穿孔。内壁施则黄色釉。长46.8、宽32.8、高2.8厘米（图五，9）。

耳杯　8件，其中6件大小相近。M9：2，泥质红陶。杯口呈椭圆形，深弧腹，假圈足较矮。月牙形圆耳，耳面上翘。内壁施赭黄色釉，外壁局部有釉。口长径9.8、耳宽7.5、高2.8厘米（图五，1）。M9：3、M9：4、M9：5、M9：6、M9：8与M9：2形制基本一致，口长径9.8～11.6、耳宽7.6、高2.8～3.2厘米（图五，2～6）。M9：9，泥质红陶。杯口呈椭圆形，弧腹较深，平底，假圈足。月牙形圆耳，耳面上翘。内壁施赭黄色釉，外壁局部有流釉。口长径16、耳宽13.8、高7.3厘米（图五，7）。M9：56，泥质红陶。与M9：9形制一致，腹较深。口长径16、耳宽13.4、高6.9厘米（图五，8）。

博山炉　7件，仅1件较完整，余下6件为炉盖。M9：20，泥质红陶。圆形托盘，敞口折腹，喇叭形承柱中空。炉身子口承盖，凹沿，深弧腹。锥形盖，浮雕三层半圆形山峰，形似花瓣状由下至上内收。炉身近口沿处饰两道凹弦纹。整器除承盘底无釉

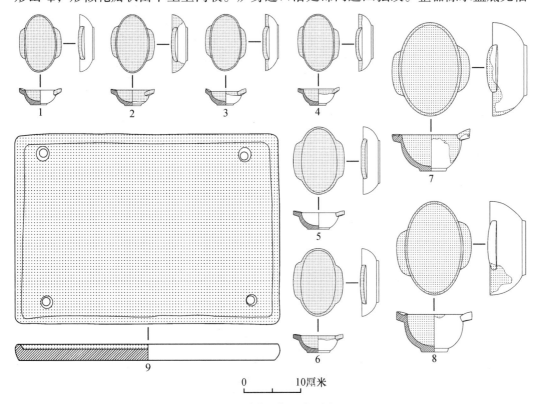

图五　釉陶耳杯、方平盘

1～8.耳杯（M9：2、M9：4、M9：5、M9：6、M9：3、M9：8、M9：9、M9：56）　9.方平盘（M9：21）

外，余施赭黄色釉。承盘口径16.5、通高20.4厘米（图六，7）。M9：11，泥质红陶。仅存炉盖。锥形，浮雕三层半圆形山峰，形似花瓣状由下至上内收。器表施绿釉，内壁无釉。盖径10、高7.2厘米。M9：12、M9：13、M9：14与M9：11大小和形制基本一致（图六，1～4）。M9：34，泥质红陶。仅存炉盖。锥形，浮雕四层半圆形山峰，形似花瓣状由下至上内收，底部的山峰上饰草叶纹，山峰之间绘飞禽和爬兽，中部的山峰之间绘云气纹。器表施赭黄色釉，内壁无釉。盖径20.4、高12.4厘米（图六，5）。M9：35，泥质红陶。与M9：34形制一致。盖径20.8、高12.4厘米（图六，6）。

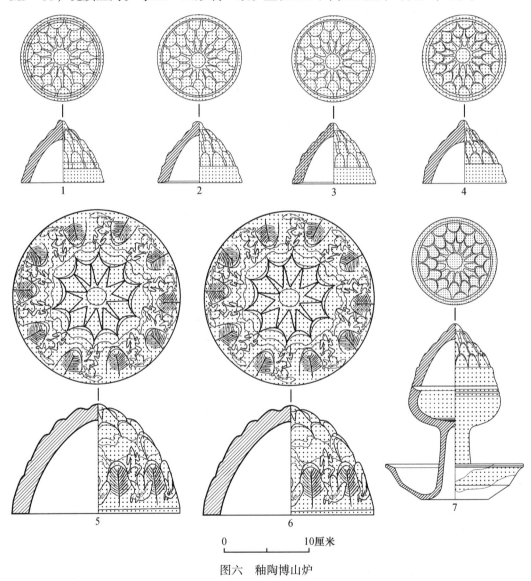

图六　釉陶博山炉

1～6.博山炉盖（M9：11、M9：12、M9：13、M9：14、M9：34、M9：35）　7.博山炉（M9：20）

2. 模型明器及俑

模型明器有楼、圈厕、仓、灶、磨、井、俑等，俑又分为人物俑和家畜家禽俑。

楼　1件。M9：45，泥质红陶。平面呈方形，侧面呈曲尺形，由门楼、楼阁组成。门楼呈方形，正面中间半开门，上部有楼台侈出方座，一侧置有伏地叩首状俑。楼阁分为三层，各层皆为单檐，顶部为五脊四坡式庑殿式顶，楼阁与底部的门楼浑然一体。楼面共饰四个铺首衔环，通体施赭黄釉，多脱落。通高54.56、面阔22厘米（图七，1）。

圈厕　1件。M9：51，泥质红陶。畜圈、厕所合一呈方形座，平底留两个半月形穿孔。长方形畜圈在中，正面中间开小门，内置一长方形拱桥式猪栏，猪栏内有一釉陶猪，长吻，耸耳立鬃，弓腰短尾，四肢直立。畜圈上部留小台，接长方形斜坡，两侧各设一耸立的四阿顶角楼。通体施赭黄釉，多脱落。通高32、面阔30厘米；陶猪栏长15.2、高10厘米，陶猪长13.2、高8厘米（图七，2）。

仓　4件。M9：33，泥质红陶。小口，圆唇，折肩，弧壁略内收，平底内凹，三俑式足，做躬身持物状，尖耳长舌。近底部开一圆形仓门。器表施赭黄色釉，多脱落。口径7.6、通高34.2厘米（图八，1）。M9：38、M9：39、M9：41与M9：33形制大小基本一致（图八，2～4）。

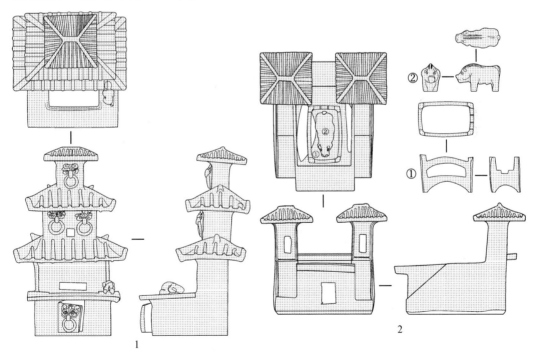

0　　10厘米

图七　釉陶楼、圈厕

1.楼（M9：45）　2.圈厕（M9：51）

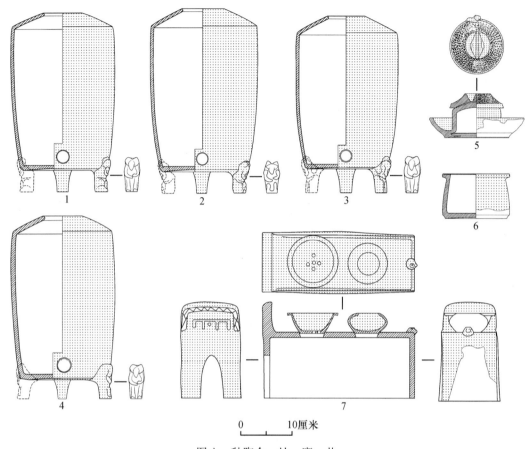

图八　釉陶仓、灶、磨、井

1~4.仓（M9：33、M9：38、M9：39、M9：41）　5.磨（M9：26）　6.井（M9：43）　7.灶（M9：50）

　　灶　1件。M9：50，泥质红陶。长方形灶身，半圆形火门通地，上有矮挡火墙。灶面窄长，两个火眼上分别放置一折腹平底釜及甑，灶头有一圆形带孔烟囱。挡火墙外壁饰网格纹及围栏纹样，器表施赭黄色釉，多脱落。长29.6、宽18.4厘米（图八，7）。

　　磨　1件。M9：26，泥质红陶。分上盘和下盘。上盘中部两个半月形料孔，一侧有纽作把柄。下盘底为圆形承盘，敞口，斜腹壁，假圈足较矮。承盘中部一圆形磨台，磨台顶部圆弧，内中空。上盘顶部饰蜂窝状印纹，整器内壁及外壁上部施赭黄色釉，底无釉。口径18.8、底径12.6、通高6.8厘米（图八，5）。

　　井　1件。M9：43，泥质红陶。敛口，平折沿较宽，斜腹壁，底部折收，平底内凹。内外壁施赭黄色半釉，底无釉。口径13.4、底径12、高8.5厘米（图八，6）。

　　人物俑　5件。皆为跪式俑。M9：15，泥质红陶。跪姿，身形向一侧倾斜。椭圆形头向左偏斜，阴刻五官，眉眼上扬，胸前堆塑双乳。左手残缺，右手曲于胸前做托举状。器表施绿釉，多脱落。高13厘米（图九，1）。M9：16，泥质红陶。跪姿，躯体较直。椭圆形头，头发绾束于顶部成髻。阴刻五官，眉眼上扬。双臂屈于胸前做托举状。器表施绿釉，多脱落。高13.2厘米（图九，2）。M9：17，泥质红陶。跪姿，身形向一侧倾斜。椭圆形头微微下垂，阴刻五官，眉眼、嘴角皆上扬。左手垂放于大腿，右臂残缺。器表施绿釉，多脱落。高11厘米（图九，3）。M9：18，泥质红陶。跪姿，上身微微向后仰。椭圆形头，头发绾束于顶部成髻。阴刻五官，下颌前凸。双臂残缺，上肢垂于胸腹。器表施绿釉，多脱落。高11.6厘米（图九，4）。M9：29，泥质红陶。跪姿，上身微微向后仰。椭圆形头，阴刻五官，浓眉高鼻，咧嘴含笑，下颌前凸。双臂屈于胸腹，似环抱一幼婴做哺乳状。器表施绿釉。高13.6厘米（图九，5）。

　　鸡　1件。M9：46，泥质红陶。立姿，高冠，低首，尖喙下见肉裾，长尾弯曲下垂，椭圆形圈座。釉多脱落。高11.6厘米（图九，6）。

　　鸟　1件。M9：47，泥质红陶。立姿，冠较矮，尖喙，方尾上扬，椭圆形圈座。器表施红釉，多脱落。高8.1厘米（图九，7）。

　　鸭　2件。形制大小基本一致。M9：48，泥质红陶。立姿，扁圆形身腹，扁喙，低首，颈略前伸，其上阴刻羽毛纹，扁圆形尾上翘，椭圆形圈座。釉多脱落。高10.8厘米（图九，8）。M9：49，泥质红陶。高10.8厘米（图九，9）。

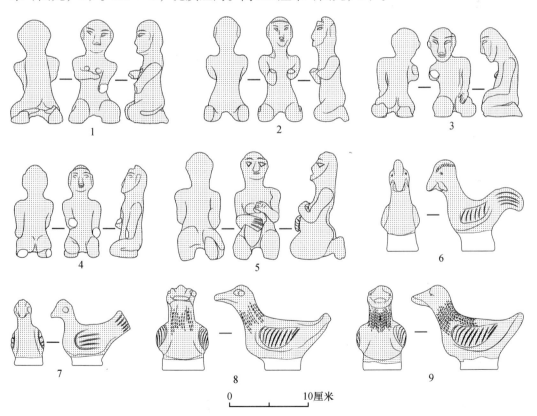

图九　陶人物俑、家禽家畜俑

1~5.人物俑（M9：15、M9：16、M9：17、M9：18、M9：29）　6.鸡（M9：46）　7.鸟（M9：47）

8、9.鸭（M9：48、M9：49）

　　狗　1件。M9：55，泥质红陶。卧姿，身躯饱满，四肢伏地，伸颈仰头，五官刻画生动有神，双耳竖立，怒目圆睁，张嘴咧齿，胡须上扬，短尾卷曲。器表施赭黄色釉。通长44、高39.6厘米。出土于甬室封门内侧，应作镇墓兽（图一〇）。

0　　　　10厘米

图一〇　釉陶狗（镇墓兽）（M9：55）

（二）陶器

　　3件。均为泥质灰陶。

　　罐　2件。M9：42，泥质灰陶。敛口，圆唇，矮领，折沿，弧腹，平底略内凹。肩、腹饰两周连续的倒三角形印纹。口径14、底径13.6、高24厘米（图一一，1）。M9：44，泥质灰陶。侈口，圆唇，矮领，圆溜肩，鼓腹斜收，平底内凹。肩部饰两道绳索状凸棱，腹部饰一周连续的倒三角形印纹，器表多处土锈。口径15、底径16.4、高28.4厘米（图一一，2）。

　　瓮　1件。M9：52，泥质灰陶。口微敛，尖圆唇，矮领，溜肩，弧腹，平底内凹。肩、腹部饰三周竖绳纹。口径22.4、底径19、高31厘米（图一一，3）。

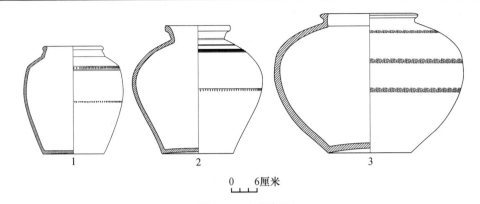

图一一　出土陶器

1、2.罐（M9：42、M9：44）　3.瓮（M9：52）

（三）铜器

削刀　1件。M9：25，锈蚀严重。环首，平刃，平背。残长26.3厘米（图一二，1）。

带钩　1件。M9：61，钩首、尾皆残。钩身弯曲，圆柱形纽。残长9厘米（图一二，2）。

铜钱　2枚。M9：24，方孔圆钱，锈蚀严重，内外有郭，钱文不清。直径2.4、孔径0.8、厚0.1厘米（图一二，3）。

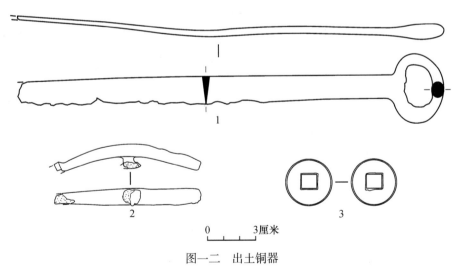

图一二　出土铜器

1.削刀（M9：25）　2.带钩（M9：61）　3.铜钱（M9：24）

三、结　语

　　三闾庙墓地M9虽遭扰乱，墓室主体结构依然残存，随葬品器类组合完整。该墓分前后两室，加上甬室总长超过10米，属规模较大墓葬。随葬品以釉陶器为主，器类丰富，用料统一，制作精美，其中鼎、壶、樽等仿铜礼器，陶奁、耳杯等仿木漆器，楼、圈厕、仓、灶等模型明器保存完整，人物、动物俑形象逼真、栩栩如生。釉陶器皆为泥质红陶，釉色主要为赭黄色，有少量的红釉、绿釉，大部分釉色脱落，仅保留了釉底层的石灰粉末。这批组合完整、制作考究的随葬品不仅反映了墓主人生前富裕、安逸的生活场景，也为该墓的年代提供了重要信息。M9出土的随葬品与襄阳菜越墓地[1]、卞营墓地[2]东汉墓出土器物大致相当，综合判断，该墓的年代应属东汉晚期。

　　近年来，荆州发现了一些东汉时期的墓葬，主要分布在郢城遗址周边，保存一般，数量不多，见诸报道很少[3]。该墓随葬品丰富，少数器物为荆州地区首次发现，对该墓的科学发掘，为研究该地东汉时期的社会、经济、文化等提供了重要的实物资料。

发掘：刘登松　刘宏昊

绘图：刘宏昊　肖友红

修复：刘冬梅　刘祖梅

执笔：李　亮　汤琪琪

注　释

［1］　襄樊市文物考古研究所：《湖北襄樊樊城菜越三国墓发掘简报》，《文物》2010年第9期。

［2］　湖北省文物考古研究所、襄阳市文物考古研究所：《襄阳卞营墓地》，文物出版社，2019年。

［3］　荆州博物馆：《湖北荆州西胡家台墓地发掘简报》，《文博》2016年第2期。

三、古文字学研究

虎溪山汉简《阎昭》两支择日简的缀合

谢明宏

（北京硬糖娱乐文化传播有限公司）

摘要：本文对虎溪山汉简《阎昭》（下）简98+542、简101+554两支有关择日术的竹简进行缀合、补充释文，并结合《史记·白起王翦列传》对其中秦将李信和蒙武攻楚的史事辨疑，希望对增进《阎昭》的研究理解有所裨益。

关键词：虎溪山汉简　《阎昭》　缀合

湖南省文物考古研究所编《沅陵虎溪山一号汉墓》[1]，其中《阎昭》（下）几组择日简所引述的战国到汉初的重大史事，为相关研究提供了新的线索。本文试对其中两支竹简进行缀合，以请教于方家。

一、缀合《阎昭》（下）简98+542[2]

简98的释文作：

　　▨□吉以罚日攻有□▨[3]

简542的释文作：

　　秦将李信新民将蒙武以乙酉日东击楚其于数□▨[4]

其中，"于"字已被杨先云改释为"於"[5]，可从。将简542的释文调整为：

　　秦将李信新民将蒙武以乙酉日东击楚其於数□▨

将简98与简542缀合，可以复原出碴口的"不"字。简98"吉"字前一字当为"不"字所残，简542末端的短横，可以补全"不"字的横笔。故两简的释文可调整为：

　　秦将李信新民将蒙武以乙酉日东击楚，其於数不吉以罚日攻有□□　　简98+542

　　"数不吉"的文例，还见于以下数简：

　　　　□兵於数不吉以丁□□　简101[6]
　　　　数不吉□　简197[7]
　　　　□□数不吉其行日刻□□　简536[8]

　　从"不"字的复原以及"数不吉"的文例，可知简98与简542当可缀合无疑。缀合
碴口及字形对比见表一，整简缀合见附图。

表一　简98+542碴口及字形对比表

简98+542碴口	简101的"数不吉"
	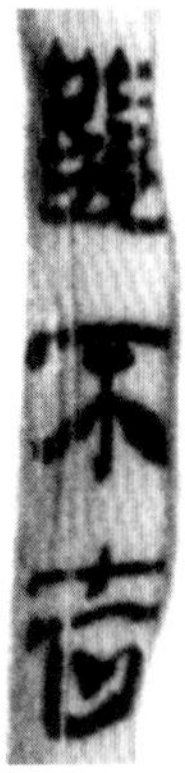

二、缀合《阎昭》（下）简101+554

　　简101的释文作：

　　　　□兵於数不吉以丁□□[9]

　　简554的释文作：

　　　　秦攻荆秦将军李信新民将蒙武湿楚□□[10]

　　简101整理者所释"匤"字图版作 ，。从字形看，其下部并非"兵"字所从的
"廾"，而是"其"字所从的"丌"。如果我们把前已缀合的简98+542、简101+554

排列到同一图版中（参附图），并把简542与简554的编绳痕迹对齐，对比两支简大约平行位置的"其"字与![]，则不难发现简101该字原释"兵"有误，当改释为"其"字。

简542从简首到中间的编绳前，简文有"秦将李信新民将蒙武以乙酉日东击楚"共计16字，中间编绳下第一字为"其"，经缀合编绳后有"其於数不吉以罚日攻有□"共计11字。简554从简首到中间的编绳前，简文有"秦攻荆秦将军李信新民将蒙武湿楚"共计15字，中间编绳下残存字迹作![]。

根据简542与简554的编绳痕迹，我们怀疑这两支择日简有相同的书写逻辑，即在中间的编绳前引述相关史事作为案例，在中间编绳后书写分析吉凶原因的择日术内容[11]。由此，将简554与简101缀合后，恰可复原出编绳下的"其"字，其图版作![]。原释"医"字，根据复原后的图版以及"其於数不吉"的辞例，改释为"其"得到字形和辞例的进一步依据。字形对比见表二。

表二 "其"字字形对比表

简101+554	简533	简542	简543	简545
![]	![]	![]	![]	![]

两简释文可调整为：

秦攻荆秦将军李信新民将蒙武湿楚，其於数不吉以丁□☑　　简101+554

缀合碴口见表三，整简缀合见附图。

三、李信与蒙恬攻楚辨疑

整理者在结语中提到："《阎氏乘日》中为证明其择日术的严谨正确，涉及陈胜起义、钜鹿之战、陈豨叛汉等。"包括提到代王刘恒前往长安继位的《阎昭》（下）简83，其简文作："☑大忧·大阴令皇帝从代来□。"正与《史记·日者列传》"代王之入，任于卜者"相印证[12]。

表三　简101+554的碴口及字形对比表

简101+554碴口	简542的"楚其於数"

　　尽管是择日术，但《阎昭》仍零星记录了一些战国末期至汉初的重大事件。简98+542、简101+554涉及人物有秦将李信和蒙武，所言事件"东击楚"与"秦攻荆"显然是秦统一六国的末期战役。

　　秦将李信曾以追击燕太子丹的英勇，受到始皇的赏识。事见《史记·白起王翦列传》《史记·刺客列传》《战国策》。始皇先后询问李信和王翦攻打楚国需要多少人马，李信言二十万，而王翦言六十万。始皇由此认为王将军老迈不如李将军壮勇，让李信带兵二十万攻楚。《史记·白起王翦列传》："遂使李信及蒙恬将二十万南伐荆。" [13]

　　起初，李信顺利攻破了鄢郢[14]，并与攻打寝丘的蒙恬会于城父。但由于楚军连续追击李信军三日三夜，最终大破李信，令秦军败走。始皇知道战果后大怒，换王翦替代李信去攻打楚国。

　　王翦代李信攻打楚国，其裨将军正是蒙武。《史记·蒙恬列传》记载了蒙武的两次击楚。先是始皇二十三年："蒙武为秦裨将军，与王翦攻楚，大破之，杀项燕。"后是始皇二十四年："蒙武攻楚，虏楚王。" [15]《史记·白起王翦列传》载："岁余，虏荆王负刍，竟平荆地为郡县。" [16]两传所记为一事，可知在李信被免除攻楚兵权后，蒙武作为王翦副将也在平楚战役中发挥了重要作用。

　　回顾李信、蒙武相关对楚战事，简98+542所言"东击楚"与"秦攻荆"的时间或即在始皇二十三年前后。因李信在城父败退后，已退出这场击楚战役。此前与李信共同击楚的将领，《史记·白起王翦列传》仅言李信及蒙恬，未提到蒙武。这种人员变动，明人李元吉在《读书呓语》中已有怀疑："始皇二十三年，□令蒙恬同李信伐楚矣，是时蒙武亦且八十矣。乃又使同王翦伐楚，而不用恬也。"[17]李氏一疑蒙武当时过于老迈，二疑人员变动过于频繁。战败的主责在李信，始皇把主将与副将一同撤换当属少见，也不近罪罚功赏的常理。

按《史记》所载，始皇二十三到二十四年的攻楚战役，第一阶段的将领是李信和蒙恬，第二阶段才换成王翦和蒙武。简98+542及简101+554所言，秦对楚战争同时出现李信和蒙武的情况，似不见于相关传世文献。

清人梁玉绳的《史记志疑》曾指出："此前后三称蒙恬，考《六国表》及《蒙恬传》，是时恬未为将，当是蒙武之误。"[18]杨宽先生从其说[19]。辛德勇先生在《云梦睡虎地秦人简牍与李信、王翦南灭荆楚的地理进程》言梁氏所说应是[20]。罗运环先生在《楚国八百年》中也认为此处的蒙恬为蒙武之误[21]。陈明先生论证李信"攻鄢郢"的行程时，也表示"其中攻寝的蒙恬当为蒙武"[22]。

蒙恬为蒙武之误得到诸家共识，简98+542以及简101+554则为这种说法更添一证。我们注意到，梁氏在言蒙恬为蒙武之误时，还提到《太平御览》百五十九引《史》云："蒙恬伐楚寝丘。"[23]另外，在唐代《通典》卷一百七十七引《史记》时也是"蒙恬伐寝"[24]。宋代的《太平寰宇记》卷十一在引《史记》时也言"蒙恬伐楚之寝丘"[25]。从版本学考虑，"蒙恬为蒙武之误"发生的时间下限或在唐宋之际，其上限究竟是太史公成书时还是其后传抄造成，尚需更多数据加以辨析。

两简均以"新民将蒙武"称之，或是在区别李信所领导的秦民士兵与蒙武所领导的新民士兵。《商君书·徕民》多次把"新民"与"故秦民"相对而称，并提到"令故秦兵，新民给刍食"[26]。作为外来人不能当兵，但必须提供粮草等军备费用。《阎昭》中的"新民将"似与《商君书》的新民无法当兵的记载相抵牾。

虽然《阎昭》引述这场战事意在说明乙酉日的"於数不吉"，但也为我们瞭望相关史事提供了新线索。

四、结　语

我们根据"於数不吉"的文例，缀合了简98+542。再依照简98+542"其於数不吉"的文例，参考编绳的位置缀合了简101+554。在简98+542的缀合中，"不"字成为关键词。在简101+554的缀合中，"其"字成为关键词。

简542断裂在"其於数"，按照"於数不吉"的文例，我们发现简98未释的首字即为"不"，尝试缀合后发现碴口密合，形制相同，字体风格接近，可以缀合。

简554断裂在"蒙武湿楚"，按照"其於数不吉"以及简98+542在中间编绳下书"其"的规律，我们怀疑其下残笔为"其"。与简98缀合后，一定程度复原了"其"字。原释"医"字也得以改释。

简101+554的缀合，若无简98+542的缀合作为依托，可信度会降低。而简98+542的缀合，若无其他残简的"於数不吉"也难得思路。这两支简的复原，为我们缀合断简提供了新思路。除了碴口和残字的复原外，竹简文献本身呈现的文例规律应当得到相应的重视。

注　释

［1］　湖南省文物考古研究所：《沅陵虎溪山一号汉墓》，文物出版社，2020年。

［2］　此则缀合笔者曾发表在武汉大学简帛中心网站，详见拙文《虎溪山汉简〈阎昭〉缀合（五）》，武汉大学简帛中心网站，2021年5月8日。

［3］　湖南省文物考古研究所：《沅陵虎溪山一号汉墓》，文物出版社，2020年，第131页。

［4］　湖南省文物考古研究所：《沅陵虎溪山一号汉墓》，文物出版社，2020年，第142页。

［5］　杨先云：《虎溪山汉简释文校释》，武汉大学简帛中心网站，2021年3月3日。

［6］　湖南省文物考古研究所：《沅陵虎溪山一号汉墓》，文物出版社，2020年，第131页。

［7］　"吉"字从杨先云释，见杨先云《虎溪山汉简释文校释》。

［8］　"数"字从杨先云释，见杨先云《虎溪山汉简释文校释》。

［9］　湖南省文物考古研究所：《沅陵虎溪山一号汉墓》，文物出版社，2020年，第131页。

［10］　湖南省文物考古研究所：《沅陵虎溪山一号汉墓》，文物出版社，2020年，第143页。

［11］　以简399、简452、简467等整简观察，少见字迹被编绳压印的痕迹，《阎昭（下）》先编连后书写的可能性更大。

［12］　湖南省文物考古研究所：《沅陵虎溪山一号汉墓》，文物出版社，2020年，第155页。

［13］　（汉）司马迁：《史记》（修订本），中华书局，2013年，第2826页。

［14］　牛鹏涛曾指出，李信攻打的"鄢郢"，实即《楚居》中出现的"郊郢"，不在今湖北宜城一带，而在河南郾城。参看《〈史记·白起王翦列传〉李信"攻鄢郢"考》，《江汉考古》2017年第2期，第81～85页。

［15］　（汉）司马迁：《史记》（修订本），中华书局，2013年，第3095页。

［16］　（汉）司马迁：《史记》（修订本），中华书局，2013年，第2828页。

［17］　（明）李元吉：《续修四库全书》卷一一四三《子部·杂家类·读书呓语》，上海古籍出版社，1996年，第529页。

［18］　（清）梁玉绳著，贺次君校：《史记志疑》，中华书局，1981年，第1267页。

［19］　杨宽：《战国史料编年辑证》，上海人民出版社，2016年，第1254页。

［20］　辛德勇：《云梦睡虎地秦人简牍与李信、王翦南灭荆楚的地理进程》，《出土文献（第五辑）》，中西书局，2014年，第194页。

［21］　罗运环：《楚国八百年》，武汉大学出版社，1992年，第392页。

［22］　陈明：《李信所攻"鄢郢"即昌平君所徙之"郢"》，《中国历史地理论丛》2021年第2期，第124～132页。

［23］　（宋）李昉等：《太平御览》，中华书局，1960年，第774页。

［24］　（唐）杜佑：《通典》，浙江古籍出版社，2007年，第942页。

［25］　（宋）乐史著，王文楚校：《太平寰宇记》，中华书局，2007年，第208页。

［26］　（战国）商鞅、（战国）韩非：《商君书·韩非子》，岳麓书社，2006年，第32页。

附图

101＋554

98＋542

海昏侯墓出土木楬中的"象肯"*

——兼论传世文献中的"象骨"

罗小华

（长沙市文物考古研究所）

摘要： 西汉海昏侯墓M1：92号木楬中记载了两件"象肯（骨）"制品。根据传世文献记载，在古代，有不少物品都是以"象骨"制作或装饰的。文献中的"象骨"，是指象牙还是指象骨，目前还无法断言。出土文物中的象牙制品和动物骨制品，都可为我们研究古代的"象骨"制品提供参考。

关键词： 西汉海昏侯墓M1：92号木楬　象肯　传世文献　象骨　象牙

2011年4月，江西省文物考古研究院发掘了西汉海昏侯墓。2015年7月，在刘贺墓主椁室中发现5200多枚简牍、110枚签牌。《南昌市海昏侯墓》公布了M1：92号木楬的彩色照片[1]。虽然照片不甚清晰，但有两处"象肯"仍可辨识，现做些许探讨，以就教于方家。

第二行有"象肯尺一"，第二、三行有"象肯□一"。"肯"，写作"■"和"■"。从字形上看，上从"宀"，下从"肉"。《说文》肉部："肎，骨间肉肎肎箸也。从肉，从冎省。一曰骨无肉也。"[2]《玉篇》肉部："肎，可也。今作肯。"[3]楬文中的"肯"，应该就是《说文》中的"肎"。其义当为"骨无肉"，与"骨"同。

严玉先生曾指出："'骨'字初文作'冎'，本像骨架之形，是象形字。晚周累加肉旁孳乳为'骨'（古隶或省作'肎'……），则当为形声字。……'肎'字乃'骨'字省变而来。"[4]"骨"，战国文字或作"■"（郭店《老子甲》简33）；秦简文字或作"■"（睡虎地《日书甲种》简55背）；《说文》小篆形体作"■"。"肎"，秦简文字或作"■"（睡虎地《封诊式》简92）；《说文》小篆形体作"■"。从形体上看，"■"与"■"均当本自"■"。前者增加了"宀"，后者省略了一个"宀"旁。二者又分别为"骨"和"肎"的《说文》小篆形体所本。何琳仪师曾指出："冎"的战国文字形体可省作"■"[5]。据此可知，"肎"是由

---

* 本文为国家社会科学基金重大项目"先秦两汉讹字综合整理与研究"（项目批准号15ZDB095）阶段性成果。

"骨"字"省变"而来的。长沙五一广场东汉简牍中，"肯"字或作"▨"（木两行2010CWJ1③：198-1），或作"▨"（木两行2010CWJ1③：244）[6]。"肎"从"宀"，而"肯"从"冖"。"冖"与"宀"，往往互作。《字汇》宀部："宄，与宂同。"[7]《玉篇》宀部："宜，今作宜。"[8]

"象肎"，就是"象骨"。根据传世文献记载，古代有不少物品都是以"象骨"制作或装饰的，可以分为以下几类。

一、象 笄

《诗·小雅·采绿》："予发曲局，薄言归沐。"郑玄笺："礼，妇人在夫家笄象笄。"[9]《仪礼·丧服》："折笄首者，折吉笄之首也。吉笄者，象笄也。"[10] 殷墟妇好墓出土骨笄499件："除圆盖形头笄凌乱地散放在'木匣'之南，……其余似都装在木匣内。"[11]

二、象 邸

《周礼·夏官·弁师》："王之皮弁，会五采、玉璂、象邸、玉笄。"郑玄注："邸，下柢也，以象骨为之。"贾公彦疏："云'邸，下柢也'者，谓于弁内顶上以象骨为柢。"[12]《晋书·舆服志》："《礼》'王皮弁，会五采玉璂，象邸玉笄'，谓之合皮为弁。"注："邸，冠下抵也，象骨为之，音帝也。"[13]清人马瑞辰指出："邸即揥也。盖揥本以搔发，后兼用以固冠弁也。"[14]

三、象 揥

《诗·鄘风·君子偕老》："玉之瑱也，象之揥也。"郑玄笺："揥，所以摘发也。"孔颖达正义："以象骨搔首，因以为饰，名之揥，故云'所以摘发'，《葛屦》云'佩其象揥'，是也。"[15]《诗·魏风·葛屦》："好人提提，宛然左辟，佩其象揥。"毛亨传："象揥，所以为饰。"孔颖达正义："至门之时，其夫揖之，不敢当夫之揖，宛然而左辟之，又佩其象骨之揥以为饰。"[16]孙机先生指出："马王堆1号墓墓主之发髻上插有玳瑁质、角质和竹质擿三支。……。《续汉书·舆服志》说：太皇太后、皇太后入庙服，'簪以玳瑁为擿，长一尺'。又说：'诸簪珥皆同制，其擿有等级焉。'……角擿与竹擿簪皆长一尺，可见擿长大约以一尺为度。擿有齿，外形有些像窄而长的梳子，……不适于梳发，亦与栉笄类不尽相同。……可用于搔发。擿又作揥。……擿不仅用于搔发，它同时还用于会发。……所谓会发、整发，实际上就是绾发、簪发。"[17]

四、象　弭

《诗·小雅·采薇》："四牡翼翼，象弭鱼服。"郑玄笺："弭弓反末别者，以象骨为之，以助御者解辔紒，宜滑也。"孔颖达疏："言象弭，谓弓反末别戾之处，以象骨为之也。……弭之用骨，自是弓之所宜，亦不为解辔而设。但巧者作器，因物取用，以弓必须滑，故用象骨。"[18]王恩田先生指出，山东益都县（今青州市）苏埠屯商代墓地出土"弓的两端各有长短弓弭，以往称为'骨搬子''骨饰''骨弓帽'等等，其实应是文献中所说的'象弭'"[19]。

五、象　瑱

《诗·齐风·著》："俟我于著乎而，充耳以素乎而，尚之以琼华乎而。"孔颖达正义："《楚语》称曰公子张骤谏灵王，王病之，曰：'子复语，不谷虽不能用，吾置之于耳。'对曰：'赖君之用也，故言。不然，巴浦之犀牦兕象，其可尽乎？其又以绳为瑱。'韦昭云：'瑱所以塞耳，言四兽之牙角可以为瑱。'是象可以为瑱。此言充耳，以素可以充耳，而色素者唯象骨耳，故知素是象瑱。"[20]

六、象　骨　决

《仪礼·乡射礼》："司射适堂西，袒、决、遂，取弓于阶西，兼挟乘矢，升自西阶。"郑玄注："决犹闿也，以象骨为之，著右大擘指，以钩弦闿体也。"[21]包山2号墓出土"指套"2件："骨质。扁圆形，内空，可套一指。一侧有外凸饰，上部有一横浅槽和对穿小圆孔。"[22]

七、象　骨　觿

《礼记·内则》："左佩纷帨、刀、砺、小觿、金燧。"郑玄注："小觿，解小结也，觿貌如锥，以象骨为之。"[23]河南省安阳市大司空村商墓出土象牙觿："标本T1513M231：34，形制与M412：15相同，鱼形，柄端残，中部有凹槽，后端表面刻划几何纹，尾端稍翘。长9.5、宽1.7厘米。标本T0624M76：30，鱼形，中部以上残失。残长4.7厘米。"[24]

八、象骨饰觚

《仪礼·燕礼》："主人盥，洗象觚，升实之，东北面献于公。"郑玄注："象觚，觚有象骨饰也。"[25]殷墟妇好墓出土夔鋬杯2件："成对。杯身管用象牙根段制成，根段中空，因料造型，巧具匠心。"带流虎鋬杯1件："米黄色，残破，经复原。杯身略呈圆筒形，上端有流，流一侧稍内敛，底已残失，从安底处的痕迹看，底下距切地处为8厘米。利用象牙根段制成。"[26]据此，我们推测，"象觚"会不会是象牙或象骨制作的觚。

九、象骨饰笏

《左传》桓公二年"衮、冕、黻、珽"，孔颖达正义："大夫与士笏俱用竹，大夫以鱼须饰之，士以象骨为饰，不敢纯用一物，所以下人君也。"[27]

十、象骨饰尊

《周礼·春官·司尊彝》："其朝践用两献尊，其再献用两象尊，皆有罍，诸臣之所昨也。"郑玄引郑司农云："象尊以象凤皇，或曰以象骨饰尊。"[28]我们怀疑，除了"以象凤皇"和"以象骨饰尊"外，也可能指象形尊。湖南省博物馆藏有一个象尊："商晚期容酒器。高22.8厘米，长26.5厘米，重2.57千克。1975年湖南醴陵狮形山出土。此器通体作象形，象鼻中空，鼻、腿粗壮。"[29]可资参考。

可见，以"象骨"为材料制作物品，在古代是比较常见的。传世文献中，"象笏""象弭""象掃""象骨决""象骨觿""象觚""象尊"等物品，均有出土实物可以佐证。"象邸"，马瑞辰认为与"象掃"是不同用途的同一物品。"象瑱"与"象骨饰笏"，也是可以想象的。海昏侯墓出土M1∶92号木楬中记有"象骨尺"和"象骨□"。关于前者，《中国古代度量衡图集》中收录了两把商代尺："目前所见最早的尺，有传世的商骨尺和商牙尺，相传均系河南安阳殷墟出土，分寸刻划采用十进制。"[30]可兹参照。关于后者，"□"不知是否能与传世文献记载相对应，更令人期待。传世文献和出土文献中的"象骨"，是指象牙，还是指象骨，仍待证实。而在出土文物中，无论是可以确定的象牙制品，还是无法确定为何种动物的骨质品，都是值得参考的。

注　释

［1］　江西省文物考古研究院：《南昌市西汉海昏侯墓》，《考古》2016年第7期。

［2］　许慎撰，徐铉校定：《说文解字》，中华书局影印本，1963年，第90页。

［3］　（梁）顾野王：《宋本玉篇》，北京市中国书店，1983年，第142页。

［4］　李学勤主编：《字源》，天津古籍出版社，2013年，第350、370页。

［5］　何琳仪：《战国古文字典》，中华书局，1998年，第1193页。

［6］　长沙市文物考古研究所、清华大学出土文献研究与保护中心、中国文化遗产研究院等：《长沙五一广场东汉简牍（壹）》，中西书局，2018年，第172页；《长沙五一广场东汉简牍（贰）》，中西书局，2018年，第111页。

［7］　（明）梅膺祚：《字汇 字汇补》，上海辞书出版社，1991年，第116页。

［8］　（梁）顾野王：《大广益会玉篇》，中华书局，1987年，第54页。

［9］　（清）阮元校刻：《十三经注疏》，中华书局影印本，1980年，第494页。

［10］　（清）阮元校刻：《十三经注疏》，中华书局影印本，1980年，第1124页。

［11］　中国社会科学院考古研究所：《殷墟妇好墓》，文物出版社，1980年，第208页。

［12］　（清）阮元校刻：《十三经注疏》，中华书局影印本，1980年。

［13］　（唐）房玄龄等撰：《晋书》，中华书局，1974年，第770页。

［14］　（清）马瑞辰：《毛诗传笺通释（上）》，中华书局，1989年，第174页。

［15］　（清）阮元校刻：《十三经注疏》，中华书局影印本，1980年，第314页。

［16］　（清）阮元校刻：《十三经注疏》，中华书局影印本，1980年，第357页。

［17］　孙机：《汉代物质文化资料图说》，文物出版社，1991年，第246页。

［18］　（清）阮元校刻：《十三经注疏》，中华书局影印本，1980年，第414、415页。

［19］　王恩田：《益都苏埠屯亚丑族商代大墓的几点思考》，复旦大学出土文献与古文字研究中心网，2015年6月25日。

［20］　（清）阮元校刻：《十三经注疏》，中华书局影印本，1980年，第349页。

［21］　（清）阮元校刻：《十三经注疏》，中华书局影印本，1980年，第996页。

［22］　湖北省荆沙铁路考古队：《包山楚墓》，文物出版社，1991年，第262页。

［23］　（清）阮元校刻：《十三经注疏》，中华书局影印本，1980年，第1461页。

［24］　中国社会科学院考古研究所：《安阳大司空2004年发掘报告（上）》，文物出版社，2014年，第491页。

［25］　（清）阮元校刻：《十三经注疏》，中华书局影印本，1980年，第1017页。

［26］　中国社会科学院考古研究所：《殷墟妇好墓》，文物出版社，1980年，第215、217页。

［27］　（清）阮元校刻：《十三经注疏》，中华书局影印本，1980年，第1742页。

［28］　（清）阮元校刻：《十三经注疏》，中华书局影印本，1980年，第773页。

［29］　中国文物学会专家委员会：《中国文物大辞典（上）》，中央编译出版社，2008年，第260页。

［30］　国家计量总局、中国历史博物馆、故宫博物院：《中国古代度量衡图集》，文物出版社，1984年，第1页。

读里耶秦简札记（八则）*

何有祖　赵翠翠

（武汉大学简帛研究中心　"古文字与中华文明传承发展工程"协同攻关创新平台）

摘要： 2002年湖南省龙山县里耶镇出土的秦简牍，是秦史研究的宝贵资料。本文释里耶秦简"居""会""鸡鸣"等字词，对简文文意做了进一步疏解。

关键词： 里耶秦简　文书　考释　文字　鸡鸣

2002年出土于湖南省龙山县里耶镇的秦简牍资料陆续被披露[1]，这些材料包含了秦洞庭郡迁陵县文书和各种簿籍，涉及官吏的考课陟黜、赋税徭役、诉讼、廪食、符传、作务、邮传、贡献等方面，为秦史研究提供了宝贵资料。我们在研读中，尝试提出一些文本方面的考释意见，不妥之处，敬请方家指教。

一

讯德，辞（辞）曰：昌有它罪，为　　8-1569

邬勖先生指出，从"德"供词中的"昌有它罪"来看，此简是一份官吏论狱不当案件的讯问记录[2]。今按："有它罪，为"，类似完整的语句见于里耶8-755、8-756号简"司空厌等当坐，皆有它罪，耐为司寇"，该处"为"后所接"司寇"为刑徒名。司寇，睡虎地秦简《秦律十八种·司空律》"隶臣妾、城旦舂之司寇"整理小组注释云："刑徒名，《汉旧仪》：'司寇，男备守，女为作如司寇，皆作二岁。'"可知8-1569"为"后所接也可能为刑徒名。

9-756号简："八月乙巳朔甲寅，迁陵守丞都告廥主：亟定丞以下当坐者名吏（事）里、它坐、赀，遣诣廷。以书言，署金布发。/欣手。"对有罪吏的"它坐"情况予以调查。8-1364："尉史士五郣小莫邪般，毋它坐。"则交代尉史"般"没有"它坐"的情况。这些简文中的"它坐"，即"它罪"。睡虎地秦简《封诊式·盗自

---

* 本文写作得到国家社科基金一般项目"已刊里耶秦简文本再整理与分类研究（19BZS015）"、"古文字与中华文明传承发展工程"项目"近出秦汉简帛丛考（G3456）""里耶秦简牍校释缀合"（G3457）"的资助。

告》云："某里公士甲自告曰：'以五月晦与同里士五（伍）丙盗某里士五（伍）丁千钱，毋（无）它坐，来自告，告丙。'"整理小组注释说："无它坐，秦汉法律文书习语，意为没有其他罪行，如《居延汉简甲编》129：'贺未有鞫系时，毋（无）它坐，谒报，敢言之。'"[3]

由此可知8-1569号简记载讯问"德"，"德"供词中的"昌"有其他的罪行，并已是某种类型的刑徒。那么，简文并无明确的语句指向"官吏论狱不当案件"。此种对"德"加以询问，而供词中提及另一人（昌）的情形，当是前面所提的对某人"它罪"的进一步调查。

二

☑讯忠，辞曰：史，公卒，【居】☑ Ⅰ
☑弦长弦少，以竹为兰、枝☑ Ⅱ   8-294+8-40+8-93+8-292+8-113

整理者指出8-292、8-294可缀合。《里耶秦简牍校释（第一卷）》指出二简碴口未能密合[4]。何有祖缀合8-294、8-40、8-93、8-292、8-113[5]，后指出该简是一段审讯记录。涉案人员身份为公卒，其涉案事由似与兵器的保管、制作有关[6]。今按："公卒"后一字作：　　，仅剩上部少许残笔。把该残笔与里耶秦简"居"字作　　（8-135）、　　（8-197）比较可知，残笔为"尸"，有可能是"居"字之残。字疑释作"居"。"公卒"，身份名称，张家山汉简《二年律令》312号简："公卒、士五（伍）、庶人各一顷，司寇、隐官各五十亩。"整理者注："自关内侯至公士为二十级爵的第十九级至第一级。一顷半顷，一顷半。士伍，《汉旧仪》：无爵为士伍。或指削爵者，《史记·淮南厉王传》注如淳引律：'有罪失官爵称士伍。'"[7] "公卒、士五（伍）、庶人"身份接近，都属于无爵者。里耶秦简讯辞多会提及爵位等身份信息，如：

司空讯却，辞（辞）曰：士五（伍），居城父。   9-1410
卅年□月丙申，迁陵丞昌、狱史堪【讯】昌。辞（辞）曰：上造，居平陆侍廷，为迁陵丞。   8-754+8-1007

一般"辞曰"的后面记录自己的身份（如爵称）、居住县乡里等信息，如9-1410"却"身份是士伍，"居城父"，指却的居县（即原户籍所在县[8]）为城父。8-294+8-40+8-93+8-292+8-113"辞"后交代"忠"的身份信息、居县情况，所以"公卒"后一字当释作"居"。8-294+8-40+8-93+8-292+8-113"讯忠，辞曰：史，公卒，【居】"，"忠"的职官名为史，身份为"公卒"，其后应交代其户籍所在县的信息，因简残，尚待进一步研究。

三

☐【会】者毋有。辞（辤）曰：敦长、车徒   8-1299

会，原释文未释。今按：该字作。与里耶简"会"字作（8-577）、（8-175背）下部同，疑即"会"字。会，会合。常与"期"字连言，如岳麓秦简0992云"·兴律曰：发征及有传送殹（也），及诸有期会而失期，事乏者，赀二甲，废"[9]。《二年律令·行书律》269号简云"发征及有传送，若诸有期会而失期，乏事，罚金二两"[10]。"会者"见于玉门关汉简98DYC：15"绥和二年十二月戊辰，敦煌富里张君威买徐长宾牛一，贾（价）三千七百，会者敦煌成里李仲决"[11]。该"会者"似作为第三方参与张君威买徐长宾牛之交易。《汉书·鲍宣传》："博士弟子济南王咸举幡太学下，曰：'欲救鲍司隶者会此下。'诸生会者千余人。"该处"会者"指参与会见者。

本简"会者"上残，语义尚待考。会者毋有，即"会者"没有出现，故而下文有对"敦长、车徒"等可能知情者的审讯记录。

四

司空讯却，辞（辤）曰：士五（伍），居城父   9-1410
心心忌☐为为为为为城为城勿易勿易勿   9-1410背

司空，张春龙、龙京沙先生指出，官名，掌管工程，后逐渐成为主管刑徒的官名。也指在司空服役的刑徒[12]。李学勤先生指出是管理刑徒的官吏，也负责居赀赎债[13]。邹水杰先生认为里耶秦简记载县下设有"司空"管理县中徭役、刑徒和居赀赎债事务。乡中并没有司空的设置。秦时县司空之官长可设有秩、啬夫或守[14]。今按："司空讯却"四字在竹简上的分布如下：

比较容易看出"司空"在竹简中线右侧书写，字体偏小，而"讯却"等诸字居中书写，字体偏大。里耶简有"司空"加人名的用例，如9-191+9-327"司空色、佐敬分负"，出现在"佐敬"前的"司空色"当是"司空"这个机构的长官。本简"司空"后未接人名，从文义上不大可能与"讯却"连读。颇疑"司空""讯却"并非一次书写。结合简尾出现的二斜画，以及简背的习字内容，不排除"司空"及斜画，是后来的习字内容。

五

· 讯鞋：鸡鸣☒   9-2575

"鞋"下二字，原释文未释，简文作： 。今按：可释为"鸡鸣"。里耶8-950"鸡"字作 ，睡虎地秦简《日书甲种》简47"鸣"字作 ，可参看。鸡鸣，时辰名，见于睡虎地秦简《编年纪》45号简："卅五年，攻大壄（野）王。十二月甲午鸡鸣时，喜产。"整理者注："鸡鸣时，丑时，见《尚书大传》。"[15] 简文中的"鸡鸣"可能与"鞋"供词中所交代行为的时间有关。

六

· 乙亥讯饒：狐勇买胡毛   9-2035

"乙亥"二字，原释文另作一行。《里耶秦简牍校释（第二卷）》指出此二字甚小，应是补写[16]。今按："乙亥"系后补入，其最初书写的体例，可参照9-2575号简，简首作"·讯某"，对某人讯问记录之辞。由此可见9-2035、9-2575号简原有着相似的书写体例，即"·讯某"。

七

☒【唯】毋豫失期，它如   9-2503

豫，《里耶秦简牍校释（第二卷）》："懈怠或迟疑。"《玉篇·象部》："豫，怠也。"《楚辞·九章·惜诵》："壹心而不豫兮，羌无可保也。"王逸注："豫，犹豫也。"[17]

失，原释文释为"先"。《里耶秦简牍校释（第二卷）》作"失"[18]。今按：里耶8-1252"☒☒将其求盗诣廷，会庚午旦，唯毋失期"。其中有"唯毋失期"。"唯毋豫失期"，如指希望不要懈怠失期，似也可通。但字形上仍有疑问。该字简文作 ，似仍当释作"先"。《说文》："先，前进也。从儿，从之。"上揭字形，上从之，下从人，下部从人，当即"先"字。类似写法见于胡家草场医方牍"·已闲（瘼），先久尾上，三壮"[19]，其中"先"字作 ，可参考。秦汉隶书与"先"字下部所从人的末笔，写法略有变化，如里耶秦简8-522"行先道旁曹始"之"先"字作 ，上部从"之"，下部写法与8-1624"失"字作 类似，但整体而言还是有着细微差别。豫，可指早。《广雅·释言》："豫，早也。"《汉书·赵充国传》："宜遣使者行边兵豫为备，敕视诸羌，毋令解仇。"文献也有"豫先"一词，指事先。《史记·酷吏列传》："奏谳疑事，必豫先为上分别其原，上所是，受而著谳决法廷尉，絜令扬主之明。"岳麓简肆179/1369号简"令守城邑害所，豫先分善署之，财（裁）为置将吏"[20]。由于还没有看到"豫先期"的用法，且此简上部残，此处"先"是用作本字，还是看作"失"的讹字，待考。

八

　　廿六年六月癸丑，迁陵拔讯橪：蛮、∟㐁☒　　12-10正

　　鞠之：越人以城邑反，蛮∟、㐁∟害，弗智（知）☒　　12-10背

　　"讯"下一字，王焕林先生疑为"捽"，训作揪[21]。《湘西里耶秦代简牍选释》作"橪"[22]。今按：释"橪"可从。"蛮"下一字，《湖南龙山里耶战国—秦代古城一号井发掘简报》释作"㐁"[23]。《湘西里耶秦代简牍选释》作"衿"[24]。周宏伟先生释为"㐁"[25]。今按：释"㐁"可从。

　　"橪""蛮""㐁"三字，王焕林先生指出"蛮""衿"二字连读。"蛮衿"指荆楚之民，与典籍习用之"蛮荆"应视为同音或音近的借用[26]。《湘西里耶秦代简牍选释》将"橪""蛮""衿"皆看作人名[27]。马怡先生指出"橪蛮"疑为人名，并指出本简简影图版在"蛮"字下有"∟"号[28]。周宏伟先生分别释为"楚""蛮""㐁"，并指出简文中的"∟"符号实际共有三个，分别位于正面的"蛮"字右下、背面"蛮""㐁"二字右下。"∟"符号应该是用来表示重复字的。"蛮㐁"二字并不能断开，它既不是人名，也不是"当地少数民族"，而是"蛮荆"的异写[29]。今按：把"橪""蛮""㐁"皆看作人名，可从。12-10正面"蛮"下有"∟"，背面"蛮""㐁"二字右下各有一"∟"，可见"蛮""㐁"均用作人名。简正面《湘西里耶秦代简牍选释》断句作"迁陵拔讯橪、蛮、∟㐁"[30]，即讯问"橪、蛮、㐁"三人的罪行，但简背记录的鞠审结果描述越人以城邑反之时"蛮""㐁"的罪行，只见"蛮""㐁"，不见"橪"，并不相合。可见"橪"并没有被列为罪犯，而是作为证人。那么，简正面当断句作"迁陵拔讯橪：蛮、∟㐁"，

大意是迁陵拔讯问桳，了解"蛮""衾"的罪行。

越人，《湘西里耶秦代简牍选释》谓即"濮人"[31]，王焕林先生谓即西越之人[32]。马怡先生指出是秦汉时期南方少数民族族群名[33]。郭涛先生指出："今结合岳麓（伍）的记载'谋以城邑反及道故塞徼外蛮夷来欲反城邑者'的语境来看，以城邑反者针对的是个人犯罪，且律文具有普遍性，'越人'更可能是人名，而非族群名。"[34]刘聪先生指出"越人"是生活在今湖南一带少数民族的称呼，而非人名[35]。今按："鞫之：越人以城邑反"之"越人"，参考14-831背"·鞫之：试以城邑反，亡奔☒"之"试"，可知用作人名的意见可从。

蛮，马怡先生指出"蛮"，疑即本简"桳蛮"[36]。按："蛮"也见于简正面，用作人名。

"害"，《湘西里耶秦代简牍选释》指出"害"应读为"曷"[37]，马怡先生疑为人名[38]。今按："蛮∟、衾∟害，弗智（知）"，其中"害，弗智（知）"较有可能是对"蛮、衾"二人犯罪事实的描述。岳麓伍170、171、172号简"今为令∟：谋以城邑反及道故塞徼外蛮夷来欲反城邑者，皆为以城邑反。智（知）其请（情）而舍之，与同辠。弗智（知），完为城旦舂∟。以城邑反及舍者之室人存者，智（知）请（情），与同辠，弗智（知），赎城旦舂∟"[39]。这是与"以城邑反"罪相关的律文，其中有对"弗智（知）"者的判罪规定。害，疑指造成危害后果。张家山汉简《二年律令·贼律》11号简："挢制，害者，弃市；不害，罚金四两。"其中即有关于害、不害两种情况的规定。

注　释

［1］　湖南省文物考古研究所、湘西土家族苗族自治州文物处、龙山县文物管理所：《湖南龙山里耶战国—秦代古城一号井发掘简报》，《文物》2003年第1期；张春龙、龙京沙：《湘西里耶秦代简牍选释》，《中国历史文物》2003年第1期；湖南省文物考古研究所：《里耶秦简（壹）》，文物出版社，2012年；里耶秦简博物馆、出土文献与中国古代文明研究协同创新中心中国人民大学中心：《里耶秦简博物馆藏秦简》，中西书局，2016年；湖南省文物考古研究所：《里耶秦简（贰）》，文物出版社，2017年。

［2］　邬勖：《秦地方司法诸问题研究——以新出土文献为中心》，华东政法大学博士学位论文，2014年，第119页。

［3］　睡虎地秦墓竹简整理小组：《睡虎地秦墓竹简·释文注释》，文物出版社，1990年，第150页。

［4］　陈伟主编，何有祖、鲁家亮、凡国栋撰著：《里耶秦简牍校释（第一卷）》，武汉大学出版社，2012年，第129页。

［5］　何有祖：《里耶秦简牍缀合（七则）》，简帛网，2012年5月1日。

［6］　何有祖：《里耶秦简8-294等简的缀合及相关问题讨论》，《纪念石泉先生百岁诞辰历史地理学术研讨会会议论文集》，2018年。

［7］　张家山二四七号汉墓竹简整理小组：《张家山汉墓竹简〔二四七号墓〕》，文物出版社，2001年，第176页。

［8］陈伟：《秦汉简牍"居县"考》，《历史研究》2017年第5期。

［9］陈松长主编：《岳麓书院藏秦简（肆）》，上海辞书出版社，2015年，第147页。

［10］发征，原释文作"发致"，后据图版和红外线影像改释，见彭浩、陈伟、工藤元男主编：《二年律令与奏谳书》，上海古籍出版社，2007年，第202页。

［11］敦煌市博物馆：《玉门关汉简》，中西书局，2019年，图版第55页。

［12］湖南省文物考古研究所、湘西土家族苗族自治州文物处：《湘西里耶秦代简牍选释》，《中国历史文物》2003年第1期。

［13］李学勤：《初读里耶秦简》，《文物》2003年第1期。

［14］邹水杰：《也论里耶秦简之"司空"》，《南都学坛（人文社会科学学报）》2014年第5期。

［15］睡虎地秦墓竹简整理小组：《睡虎地秦墓竹简》，文物出版社，1990年，释文见于"释文注释"第5页，注释见于"释文注释"第9页。

［16］陈伟主编，鲁家亮、何有祖、凡国栋撰著：《里耶秦简牍校释（第二卷）》，武汉大学出版社，2018年，第408页。

［17］陈伟主编，鲁家亮、何有祖、凡国栋撰著：《里耶秦简牍校释（第二卷）》，武汉大学出版社，2018年，第499页。

［18］陈伟主编，鲁家亮、何有祖、凡国栋撰著：《里耶秦简牍校释（第二卷）》，武汉大学出版社，2018年，第499页。

［19］谢明宏：《试释胡家草场医方木牍的"尾上三壮"》，简帛网，2020年1月16日。

［20］陈松长主编：《岳麓书院藏秦简（肆）》，上海辞书出版社，2015年，第127页。

［21］王焕林：《里耶秦简校诂》，中国文联出版社，2007年，第102、103页。

［22］湖南省文物考古研究所、湘西土家族苗族自治州文物处：《湘西里耶秦代简牍选释》，《中国历史文物》2003年第1期。

［23］湖南省文物考古研究所、湘西土家族苗族自治州文物处、龙山县文物管理所：《湖南龙山里耶战国—秦代古城一号井发掘简报》，《文物》2003年第1期。

［24］湖南省文物考古研究所、湘西土家族苗族自治州文物处：《湘西里耶秦代简牍选释》，《中国历史文物》2003年第1期。

［25］周宏伟：《蛮衮：楚人俗称的一个新写法——里耶J1［12］10号秦简释读》，《湖南工业大学学报（社会科学版）》2007年第1期。

［26］王焕林：《里耶秦简校诂》，中国文联出版社，2007年，第102、103页。

［27］湖南省文物考古研究所、湘西土家族苗族自治州文物处：《湘西里耶秦代简牍选释》，《中国历史文物》2003年第1期。

［28］马怡：《里耶秦简选校》，《中国社会科学院历史研究所学刊（第四集）》，商务印书馆，2007年。

［29］周宏伟：《蛮衮：楚人俗称的一个新写法——里耶J1［12］10号秦简释读》，《湖南工业大学学报（社会科学版）》2007年第1期。

［30］湖南省文物考古研究所、湘西土家族苗族自治州文物处：《湘西里耶秦代简牍选释》，《中国历史文物》2003年第1期。

［31］湖南省文物考古研究所、湘西土家族苗族自治州文物处：《湘西里耶秦代简牍选释》，《中国历史文物》2003年第1期。

［32］ 王焕林：《里耶秦简校诂》，中国文联出版社，2007年，第103页。

［33］ 马怡：《里耶秦简选校》，《中国社会科学院历史研究所学刊（第四集）》，商务印书馆，2007年。

［34］ 参看刘聪：《读〈里耶秦简〉札记一则》，简帛网，2018年9月25日。

［35］ 刘聪：《读〈里耶秦简〉札记一则》，简帛网，2018年9月25日。

［36］ 马怡：《里耶秦简选校》，《中国社会科学院历史研究所学刊（第四集）》，商务印书馆，2007年。

［37］ 湖南省文物考古研究所、湘西土家族苗族自治州文物处：《湘西里耶秦代简牍选释》，《中国历史文物》2003年第1期。

［38］ 马怡：《里耶秦简选校》，《中国社会科学院历史研究所学刊（第四集）》，商务印书馆，2007年。

［39］ 陈松长主编：《岳麓书院藏秦简（伍）》，上海辞书出版社，2017年，第124、125页。

四、文物保护与科技考古

有关中国青铜时代铸造工艺的层次精度分析

——再论"漏铅法"

李志伟

（武汉重型机床厂）

摘要：本文通过对漏铅法、失蜡法、陶范铸造三种铸造方法的具体层次精度分析，以曾侯乙编钟、尊、盘铭文为例，确认了我国青铜时代失传的主流铸造工艺就是熔模精密铸造"漏铅法"。

关键词：漏铅法　失蜡法　陶范铸造　曾侯乙编钟、尊、盘　铭文

一、引　　言

任何生产工艺都是有层次的，等极越高，生产的产品精度也越高，产品的质量也越好。低层次工艺要想生产出高精度高质量的产品显然是不可能的，因为生产的产品都有精度标准衡量。比如，用0.3微米光刻机光刻纳米级芯片肯定是不行的，因为它们之间存在着"代沟"。进入纳米级，用180纳米光刻机光刻65纳米芯片也同样不行，因为它们之间存在着级差。当然如果把65纳米光刻机精度调宽，光刻0.3微米甚至180纳米芯片是没有问题的（以上非专业仅举例用）。上述例子能够说明，对产品质量的精度测量可以精确反映出生产工艺的层次，低层次工艺只能生产低层次产品。

《再论"失蜡工艺不是中国青铜时代的选择"》一文（以下简称周文）[1]，不知为何绕开了我发现冠名的"漏铅法"[2]，"张冠李戴"地引用了在我"漏铅法"观点之后的所谓"失铅法"和"失镴法"，变相地取消了我的冠名权。实际情况是这样的，张光远先生在台北"忆起大约是20年前的事，有澳洲研究商周铜器的学者巴纳（Noel Barnard）博士，从湖北考察新出土的战国曾侯乙墓铜器后，返经台北来晤，提及他对曾侯乙的尊、盘上所附织巧交缠的纹饰，疑是利用铅丝制模熔后铸成的"，将它起名为"失镴法"[3]。巴纳先生说得很清楚，"现在对蜡在青铜鼓生产中的作用进行重新解释，与最近由李志伟对曾侯乙青铜器皿中曾使用过'漏铅法'的评论非常一致（参看《楚史论丛》1984，第73~92页）……当我在武汉的时候，我曾有机会见到李（1985.10.19），并与他长时间地讨论了他的假说的依据，即在众所周知的那次发现的一套尊盘以及其他若干器皿部件中，其制作的模具材料用的是铅而不是蜡。由于我事先读过了他的论文，我对他的这个假说的合理性，在某些限度内，是深信不

疑的"[4]，被人译名为"失铅法"。发现者享有的冠名权非常重要，特别是一个新发现的定名不能混淆。百年之后，每当提及"漏铅法"人们知道发现者是中国人，如果是"失铅法"人们会误以为发现者是西方学者。研究古代铸造的学者都知道"漏铅法"一说，多年前曾有澳大利亚、日本、美国的访问学者专门找我讨论"漏铅法"，并代为转赠导师们的或自己的大作。奇怪的是，反倒是我们自己的专家不知道"漏铅法"。我想有可能周文从未听说过"漏铅法"的提法，也有可能我是一名铸造工人，人微言轻。其实我的工作就已经说明我对铸造是有所了解的。

　　周文在文中同时质疑了张光远先生和巴纳先生的"失镴法"与"失铅法"，实际也就是我首先提出的"漏铅法"，那么质疑的不仅仅只是一个简单的失蜡工艺，周文质疑的是中国青铜时代不存在整个熔模铸造的范畴。周文认为"漏铅法"的设想"虽考虑到模料的强度，但忽略了模料应可雕刻的特殊要求，因此，同样是不正确的。实际上，蜡可雕刻成型，而镴和铅都不能雕刻，即不适合造型，古今中外的熔模铸造，从未有过'失镴法'与'失铅法'的先例"。颇感疑惑的是，周文是怎样做出这种常识性误判的。众所周知，铅的熔点327.4℃，布氏硬度2.9，可不借用任何工具，用手指甲就可在上很轻松流畅地刻纹划字，家电常用的保险丝就是铅锡金属做的，可在常温下任意扭转弯曲造型，流动性好，且定型能力、稳定性和抗压强度均远非蜡料所及。从古至今都有铅锡器物的生产和铸造。古今中外的熔模铸造从未有过"漏铅法"的先例记载，并不意味着没有过，事实证明，安徽岳西国有建西工具厂曾用比例分别为锡60%、铅40%的易熔合金叶片熔失成型方法，成功铸造出表面光洁、造型复杂的扭曲形叶片，即离心泵叶轮芯整体球铁铸件[5]。

　　《中国青铜时代不存在失蜡法铸造工艺》（以下简称周文2）："近年来，我们对相关实物进行了仔细的研究，发现在被认为是失蜡法工艺铸造的部件上都有明确的范缝和其他范铸工艺的特征。"[6]周文通过认真考察了曾侯乙尊、盘发现"原先确认为失蜡工艺铸造的立体透空附饰，其范缝、焊痕十分清晰，而失蜡工艺全无踪影"。打个比方，现代石膏范翻制的蜡模上肯定有铸缝（准确应该称披缝，也就是铸件上出现的合范缝隙的铸造痕迹，我们一般习惯称铸缝），用有铸缝的蜡熔模去铸造铜器（即便经过修饰也有痕迹存在），铜器上当然也会出现铸缝，你能鉴定确认它是陶范铸造的吗？显然不能。当然，熔模铸型是一般除了浇口外封闭式整体型腔，是没有范缝的。但是周文忘记了熔模可以由范铸成型，既然熔模是由范铸产生，所有范铸的现象都可以出现在熔模上，熔模铸造可以精确地复制熔模，熔模上的范铸痕迹同样也可以精确地复制出来。熔模铸造可以复制一切范铸痕迹，对于这种低层次范铸工艺在高层次熔模工艺面前是没有任何特征可言的，它只有现象，没有特征，仅凭范铸现象是不能否定熔模工艺的存在的，只有拿出独一无二的特征才能否定它的存在，可陶范铸造在熔模铸造面前又没有任何特征。至于铜焊焊迹，古代不存在铜焊工艺。倒是尊、盘这种高精度、高复杂结构的铜器本身就是熔模铸造的特征，尊、盘已远超陶范铸造的技术极限，因此周文无论把陶范铸造描述得多么美好，多么切实可行，但肯定不能复制出尊、盘。

二、关于陶范铸造的精度分析

陶范铸造，其实就是翻模铸造。由于陶范是在模上翻制而成，首先不得不说"拔模斜度"这个问题，周文2中很直观地阐述了"拔摸斜度"的工作原理"从几何形状就可以看出，这种小块纹饰都是上面的纹饰面窄，下面的平面宽，具有明显的拔模斜度，适宜于制范后脱模"。《曾侯乙墓》发掘报告中更客观具体地解释了这一现象"如钟体鼓部和篆带间的龙纹，有的龙角、鳍、爪等弯转翘起，并成倒刺状，就是用现代技术，也难翻模，有些纤细花纹，亦难清晰地表现出来"[7]。我们仅凭这一点就能确认，曾侯乙编钟不是陶范铸造，因为它没有拔模斜度，这也是现代"失蜡法"在原钟上复制编钟必须使用弹性良好的硅橡胶翻模的原因，"倒（刺）拔模"现象是熔模铸造的主要特征之一。

其次，"拔模"顾名思义其中内含一定力度，如拔萝卜。我们知道，泥范在翻模时需用手按或用棍棒敲打才能复印纹饰使铸范成型。与此同时也必然加大了泥与模型间的粘连度，分型时须用一定力度的拉拔才能将模、范剥离，范面毫无疑问会拉毛，精度受到极大损耗。随后泥范处于自由脱水收缩阴干阶段，据有关方面的实验数据表明，泥范在阴干过程中平均收缩率为6%，最高为8%[8]。由于脱水收缩的原因，范面复印花纹将会随着泥范脱水收缩的过程变得模糊，一些细小纹饰甚至可能就此收缩掉。经过如此这般多次精度损耗，铸出的铜器与模型比较，无论是纹饰还是表面光洁度可说是面目全非。《曾侯乙墓》发掘报告中所描述的"有些纤细花纹，亦难清晰地表现出来"的原因也在于此，找一块先秦时期的"瓦当"看看，那就是陶范的真实写照，这种精度能够达到古铜器的铸造水平吗？所以说陶范铸造只能是低技术含量、低层次的粗加工工艺。

再次，华觉民先生通过对编钟的观察认为"一件甬钟的铸型，以中层三组第一钟为例，便需用范芯共一百三十六块组成"，其中周缘纹饰分范9块[9]。据我们观察分析纹饰分范远不止上面这些，甬的剖面六角形，最少需要纹饰分范6块，枚的下半部有一圈纹饰，为了便于脱模分型，最少需要纹饰分范3块，一口钟36个枚×3=108块纹饰分范，再加上枚的周围上、下、左、右，钟的周缘，旋、甬等部位，如果根据铸缝细数的话，一个编钟的铸型仅纹饰分范便需180块以上。这些弯曲弧度各不相同的纹饰分范是如何翻制的，又是如何精确地浮贴安装到弧形主体钟范上的，36个组装好的钟枚范型又是如何精准地插入弧形主体钟范内部，并微调保证众多钟枚对外一致，确保一个枚都不歪的。从原件总体外观毫无缺陷的装配效果分析，陶范铸造的装配精度远达不到编钟的要求。

再是，铸型内部浮贴的上百块纹饰分范在浇铸时，在短时间内还要经受温差的巨大变化和承受铜水的剧烈冲刷而保证无一脱落。要知道现代高科技航天飞机在返回大气层时也不能保证隔热瓦无一脱落，分范合铸陶范铸型更做不到。

最后，即便陶范铸造将编钟铸造成功，要达到编钟的精细程度，必须对青铜表面的纹饰和钟体进行再加工，也就是修饰。这也是人们忽视的一个问题，现代角磨机一分钟10000转，其中1转大约相当于古代工匠用砺石一个来回的磨锉量，假如工匠一分钟手工打磨100来回，角磨机的工效起码是他的一百倍。其实远不止，人还要吃、喝、拉、睡觉等，在古代没有钢锉、钢凿和电动工具的条件下，对纹饰的修饰和钟体的打磨抛光，仅凭砺石手工操作，难度和可操作性及时间成本远大于把"铁杵磨成针"。例如，拿一个有粗线条纹饰中型毛坯青铜铸件，让工匠拿块石头将它修饰出我们在博物馆看到的普品水准，怎么也要一年半载才能完成。

综上种种分析，我们只能将陶范铸造定位在微米级工艺，编钟就像横在它面前的一道沟壑，飞过去才能进入纳米级。遗憾的是，在仿古条件下，甚至在现代条件下陶范铸造也完全不可能将编钟复制出来。实际上中国古代真正的铸造工艺已经失传。

我们认为曾侯乙编钟是采用以铅为主要熔模材料的综合型易熔软质金属熔模法生产出来的，安阳殷墟附近的刘家庄手工业作坊区内窖藏中出土了3404千克293块铅锭[10]。无独有偶，我国著名的侯马铸铜遗址中也发现整齐堆放着191千克大小不等的109块铅锭[11]。至于其他有关考古学观察"漏铅法"的铅模（器）我们初步认为编钟的铸型应该是这样做的：证明，我们已发表论文多次论及，在此不再重复[12~14]。

（一）制模范，铸铅模

主体钟范做成水平状，为了防止弯曲整形时铅模表面拉裂和反面压皱，模型反面弯曲弧度最大对应位置要做出缓坡形沟槽。然后将铸好的铅体熔模放到胎床上压成瓦状，再把两块瓦状铅模合拢用锡焊焊接成合瓦状钟体。

纹饰分范做成条形水平状，翻制花纹熔模。将翻制好的纹饰模糊的铅模用青铜刀具精雕细刻，修刻出一块高质量的花纹铅模，注意所雕刻出的凸出龙头、爪、尾等要留出拔模斜度，然后把这块精修好的铅模熔去做成一块高清晰高质量的纹饰陶范。在此必须说明的是，陶范铸造把泥范翻制成功后，在阴干过程中是双面自由收缩从而导致范面纹饰在脱水收缩过程中逐渐模糊，而熔模铸造则完全不同，由于内部有铅模撑托，泥范只能由外及里单向收缩，从而使泥范更加紧贴铅模大大增强纹饰的复印效果，熔模是熔去不需取出，泥范的收缩是可控的没有后顾之忧，这使熔模铸造的纹饰精度远高于陶范铸造。铅的收缩率约为1%，别小看这1%的收缩率，它有利于分型，在不损伤范面纹饰的前提下将高精度纹饰铅模完整取出。因此，同一块高精度熔模纹饰陶范可以重复翻制出几块，甚至几十块高精度纹饰铅模。这也是熔模铸造省工省力，并且纹饰精度和清晰度显著优于陶范铸造的重要原因之一。

（二）铅模的组装

把翻制好的高质量纹饰铅板根据需要裁切，安放到铅质钟体预留位置。由于钟体是合瓦形，块状纹饰铅模也要随形就势弯成弧形，那些凸出的龙头、爪、尾等从点看，任何一个点都有拔模斜度，但从弧形面看，因为改变了整体形状成弧形，上面的点的角度也随之改变，前端与末端凸出纹饰相较总有一些点成为倒刺状，这就是编钟纹饰形成倒拔模现象的缘由。精确组装，纹饰铅模厚了用铜锉锉低，薄了用铅片垫高，整体精密合成后用锡焊点焊固定。36个钟枚，用锡焊点焊在钟的预留位置，并进行整体直观测量微调，然后锡焊固定，其他部分以此类推。这样的安装精度当可达到编钟的实际要求。

（三）熔模的整体修饰

对陶范铸造的毛糙铅钟模表面用青铜刮刀刮光，高的地方用青铜铲刀铲平，漏浇的部分用锡焊补上，纹饰不清晰的地方用青铜刀具再加工，最后用砺石和木炭粉稍加打磨抛光。这样一件组装好的高质量编钟铅模便告完成。鉴于转换了载体，那些在当时条件下对青铜这种硬质金属铸件上进行的耗时费力且可行性不高、质量提高有限的加工，在铅这种软质金属上，在当时条件下均可轻易完成。

（四）熔模制铸型，浇铸成品编钟

编钟熔模是通过锡焊拼接组合成型的，经过熔模，铸型是一个完整的无缝铸型（为了便于检查铸型或可做成合范式的），也就不存在浇铸时分范脱落问题。铅金属组织结构致密，可轻松抵抗泥范脱水收缩时的侵蚀，有鉴于此，"漏铅法"铸造精度极高，使之能够精确地复制铅模的原貌，除了浇口需要打磨外，其他部位都不需要进行再加工，我们有大量证据表明古代铜器大部分都是原生态铸件。这也是聪明的先民经过反复衡量，不直接用陶范铸造铜器，宁愿多加一道工序翻制铅模，再熔模铸造的根本原因。看似复杂，实际省时、省力，且可生产高质量产品，何乐而不为。

当然，出于个人条件有限，目前有关"漏铅法"制作编钟的看法尚处于"纸上谈兵"阶段，但是与我们同属纳米级、熔模铸造中的弟兄"失蜡法"现已将全套编钟复制出来了，所有现在有关编钟的铸造实物都是出自熔模铸造。至此，熔模铸造编钟的可行性毋庸置疑。真正用陶范铸造编钟可行性的证明至今还没有。

三、有关"失蜡法"的精度分析

讨论某个工艺如何切实可行，并同时质疑另外一种工艺在当时存在可能的首要前提是什么，其中已经举例具体指向某套产品尊、盘，当然是首先得证明它，用你认为可行合理的方法将它做出来才行，这个要求并不高。

周文在摘要中"从技术史的理论角度论述了'没有需求就没有发明（No need, no invention）''没有需求就没有发展'等技术产生发展的客观规律，指出，中国古代（青铜时代）在发达而成体系的青铜范铸技术环境里是不可能孕育发展出'熔模铸造体系'的"。现代几乎全部青铜器皿复制都采用熔模铸造，陶范铸造倒不多见，难道技术产生发展的客观规律发生了逆转，发展到现代反倒不需求陶范铸造，需求熔模铸造了？那是因为大多数青铜器皿用陶范铸造做不出来，即便某些简单的器物勉强做出来，但难度大、成本高、质量低，远不如熔模铸造划算。如果已知陶范铸造与熔模铸造两种工艺同时存在，人们会通过实践统筹衡量，从产品质量高、操作简便可行性强、创造剩余价多等综合分析择优选取。这就是现代文物复制中甚至包括一些简单文物即便陶范铸造可行，但仍采用熔模铸造的原因，古代也一样。有些事纸上写都容易，但真正做起来就会发现并非想象得那么简单，甚至有些根本就不可能。

如周文所述，"中国古代（青铜时代）在发达而成体系的青铜范铸技术环境里是不可能孕育发展出'熔模铸造体系'的"。必须指明的是，在这个结论得出时尚不见仅用范铸技术将尊、盘复制出来，现在也没有。而那时黄金洲先生已采用熔模铸造"失蜡法"将尊、盘复制出来了[15]。虽然证据链还不十分完整，铜梗还没有真正复制出来，但不管怎么说也掩盖不了用"失蜡法"能够复制出尊、盘的事实。也就是说，拿一个用范铸技术根本不可能复制出尊、盘的所谓证明，来质疑一个用熔模技术已经成功复制出尊、盘的事实，从而得出"在发达而成体系的青铜范铸技术环境里是不可能孕育发展出'熔模铸造体系'的"结论。经由如此逻辑分析，我们认为中国青铜时代不仅孕育出并事实存在"熔模铸造体系"，陶范铸造那时也已成为熔模铸造中的一道工序。

尊、盘附饰上端花饰互不相连，它的整齐排列完全靠弯曲下面相连的铜梗调整，一根铜梗连一朵花。这是周文否认尊、盘系由"失蜡法"生产的重要证据之一，周文引用张光远先生的实验证明"用纯黄蜡捏制，即取小蜡块揉捏成直径约0.5厘米的细梗条，其质软而具韧性，可以弯曲而不黏手，但当捏成直径约0.2厘米的细梗条时，则柔软难以撑挺，根本无法交错制成细梗状的架构"。这是对的。这也是《曾侯乙墓青铜尊盘铸造工艺的鉴定》报告（以下简称鉴定报告）中经50余位专家、学者一致认为，"……对泥型不能制造的透空附饰采用了熔模铸造。……蟠纹从局部个体而论，虽亦可用泥型形成，但尊、盘的整个附饰表面呈凹凸状，其交界边缘且有个别铜梗盘旋，泥型无法形成。而附饰四角接缝近似于蜡模熔接痕迹，没有泥型分型面特征。内部梗枝既为熔模，则与之连接的蟠纹若非同样工艺，不能形成如此光滑匀称的接面。据此，我们认为青铜尊、盘之附饰透空花纹系由熔模铸造法形成。……熔模用料有可能就是某种混合蜡料，但其成分及配制方法均有待继续探索考证"[16]。由此可知，鉴定报告中肯定熔模铸造，而对熔模铸造范畴中"失蜡法"的可行性用语只是"近似于"、"有可能"和"有待继续探索考证"。从未确认曾侯乙尊、盘就是失蜡法铸造的，这是蜡模铸造的软肋，蜡梗凝固后一弯就断，在半凝固状态下蜡在整形中又无法定形托起顶端的蜡模花饰，柔软难以撑挺，无法交错制成细梗状的架构。这是横在蜡模面前的一条沟，跨过去了就是65纳米级工艺，跨不过去我们只能将它定位在180纳米级。

周文2又是如何用范铸工艺从理论上解决这个技术难题的呢？首先，臆断出当时已有近代的铜焊技术，至于当时铜焊技术的构成及操作方法不见只言片语，"从夏和商早期的整体铸制技术发展到春秋以后的分铸焊接技术"。其实当时根本不具备高温铜焊技术的生存条件。然后，用鉴定报告中已明确否定"其交界边缘且有个别铜梗盘旋，泥型无法形成"的范铸方法，将"根据设计的需要，将铜梗铸成各种形状，铜梗的铸造，亦采用了春秋以后的分型铸造工艺"。就算当时已有近代的铜焊技术，现在也不可能将尊、盘拼凑出来，因为据周文2观察发现"所以每个纹饰区只能看到2个这样的焊接口，是因为在尊口缘一周纹饰中，只有这个位置的纹饰最高，并且焊接面暴露在外，其余纹饰的焊接面都在里面"。我们不明白这焊接面都在里面看都看不见是如何焊接的，难道古代铜焊能弯进去盲焊？再者，周文2认为在"方形纹饰区的内部，可以清楚地看到铜梗的浇铸口及范缝，说明每个铜梗都是在焊接之前单独铸造的，如果采用失蜡法铸造，就不可能每个铜梗上都有浇口在"。我们越来越不明白，失蜡铸造连浇口都不能有，那蜡模是如何流出来，铜水如何浇进去？照这样说，每个铜梗都是在焊接之前单独铸造的，那么失蜡铸造就不可以每个铜梗都是在焊接之前单独铸造。还有，蜡梗为什么非要手捏不可，范铸也行呀，以前实验分析的蜡梗问题也就不存在了。

　　周文2认为"这些组件单元，在焊接前都是独立的铸件，范缝明确，即每个铸件都是用传统的范铸技术单独铸造的"。这分析是对的。因为这些组件单元的熔模都是用传统的范铸技术单独铸造的。如前所述，熔模铸造既然可以复制熔模的形状，当然也可以复制用范铸技术铸造的在熔模身上的所有范铸现象，比如铸缝、垫片、浇口等。必须着重强调的是，对于熔模铸造这种更高层次的铸造工艺而言，陶范铸造没有任何特征，因为熔模是范铸的，范铸熔模身上出现的任何范铸现象，熔模铸造都可以准确地复制出来，陶范铸造只有现象，没有特征。

　　周文认为"有4个小纹饰事先被弯了一个直角，其被弯部分的表面上，三道弦纹变得低而宽，显然为原初直形的小纹饰经加热后，被施压弯曲而成。类似的握弯现象，遍布盘口缘上方形纹饰区的每个拐角，亦遍布尊、盘上小纹饰的拐角处"。据有关专家对盘颈透空附饰的铜梗残段进行金相分析"经浸蚀后的组织，基体是枝晶态的α固溶体，因截面小，冷速较快形成，呈不规则几何形状分布的块状相是（α+δ）共析体。浸蚀后的组织同样是典型的铸态组织"[17]。"而δ是一种既硬而且脆的相。"[18]通俗说它就是硬而脆的合金铸铜，约3毫米粗细的小花饰如何握弯而不断。

　　这尊、盘附饰里弯曲的铜梗，是横在陶范铸造面前的一道沟壑，根本无法跨越，是横在失蜡铸造面前的一条沟，虽可以复制出尊、盘，但就差最后一步卡在铜梗上面无法完美。其实要跨过这道沟并不难，首先我们要找到鉴定报告中所提到的"熔模用料"。条件是，方便模梗在常温下弯曲且定形能力强，强度适中，便于模梗在整形后，定形时能够支撑起模梗顶端的块状"S"形纹饰重量不至于变形，并在当时条件下可以使用焊接技术进行焊接，那么所有问题都将"迎刃而解"。在我国青铜时代这种熔模材料是有的，而且来源广泛，资源丰富，它就是软质易熔金属铅和锡，主要以铅金属为主。

　　为了验证尊、盘附饰铅质熔模的可操作性，我们在交电市场买了一个电烙铁，想起古代没有电烙铁，于是又找了一张纸画了一个红铜火烙铁，在旁边画了一个火炉和一块焊锡、一块松香，指着说这就是古代的锡焊技术。买了一卷普通保险铅丝，粗约3毫米。首先将保险丝剪成长短十数段，再用锡焊组焊一体，然后把所有顶端短铅丝弯曲成"S"形花饰，最后将这些组焊一体的铅丝逐一用手弯曲整形，整形过程中发现铅丝在柔韧性、强度和稳定性等方面都恰到好处，可用手很轻松地任意弯曲、扭转，随意整形、定形，使铅丝顶端的"S"形花饰排列整齐，整理排列时发现少做了一朵花饰，随手补焊加上非常方便，最后组合成一个完整的长方透空立体模型[19]。

看似结构异常复杂，焊接异常困难，对于范铸法乃至失蜡法来说，实际操作难度已达到根本不可能地步的尊、盘透空附饰，到了"漏铅法"手中，奇迹般变得全都可行了，原来焊接是平面锡焊的，复杂结构是用手通过弯曲整理出来的，那些处于铅丝顶端的"S"形花饰经过整形处理焊迹到了花饰背面，异常简单地解决了上述诸多难题。其效果毫无疑问完全达到尊、盘附饰熔模所需的全部要求。

必须再三强调的是，鉴于熔模铸造可以精确地复制铅体熔模，由陶范铸造的铅模上的范铸痕迹都有可能完美无缺地如实复制到熔模铸造的产品上，对于熔模铸造这种高层次的铸造工艺，陶范铸造只有现象，没有特征。因此，古铜器身上的所有范铸现象都不能作为理由否定熔模铸造的存在。同理，尊、盘铅模是通过锡焊组型，铅模上锡焊的金属焊迹通过熔模铸造反映到器物上将被当作铜焊焊迹，使人们误以为古代已有铜焊技术，显而易见这是极其错误的。特征只有更高层次的熔模铸造才有，如倒拔模现象，也就是翻模时泥范不能完整取出、铸后没有经过打磨修饰的原生态器物上的高光洁度、器物组型出现的青铜金属焊迹等。在鉴定古铜器时，不管出现多少范铸现象都可视而不见，只要找出上述特点的一个，就能一票否决它是陶范铸造的。

综上所述，陶范铸造不可能将编钟和尊、盘复制出来，因为其质量精度明显不够，因此，我国青铜时代失传的主流铸造工艺绝不可能是陶范铸造。

通过上述深度分析，基本排除了陶范铸造的可能，熔模铸造逐渐显现出来。如想攻克千百年来形成的陶范铸造传统观念犹如以卵击石、天方夜谭。它在人们头脑中长期形成的传统固定思维根深蒂固，人为构建了一座牢固围城跳不出来，导致难以发散思维。众多具有熔模铸造特征的器物上用陶范铸造无法解释的现象都用早已失传为由过滤掉了。一些回避不了的、难以自圆其说的，比如铜焊，则一言了之经不起深究，致使形成了怪圈，越围越紧，造成看不见大量熔模铸器。但凡论及中国古代铸造，必定陶范铸造为之。于是正如周文2所质疑的那样"而被认为是失蜡法铸造的青铜器，却只有曾侯乙尊盘、浙川下寺铜禁等极少数器物，这是无法解释的，亦是不可思议的"。此说不无道理。其实经过分析失蜡铸造并不能完全把尊、盘复制出来。不过针对这一质疑，我们认为中国青铜时代如果已实际存在并广泛使用熔模铸造即"漏铅法"，必然就得证明它。这证明必须同时具备承上启下的连续一贯性、广泛普遍的共同一致性和不可辩驳的确凿唯一性。作为一个业余者在没有条件接触到第一手资料等的情况下实在是太难了，为了这证明我苦苦寻找了整整四十年，终于经过坚持不懈的努力，通过筛选实践比对找到了相关证据并得以证明，取得了实质性重大突破。

四、有关铭文的精度分析

"失蜡法"最早起源于两河流域的苏美尔文明，至少早于我国青铜时代一千年，这是不争的事实。一些西方学者通过考察我国当时的青铜器皿，认为非"失蜡法"莫属。于是提出我国青铜时代的熔模铸造技术是经过贸易往来从国外传入的。这也是周文讨论中的核心，"指出，中国古代（青铜时代）在发达而成体系的青铜范铸技术环境里是不可能孕育发展出'熔模铸造体系'的"。不过想法虽好，底蕴太薄，用现在大多数古代青铜器皿都复制不了的陶范铸造，否定失蜡熔模精密铸造工艺的存在，就像一个儿童怎能推倒一个成年人一样。现在我就以一个铸造工人的身份，用"漏铅法"将"失蜡法"从中国青铜时代剔除出去。

"失蜡法"与"漏铅法"同属熔模铸造范畴，熔模都可以范铸，都可以对纹饰等进行修饰。因此，二者生产的铸件的精度差距是微小的，产品界线是模糊的，相似性很高，放在一起难以区分。这说明仅凭肉眼是不行的，缺乏精准的测量单位。如前所述，180纳米光刻机最高只能光刻180纳米级芯片，绝对不可能光刻出65纳米级芯片，这个微小差距之所以不模糊，是因为以纳米为单位进行衡量，界线是分明的。那么古铜器上是否存在这种精准的衡量单位呢？是有的，那就是铭文。

不管是铅模还是蜡模，都是通过范铸而成，翻制熔模时都会存在一定精度损耗。唯独铭文是直接在熔模上刻写的，原汁原味不存在制作熔模时的精度损耗，因此它的精度最高，古铜器上铸造精度最高的也是铭文。把铭文作为标准衡量单位再合适不过，它能够精确地分辨出铅模与蜡模之间的材质差异。

鉴于铭文是所有铜器上铸造精度最高的，而陶范铸造又是铸造精度最低的工艺，迄今尚不见复制出古代铭文来，两者差距太大，我们在这一节就不讨论范铸铭文了，没有参照铭文也无法讨论。

为了证明"漏铅法"的可行性，我们用一把普通剪刀剪裁一块长13.5厘米，宽4厘米，厚2毫米的铅板，用一枚普通大号铁钉，硬度不会超过青铜，在铅板上轻松自如地刻写出"曾侯乙铅模李作"七字铭文，通过漏铅浇铸，最后成功铸造出阴纹铭文铸件一块（图一）。这里展示的是一块铸出后没有进行任何加工和修饰的原生态铸件，什么叫作65纳米最高等级综合型易熔软质金属熔模铸造法，这就是熔模精密铸造"漏铅法"真正的魅力，表面光洁，用普通剪刀剪裁的痕迹一目了然，原铅板上细微擦痕都清晰可见。虽然字体拙劣简单，但铭文笔画精度仍超出现今所有失蜡法铭文精度。

说白了，古铜器上这些自由潇洒书写感浓厚的阴刻字本身就是熔模铸造的主要特征之一。每个人的笔迹不同，铭文的字迹也各不相同。陶范铸造要想做成这些纤细精致字迹变化万千的铭文必须阳塑才能形成，即陶范铸造要做成阳文才能翻铸阴文，这是不可能做到的。通常应该是直接在陶范上刻写，可铸造出的文字又是阳文，如齐刀币母模上的范铸阳铭。古人为什么愿意弃简就繁做不可能做到的事情，这是令人不可

图一　漏铅法试铸件铭文

思议的。与甲骨文一样，人们形象地称这些铭文为金文，就已经充分说明这些字的形成是含有刻写的意思而不是堆塑的性质，它与甲骨文是一脉相承的，想要在青铜这种硬质且有一定黏性的合金上仅凭手工直接刻写出具有一定深度且流畅无凿痕阴刻字就是现代也做不到，比对一下同属软质金属金银制品金册、银元宝上的阴文铭文就可深深体会到"漏铅法"铭文的形成过程，这些直接在金、银上刻写的铭文现象与古代铭文现象是一致的。由于人们受到传统观念束缚，只想到要找出某些超硬材质的刀具在硬质青铜上錾刻，未逆向思维考虑如果采用青铜刀具直接在某种软质金属熔模上刻写似乎更为可行。这是人们过滤掉的熔模铸造最重大的信息！

通过对七字铭文铜板仔细查看分析，我们发现"漏铅法"铭文具有如下几个独有特征。

第一特征，也就是"漏铅法"铭文最主要的特征。如果把铅金属硬度定为1的话，那么青铜刀具的硬度可达6~8，因而青铜刀具可以较为轻松、流畅自如地在铅模上刻写出0.5毫米左右深度的阴文字迹，字底平滑不见雕琢迹象，横、竖、曲、弯钩一气呵成，运笔感浓厚，具有书法艺术的气质和手写文字的质感，随意性强，可刻写出0.1毫米甚至更精细的字迹。在刻写的过程中我们发现，刻写出字迹的沟槽中受挤压多出的铅会像牛犁地一样向沟的边缘，也就是沿着字迹的走向顺着口缘向外翻，呈条状或断续滴状凸出于器表平面，我们将这一现象称为"翻花"现象。用手平摸铭文有一种摸锉刀的磨锉感，从某种意义上讲，"漏铅法"铭文是一种具有一定立体结构的阴文铭文。

第二特征，制作铸型时，包裹熔模的泥料在阴干过程会有6%左右的脱水收缩率，由表及里逐步收缩，这种收缩力会转变为对里面熔模的一种很大的静态压力，由于铅金属组织结构致密，抗压强度高，对熔模结壳过程中泥的收缩压力会有很强的承压能力和对熔模纹饰不留空隙的复印能力，表面不会在泥范压力下受到侵蚀，故铸造成型的青铜铸件表面光洁，有很高的精度，"漏铅法"的铸造精度基本为0损耗。铅模上铭文的这些特点将原封不动地呈现到青铜铸件上。即便在铅模修饰过程中将铭文的"翻花"铲除，铭文的字口也是呈锐角的。因此"漏铅法"铭文都具有极高的清晰度。

第三特征，由于"漏铅法"铭文有着独特的"翻花"现象，因而在铭文的笔画先后顺序上有着很强的分辨能力。假如第一笔是一横，第二笔是一竖，在一竖经过一横的交会处由于一竖的翻花叠压会将一横割裂，是可以很明显分辨出一竖是后写的。这一点也是"漏铅法"铭文所独有、"失蜡法"所不具备的特征。但由于在铅模制作阶段有可能对铭文沟槽进行一定程度加工修饰，在有些铭文上这一特点表现得可能并不十分明显，但大都有迹可寻。

上述特征都在相关古代铭文上得到印证，有些甚至达到高度吻合，与我们的"漏铅法"七字铭文铜板试铸件相似度很高[20]。有条件接触古代铭文的科学工作者可直接找块铅板进行模拟刻写，自行比对验证。

由于蜡是有机物，与铅金属存在质的区别，蜡质相对铅质地软、疏松、抗压能力弱，故在蜡模上刻写铭文，铭文沟槽中多出的蜡料会呈粉状或条状顺着笔的走势自然剔除，没有挤压感。不会附着在字的口沿上，即便有些许浮蜡，也会在蜡模结壳过程中因脱水收缩将其压平。蜡组织结构疏松，在蜡模上刻写铭文时难免将字口拉伤，导致泥范结壳时将字的切口边缘形成的锐角抹去压成圆角（正因为切口边缘被压成圆角，导致线条口沿变宽再也复制不出古代那种错金、银线条的精细的刀口，还不利于镶嵌，连带古代错金银工艺一并失传），字迹相对模糊，不可能出现立体结构的"翻花"现象，用手平摸铭文，手感是平滑的约有凹陷感，没有磨锉感，这一点是"失蜡法"与"漏铅法"铭文间的最大区别，放在一起比对高下立判（图二）。此外，蜡模一些薄弱的地方在压力下容易受到范泥的侵蚀，光洁度也不如"漏铅法"。由此可见"失蜡法"铸造在铭文精度与清晰度等方面均逊于"漏铅法"。

图二　失蜡法铭文

综上所述，通过比对，①"失蜡法"相对"漏铅法"字迹是模糊的，字迹的精细程度也远不如"漏铅法"。②用手平摸"失蜡法"铭文，手感是平滑的约有凹陷感，没有"翻花"立体结构的磨锉感。③无法"翻花"割裂铭文字迹交会处笔画，清楚地分辨出铭文笔画的先后顺序。这三点是同类的两种熔模铸造铭文间的最大区别。铭文就是精确分辨"漏铅法"与"失蜡法"精度的衡量单位，也是画在失蜡铸造面前的三条无法逾越的红线。

五、结　语

陶范铸造复制不出曾侯乙编钟、尊、盘、铭文。我们的证据链是完整的，全套编钟及尊、盘已经由熔模铸造"漏铅法"的弟兄"失蜡法"复制出来了，其中尊、盘的缺环，铜梗弯曲，蜡模梗无法弯曲支撑托起上面的花饰难题，已通过铅丝锡焊人工弯曲整形的方法，模拟实践成功地解决了，补上了这一缺环。铜焊其实就是锡焊，通过熔模铸造将它置换成青铜焊迹。

陶范铸造精度太差，无法复制铭文。失蜡铸造精度不够，复制出的铭文达不到古代铭文的精度要求。"漏铅法"铸造的七字铭文实践证明，在仿古条件下可以精确地复制出我国青铜时代的所有铜器阴文铭文，其特征与古代铭文完全吻合，具有广泛的排他性与唯一性。从商周至战国数以万计的且传承有序的熔模铸造铭文铜器，几乎涵盖所有铜器种类，可以证明。并且"漏铅法"铭文铜器忽然消失的时间也与我国青铜时代相吻合。在这之后铸造的铜器质量也随之降低了一个等级，再也恢复不到青铜时代的水平，产生不了出自金属熔模透出的阳刚霸气。

还有，考古发掘时，但凡有古铜器出土时考古工作者都习惯探寻信息查找上面有无文字线索，实际上已经意识到了这些铜器不管有铭无铭铸造方法没有什么不同，只不过多几个字与无字区别而已，不会区别看待。这么说吧，如果制作一件青铜器，用陶范同时铸造两件不同材质的毛坯铸件，你是愿意选择用青铜工具等在软质金属铅上修饰然后熔模铸造，还是愿意直接用石头在青铜这种硬质合金上修饰，哪种工艺效果好，省工省力？答案是显而易见的。

在此要说清楚一个概念，只有熔模铸造才有资格称为精密铸造，铸造界从未将陶范铸造纳入精密铸造范畴之内，无法想象当时众多古代精密铸件包括简单器物都是用石头最终修磨出来的，当前实际生存状况是，陶范铸造因满足不了文物工艺品市场质量需求，早已被铸造厂家全面淘汰，用熔模铸造取而代之。仔细想想博物馆的青铜文物复制品有哪件是用陶范铸造的就知道了，看到旁边摆着的陶范铸造简单模型介绍都是用它铸的，口口声声称都是陶范铸造，则几乎全部复制都采用熔模铸造。这种理论与实践完全背道而驰的现象难道不值得我们深思吗？一些圈子内都知晓的公开秘密，圈外人士是不会知道的。所谓隔行如隔山，专业性太强不是了解一些皮毛就行的。比如说，铸造界都知道古铜器中有很大部分精密器物用陶范铸造是不可能做出来的，如著名四羊方尊的盘旋卷角羊头、莲鹤方壶的与壶盖连为一体的双层弯曲花瓣和仙鹤、三星堆的外八字柱形大型纵目面具和上面的方形凿孔等精密铸件，从技术层面讲它们都没有拔模斜度，不是随便一件器物的铸型仅凭翻模就可以翻出来的，不能翻制没有拔模斜度的铸型是陶范铸造的硬伤和"死穴"，这才是问题的关键所在。陶范铸造只适宜合范造型，为解决拔模问题，陶范铸造只能无限增加分范数量，想象的铸型由十几块，甚至上百块分范组合从技术上是不可行的，因每块分范的大小不同、形状不同、厚薄不同、收缩率不同、变形也不同，想要把这些形状各异的分范拼凑和镶嵌在一起做到毫无瑕疵，没有那么容易，用范越多，成品率越低。如熔模铸造的铸型一般是整体的，因为是通过熔模实体精确组装修饰，形状和质量是看得见摸得着的阳体熔模，熔模什么样，铸出的成品就什么样。而陶范铸造则是通过翻模后陶范硬性组装后的阴范铸型再翻铸，质量如何铸出后才知道，这一点注定陶范铸造只能生产简陋产品，也是熔模铸造之所以能够铸造高质量复杂结构铸件的巨大优势之一。做铅模就容易多了，先铸一条剑状铅模，然后用手弯成盘旋卷羊角焊到羊头上就成了，壶盖也是如此，先将用合范铸好的扁平花瓣铅模分别焊到壶盖上，然后用手逐一弯曲向外展开就成了，可充分利用熔模整形，锡焊精确组装的自身优势，轻松解决了这个拔模斜度问题。还有，方形凿孔（有明显的凿痕）你用青铜錾子在青铜面具上凿一个试试，唯一可能只有在软质熔模上实施。从铸造角度看，这些都是典型的熔模铸器。不要以为只有复杂结构的透空器物才有可能是熔模铸造，哪怕器形再简单，只要翻模翻不出来没有拔模斜度，就不是陶范铸造的。例如，一些有纽的器物盖、圆形乳钉器皿等，这种无拔模斜度的铜器古代多得很，这就是这些文物复制时必须采用熔模铸造的根本原因。别讲什么分范合铸、镶铸、铜焊等技术的娴熟使用。科学是个严肃的事情，行与不行必须要做过才知道，并且要结合当时的实际情况，绝不能想当然。有些事主观看起来好像很容易，但具体分析起技术细节就会发现不是那么回事，有可能根本就做不到，这就是一般外行与内行之间看待同一问题的区别。如不信不妨请人试着做做看，前提是不能使用古代没有的钢质和电动工具、铜焊等，若使用视为造假，真正体会一下古人当时的生产条件。周文"指出，中国古代（青铜时代）在发达而成体系的青铜范铸技术环境里是不可能孕育发展出'熔模铸造体系'的"，我随便点一件就做不出来。仅以曾侯乙墓出土青铜文物为例，陶范铸造能复制出其中的几件？编磬架、编钟架透空铜套、建鼓座等器物，不用熔模，陶范铸造能将它的铸型翻模拼凑出来吗？铸造难度绝不亚于尊、盘。简单解剖一下就又有数万件青铜器物是陶范铸造所不能，而不是所理解的其中极少数几件。现在该我理直气壮地说出来了，所谓以为古代铜器都是陶范铸造的是误导人们的千载假象。

从严格意义上讲，陶范铸造生产不出我国青铜时代的精密铸件，古代也理应如此。真可谓一通百通，所有一切用陶范铸造不可解释的现象，如倒拔模现象、铭文现象、铜焊技术、金属修饰技术、刻纹铜器、错金银工艺等，甚至包括"失蜡法"不能解释根本无法交错制成细梗状的架构现象，通过"漏铅法"都可以得到合理的解释。这些都使我们有底气认为，我国青铜时代失传的真正主要铸造工艺就是熔模精密铸造"漏铅法"！

总而言之，在仿古条件下，出土的我国青铜时代所有青铜文物，对于"漏铅法"都不存在技术障碍。"漏铅法"能够有机地整合当时可行的多种工艺，陶范铸造铅模、铅模整形、锡焊精确组模、软金属修饰、熔模铸造等，都可以复制出来，因为古人本来就是用这种方法生产的。正因如此，起码一点，陶范铸造缺乏全面广泛的适应性。我以上说的这些可直接请教从事过铸造工作有实践经验的铸造专家或一线生产工人。造成这一假象认识长期存在的历史原因是，不了解铸造的人们看到冶铸遗址出土陶范就理所当然地以为是陶范铸造，殊不知陶范这种现象是共享的，铸铅模需要陶范，熔模铸造也须使用陶范成型，以至于以讹传讹几乎成为定论。

有鉴于此，我国青铜时代不需要"失蜡法"。实事求是地讲，这一点周文分析的"我们未能发现失蜡工艺赖以生成的社会背景，以及与之相关的技术渊源"，完全正确。好比我们已经有了步枪，谁还用土铳，难道非要让我们把步枪丢掉换土铳，这不符合逻辑。至此也就不存在国外传入一说。"漏铅法"是我国青铜时代勤劳智慧的先民发明创建的一套更为先进、精度更高，自成体系的"熔模精密铸造系统"。他们的发明打破了陶范铸造只能生产简陋产品的格局，创造性地生产出大量世界瞩目的、结构复杂的高质量精密青铜器皿，让世人叹为观止。正是因为有了需求才促使了"漏铅法"的发明。技术产生发展的客观规律表明，技术是向前发展的，而不是故步自封。

周文认为"真理愈辩愈明"。此说不敢苟同，其他事物或可以，唯独真理仅靠辩是辩不明的。"实践是检验真理的唯一标准"，真理是需要证明的，并且证明还需要通过第三方重复检验证实可操作性才行，同时还要具备唯一性。陶范铸造编钟复制不出，尊、盘复制不出，铭文更是复制不出，拿什么证明周文所说的"发达而成体系的青铜范铸技术环境"。俗话说"话糙理不糙"，三选一，做一件试试。可能要求过高，我们降低要求，铭文就算了，也不谈铜焊了，只要翻制出一块高精度完整编钟弧形倒刺状纹饰陶范就行，抑或复制铸造一根尊、盘附饰内盘旋弹簧样光滑原生态铜梗也可[21]，能够做出陶范铸造就是真理，做不出一切都是浮云。事关真理这个大是大非问题的讨论没有任何可能的中间道路可走，一是一，二就是二。

凡是探索真理的科学工作者我都由衷地敬佩，探讨真理看法相左是非常正常的事情，要衷心感谢你们，学术探讨是相辅相成的，特别是对真理的讨论，如果没有你们走在前面的实事求是的客观探索，总结出人们的普遍认识，我也写不出这篇文章，只是看待问题的角度不同、认知不同和观点不同罢了，希望今后共同切磋探找真理。此文权当抛砖引玉。

附记：我曾于1992年4月在湖北省铸造协会理事长华中理工大学张承甫教授、闻立标教授的推荐下，参加了在四川成都举行的全国铸造协会年会。在举办方四川大学田长浒教授安排下在会上作了有关"漏铅法"的发言，在会中与同行做了交流。此外，还有王光镐先生、张正明先生、巴纳先生、谭德睿先生、张光远先生和黄凤春先生等给予了指导，在此向他们表示衷心感谢。

注　释

［1］　周卫荣、董亚巍、万全文等：《再论"失蜡工艺不是中国青铜时代的选择"》，《南方文物》2007年第2期。

［2］　李志伟：《曾侯乙墓编钟及尊、尊座铸造方法新探——兼论先秦青铜铸造工艺》，《楚史论丛》，湖北人民出版社，1984年，第73页。

［3］　张光远：《中国最早"失镴法"——春秋中期"蛇网盖冠龙虎方壶"的铸法论证》，《东南文化》2002年第1期。

［4］　［澳］N.巴纳著，黄剑华译：《失蜡法和其他冶金技术在中国的传播》，《四川文物》1996年第4期。

［5］　刘大康：《易熔合金叶片熔失成型——扭曲形叶片叶轮芯整体成型工艺》，《铸造》1983年第2期。

［6］　周卫荣、董亚巍、万全文等：《中国青铜时代不存在失蜡法铸造工艺》，《江汉考古》2006年第2期。

［7］　湖北省博物馆：《曾侯乙墓（上）》，文物出版社，1989年，第477页。

［8］　冯富根、王振江、华觉明等：《殷墟出土商代青铜瓿铸造工艺的复原研究》，《考古》1982

年第5期。

［9］ 华觉明：《曾侯乙编钟及簨虡构件的冶铸技术》，《江汉考古》1981年第S1期。

［10］ 中国社会科学院考古研究所安阳工作队：《河南安阳市殷墟刘家庄北地铅锭贮藏坑发掘简报》，《考古》2018年第10期。

［11］ 山西省考古研究所：《侯马铸铜遗址》，文物出版社，1993年，第57页。

［12］ 李志伟：《曾侯乙墓编钟及尊、尊座铸造方法新探——兼论先秦青铜铸造工艺》，《楚史论丛》，湖北人民出版社，1984年，第73页。

［13］ 李志伟：《曾侯乙编钟铸造方法之我见——兼论先秦青铜铸造工艺》，《（台北）故宫学术季刊》2002年第2期。

［14］ 李志伟：《有关曾侯乙尊盘铸造方法的证明——论中国青铜时代的熔模技术》，《南方文物》2008年第2期。

［15］ 黄金洲：《曾侯乙尊盘采用失蜡法工艺铸造毋庸置疑——与〈中国青铜时代不存在失蜡法铸造工艺〉讨论》，《江汉考古》2008年第4期。

［16］ 湖北省博物馆：《曾侯乙墓（上）》，文物出版社，1989年，第646页。

［17］ 华觉明：《中国古代金属技术——铜和铁造就的文明》，大象出版社，1999年，第173页。

［18］ 田长浒：《中国金属技术史》，四川科学技术出版社，1988年，第73页。

［19］ 李志伟：《有关曾侯乙尊盘铸造方法的证明——论中国青铜时代的熔模技术》，《南方文物》2008年第2期，图二~图四。

［20］ 李志伟：《有关先秦青铜铭文密码的破译与证明——论中国古代铸造工艺"漏铅法"》，《荆楚文物（第5辑）》，科学出版社，2021年，第289页，图二~图五。

［21］ 周卫荣、董亚巍、万全文等：《中国青铜时代不存在失蜡法铸造工艺》，《江汉考古》2006年第2期，图三。

远安县博物馆馆藏青铜文物保护修复研究

曾　翼　陈　韵

（远安县文物管理所）

摘要： 远安县博物馆馆藏80多件青铜器存在严重变形、残缺、锈蚀等病害，严重影响文物的价值，如再不进行及时修复和保护，这些文物的历史价值、科学价值和艺术价值将大打折扣。本文根据可移动文物保护基本理念与思路，制定了保护修复方案，并提出合理的保管建议。

关键词： 远安县博物馆　青铜器　保护修复　科技分析

一、引　言

远安县，隶属宜昌市，位于湖北省西部，远安县博物馆收藏各类文物共1300余件套、古生物化石50余件。这次修复工作从馆藏中筛选出80件（套）已严重变形、残缺、锈蚀的铜器进行保护性修复[1]。

由于这批筛选出来的文物距今年代久远，出土后棺椁大多已腐烂及消失，墓坑塌陷居多，加之铜器胎体较薄，这些青铜器在出土时多已严重残破、变形、锈蚀，出土后无适宜的保存条件和环境，使得其中一部分已呈现濒危状态，表面硬结物、通体矿化、疖疮锈、穿孔等情况不同程度的存在，"有害锈"蔓延。如再不进行修复和保护，这些文物的历史价值、科学和艺术价值将大打折扣，更为严重的是部分文物信息将会永久消失，失去文物自身的价值。

二、文物典型病害调查

图一　青铜剑

1. "青铜病"的腐蚀

如图一所示。

双箍青铜剑，文物登录号：62.1.40；来源：采集。这是一件战国时代的青铜剑，埋葬该器物的土壤中含有大量的氯化物等可溶性盐，导致该器物产生了严重的"青铜病"。若不及时进行保护处理，腐蚀可能继续蔓延，必将影响库房内其他青铜器的长期保存。

2. 严重锈蚀

如图二所示。

双耳青铜鍪，文物登录号：89.1.72；来源：接受捐赠。这是一件秦代的青铜双耳鍪，该器物形状较为完整，但因保存环境含

图二　双耳青铜鍪

有大量可溶性盐和维护不当，锈蚀非常严重，部分地方已经锈蚀穿透。

3. 严重变形

如图三所示。

蒜头壶，文物登录号：75.1.56；来源：发掘出土。这是一件汉代的铜质蒜头壶，该器物严重变形。这主要是因为该器物胎体比较薄、极易破碎，加之在埋葬及保存过程中受到外力作用导致器物变形。可对该器物进行整形、拼对、焊接、补配、做旧等恢复其原貌，其对研究远安县汉代时期历史文化具有十分重要的科研价值。

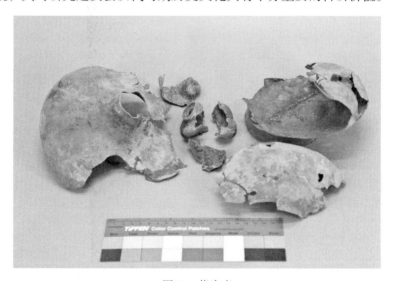

图三　蒜头壶

4. 严重破裂

如图四所示。

青铜鼎，文物登录号：临02号；来源：采集。该器物是一件战国时期的青铜鼎，可能因出土前棺椁塌陷、挤压，造成该器物严重残破。而后又因保存不当，其现状令

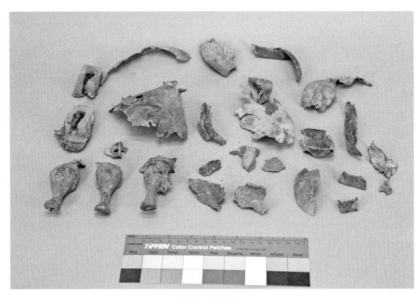

图四　青铜鼎

人担忧，通过保护修复，成功进行"手术"后，可将该器物精美的造型和清晰的纹饰再现，对丰富远安县博物馆藏品具有十分重大的意义。

5. 严重残缺

如图五所示。

青铜钫，文物登录号：临04号；来源：采集。该器物是一件战国时期的青铜钫，器物整体严重残缺，仅存16片，并且矿化、锈蚀严重。可对该器物进行除锈、拼接、

图五　青铜钫

翻制饰纹、补配、焊接、做旧等方法恢复其原貌。

6. 严重矿化

如图六所示。

青铜剑，文物登录号：90.1.73；来源：采集。这是一件战国时期的青铜剑，因该器物所在墓坑埋藏环境和出土后恶劣的保存环境，导致其破碎严重，全面矿化。该器物造

图六 青铜剑

型精美，进行科学保护后，将是一件珍贵的国家级文物，对丰富远安县博物馆馆藏战国时期藏品序列具有十分重大的意义。

三、样品与仪器分析

1. 样品

根据此批文物特点，选取了5个典型的金属器腐蚀残片或锈蚀产物进行分析。样品详细信息如表一所示。

表一 样品基本信息

编号	器名	年代	器物描述	取样部位	标本	藏品号
样品1	铜剑	战国	残破严重，锈蚀严重	剑身	锈蚀产物	62.1.40
样品2	铜鼎	战国	变形、残缺，锈蚀严重	口沿	锈蚀产物	53.1.31
样品3	铜匕	战国	残破、断裂，表面锈蚀	柄	残片	临01号
样品4	铜钫	战国	残破严重，表面锈蚀	腹部	残片	临04号
样品5	铜壶	西汉	器物残破，表面锈蚀	腹部	锈蚀产物	54.1.32

2. 仪器介绍

首先，使用德国Laika公司的DMS1000型体视显微镜（图七）来观察肉眼不能清晰识别的青铜器表面的锈蚀产物，确认青铜器表面锈蚀产物的颜色和种类，为深入研究各类锈蚀产物的类型提供依据。实验中，对典型区域分别进行20倍和50倍拍照。

再使用德国Carl Zeiss公司的Eov 18-13-36型扫描电子显微镜配备的英国Oxford Inca250型能谱仪（图八）对样品进行元素分析，确定锈蚀产物的元素组成，为分析锈蚀产物的类型提供依据。

最后使用法国Horiba Jobin Yvon公司的LabRAM HR型激光显微拉曼光谱系统（图九）来确定青铜器表面锈蚀产物的类型。实验中，选用波长为488nm的激光器作为激发光源，激光束斑大小约1μm。分别选取体视显微镜中观察到的不同形态和颜色的锈蚀

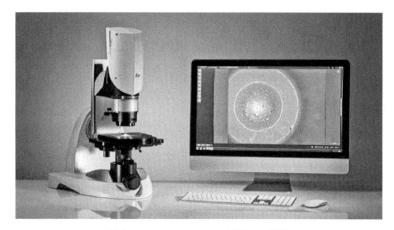

图七　Laika DMS1000型体视显微镜

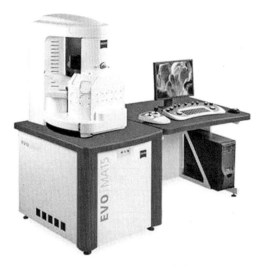

图八　Carl Zeiss Eov 18-13-36型扫描电子显微镜

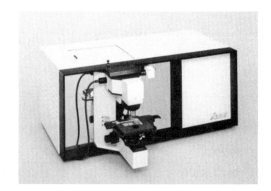

图九　Horiba Jobin Yvon LabRAM HR型
激光显微拉曼

产物进行测试，通过对Raman光谱的分析，结合体视显微观察和能谱仪测量的元素成分，最终确定青铜器表面锈蚀产物的类型。

四、分析结果

1. 样品1分析结果

如图一〇所示。

（1）形貌分析

如图一一所示，由形貌观察分析可知，锈蚀产物颜色以绿色为主。

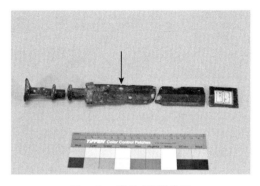

图一〇　样品1取样位置

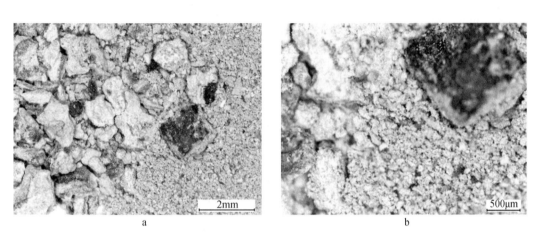

图一一　样品1体视显微形貌图（a：×20；b：×50）

（2）元素分析

对样品1进行元素分析，测试结果如表二所示。

表二　样品1锈蚀产物化学成分

元素	区域1		区域2	
	wt.%	at.%	wt.%	at.%
C	2.76	7.61	4.05	11.02
O	27.39	61.58	25.60	52.08
Cl	6.84	6.68	11.74	10.82
Cu	29.09	14.64	40.90	21.45
Sn	33.92	9.49	17.71	4.63

通过EDS能谱分析可知，样品1中锈蚀产物主要有C、O、Cl、Cu、Sn等元素。Sn元素证明样品基本为Cu-Sn合金。Cl元素的存在，进一步证明样品的锈蚀产物为有害锈，要确定为何种有害锈，还需进行Raman光谱分析。

（3）Raman分析

对样品1进行Raman光谱测试，如图一二所示。

通过Raman光谱分析可知，锈蚀粉末的Raman峰对应氯铜矿、羟氯铜矿的标准图谱，证明样品2存在大量有害锈，应马上与其他青铜器物隔离，并进行除锈、封护处理。

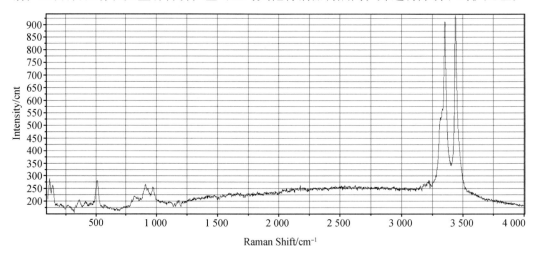

图一二　样品2锈蚀产物的Raman光谱

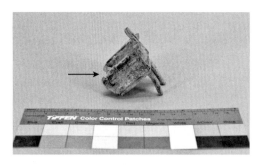

图一三　样品2取样位置

2. 样品2分析结果

如图一三所示。

（1）形貌分析

如图一四所示，由形貌观察分析可知，锈蚀产物主要是褐色锈。

（2）元素分析

对样品2进行元素分析，测试结果如表三所示。

表三　样品2锈蚀产物化学成分

元素	区域1	
	wt.%	at.%
C	3.94	10.03
O	35.33	67.60
Si	2.69	2.93
Cu	25.85	12.45
Sn	20.21	5.21
Pb	11.99	1.77

图一四　样品2体视显微形貌图（a：×20；b：×50）

通过EDS能谱分析可知，样品2中锈蚀产物主要有C、O、Cu等元素。少量的Pb、Sn元素证明样品基体为Cu-Sn-Pb合金。微量的Si等元素可能由埋藏环境中的成分引入。

（3）Raman分析

对锈蚀粉末进行Raman光谱测试，如图一五所示。

通过Raman光谱分析可知，锈蚀产物中，绿色部分主要成分为孔雀石（Cu_2CO_3（OH）$_2$）。这与EDS的测试结果完全一致。但结晶度较差，因此Raman峰较弱。

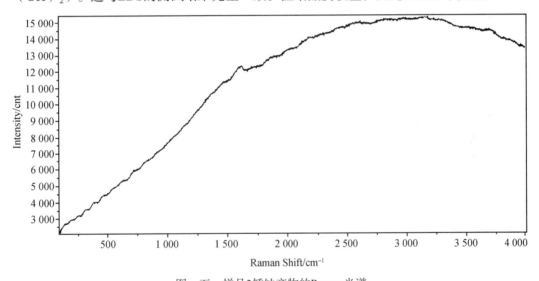

图一五　样品3锈蚀产物的Raman光谱

3. 样品3分析结果

如图一六所示。

（1）形貌分析

如图一七所示，由形貌观察分析可知，锈蚀产物主要是绿色锈和蓝色锈。

图一六　样品3取样位置

a

b

图一七　样品3体视显微形貌图（a：×20；b：×50）

（2）元素分析

对样品3进行元素分析，测试结果如表四所示。

表四　样品3锈蚀产物化学成分

元素	区域1	
	wt.%	at.%
C	4.21	11.28
O	31.57	63.53
P	5.44	5.65
Cu	24.92	12.63
Sn	14.26	3.87
Pb	19.60	3.05

通过EDS能谱分析可知，样品3中锈蚀产物主要有C、O、Cu等元素。少量的Sn、Pb元素证明样品基体为Cu-Sn-Pb合金。微量的P等元素可能由埋藏环境中的成分引入。

（3）Raman分析

如图一八所示。

通过Raman光谱分析可知，锈蚀产物中，绿色部分主要成分为孔雀石（$Cu_2CO_3(OH)_2$），蓝色部分主要成分为蓝铜矿（$Cu_3(CO_3)_2(OH)_2$），这与EDS的分析结果一致。

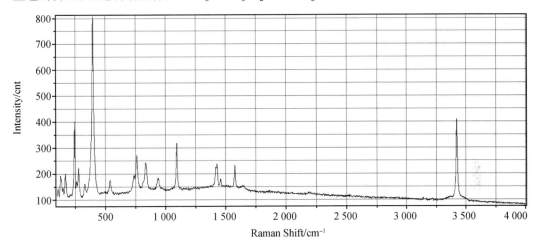

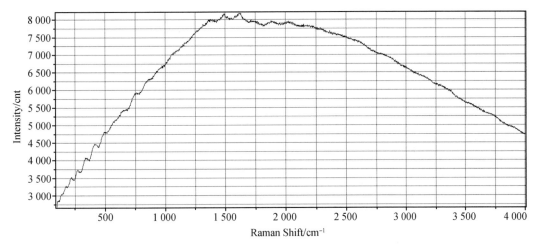

图一八　样品3锈蚀产物的Raman光谱

4. 样品4分析结果

如图一九所示。

（1）形貌分析

如图二〇所示，由形貌观察分析可知，锈蚀产物主要是褐色锈。

（2）元素分析

对样品4进行元素分析，测试结果如表五所示。

图一九　样品4取样位置

a　　　　　　　　　　　　　　　　　　　b

图二〇　样品4体视显微形貌图（a：×20；b：×50）

表五　样品4锈蚀产物化学成分

元素	wt.%	at.%
C	6.86	12.18
O	26.87	35.21
Cu	66.27	52.61

通过EDS能谱分析可知，样品4中锈蚀产物主要有C、O、Cu等元素。锈蚀产物为赤铜矿（Cu_2O）。

（3）Raman分析

对样品4进行Raman光谱测试，如图二一所示。

通过Raman光谱分析可知，样品4锈蚀产物中，褐色部分主要成分为赤铜矿。

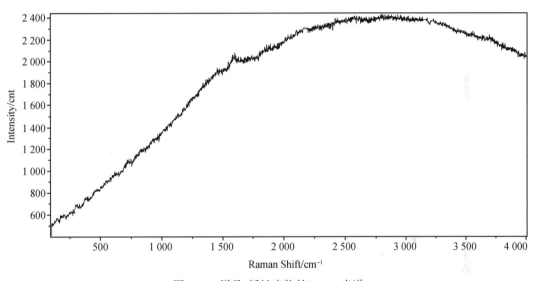

图二一　样品4锈蚀产物的Raman光谱

5. 样品5分析结果

如图二二所示。

（1）形貌分析

如图二三所示，由形貌观察分析可知，锈蚀产物主要是蓝色锈。

（2）元素分析

对样品5进行元素分析，测试结果如表六所示。

通过EDS能谱分析可知，样品5中锈蚀产物主要有C、O、Cu等元素。少量的Sn元素证明样品基体为Cu-Sn合金。微量的Si元素可能由埋藏环境中的成分引入。

（3）Raman分析

对样品5进行Raman光谱测试，如图二四所示。

图二二　样品5取样位置

a　　　　　　　　　　　　　　　　　b

图二三　样品5体视显微形貌图（a：×20；b：×50）

通过Raman光谱分析可知，锈蚀产物中，蓝色部分主要成分为蓝铜矿（$Cu_3(CO_3)_2(OH)_2$），这与EDS的分析结果一致。

表六　样品5锈蚀产物化学成分

元素	区域1	
	wt.%	at.%
C	6.04	14.14
O	35.78	62.85
Si	2.76	2.76
Cu	34.68	15.34
Sn	20.73	4.91

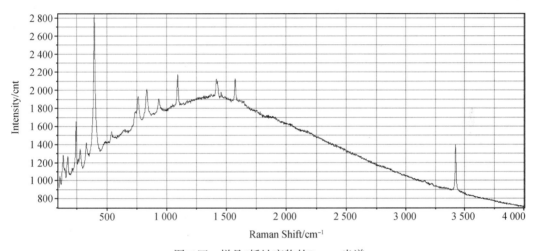

图二四　样品5锈蚀产物的Raman光谱

6. 小结

通过对远安县博物馆5个典型的青铜器腐蚀残片或锈蚀产物进行测试分析，表明：

1）通过辨认体视显微照片中不同颜色的锈蚀产物，可以初步判断锈蚀产物的种类。

2）样品1青铜剑的锈蚀产物主要为氯铜矿、羟氯铜矿，为有害锈，需要马上将其与其他青铜器物隔离，并进行除锈、封护处理，其余器物表面均为无害锈，如未覆盖铜器的铭文和纹饰，可以保持锈蚀物的原貌。

3）对不同颜色的锈蚀产物进行Raman光谱分析可知，一般蓝色部分主要成分为蓝铜矿，而绿色部分为孔雀石、氯铜矿、斜氯铜矿或羟氯铜矿。

五、修复与保管建议

1. 修复建议[2]

这次需要保护和修复的80件铜器，由于部分残损矿化情况比较严重，且不少器物集残、缺、破、断、锈及严重变形等于一身，需要"对症下药"，或者多种方法"交叉使用"。进行保护和修复的内容有对铜器表面的灰尘、泥土等附着物进行清洗；对有害锈和覆盖在纹饰与铭文上的锈蚀产物进行去除；对含碎片、裂缝的铜器进行焊接或黏接；对残缺的部分，在有根据的前提下进行补配；对修复后的铜器表面进行缓蚀封护保护处理，防止空气中有害物质和水分子对铜质文物本体的侵蚀，达到延长其寿命的目的；补配等修复的部分，进行传统做旧方法处理。

2. 保管建议[3]

在花费大量的人力、物力对文物进行修复保护处理后，应该创造一个良好的保护环境，以利于文物的长久保存，巩固保护修复的效果。

首先，要控制锈蚀生长环境，避免与有害因素接触。青铜器保存要求温度18～24℃，湿度小于45%，避免氧化性气体与文物的接触，控制达到无氯环境。照明灯光照度小于300 lx。大环境可以采用空调、除湿机，调节文物库房的温湿度，并过滤大气中的有害气体，如二氧化碳、氮氧化物等，小环境可以放置变色硅胶，或对器物进行完全密封保存，专业人员定期查看，及时调整设备、更换失效硅胶。

注　释

[1]　向霁：《远安县文化遗产研究》，华中师范大学硕士学位论文，2011年。

[2]　中国文化遗产研究院：《中国文物保护与修复技术》，科学出版社，2009年。

[3]　赵振茂：《青铜器的修复技术》，紫禁城出版社，1988年；贾文熙：《文物养护复制适用技术》，陕西旅游出版社，1997年。

凤凰地简牍保护修复

史少华　贺巧云　张　琼　白云星　李秋卫

（荆州文物保护中心）

摘要： 凤凰地简牍是研究西汉文化的重要实物资料，经长期地下埋藏，简牍糟朽、变色、残损严重，依据简牍保存状况及分析检测结果，我们完成了出土简牍的揭取、脱色、脱水等保护修复工作。

关键词： 饱水　木简　脱色　脱水　修复

一、引　　言

2016年荆州博物馆考古工作者为配合城市基本建设，经国家文物局批准，对凤凰地遗址进行了抢救性考古发掘，出土了大量珍贵文物，荆州凤凰地木简、木牍是荆州凤凰地M24出土的饱水简牍，通过室内初步整理，饱水简牍为西汉时期，其记载的内容为遣策。这为认识墓葬的丧葬习俗、汉代名物制度等提供了新的资料及可靠的依据和参照。

2019年受荆州博物馆委托，荆州文物保护中心承担了凤凰地简牍的保护修复工作。

二、出土后简牍的揭取及保存状况

2016年5月凤凰地M24汉墓简牍出土后，荆州博物馆与荆州文物保护中心，采用正像影射技术[1]及饱水简牍揭剥法，对凤凰地简牍进行了揭取保护工作，共揭取简40枚、牍1枚。简牍胎体呈深褐色，表面附着厚厚的污泥及其他污染物，部分简牍有变形、残缺等情况，字迹经红外扫描后未发现残缺、模糊病害。经总体病害评估后简牍病害情况表现为饱水、糟朽、变色、变形、残缺、断裂（图一~图四）。

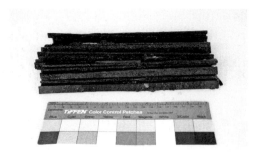

图一　简牍出土时

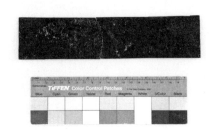

图二　简牍出土时

图三　木简11~20揭取后红外扫描

三、凤凰地简牍的保护

凤凰地简牍项目的实施，依据《荆州博物馆馆藏简牍保护修复方案（三）》和咨询文物收藏单位荆州博物馆专家的意见。2016~2021年我们对凤凰地简牍进行了保护修复工作，工作流程如图五所示。

1. 清洗

凤凰地简牍出土时，表面附着的污泥比较厚，先将简牍放置在大小合适的容器中用纯净水浸泡，浸泡一段时间后，用排笔清洗简牍上大块、容易去除的污泥，然后再

图四　木牍揭取后红外扫描

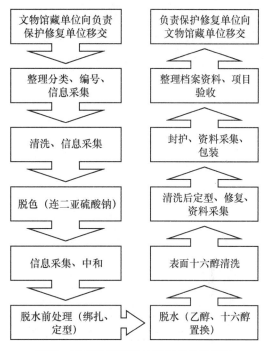

图五　凤凰地简牍保护修复工作流程图

用软毛笔对胎体表面进行清洗，目测表面洁净为止，最后放入纯净水中，清洗完成后对简牍进行信息采集（图六~图九）。

图六　木简11~20清洗前

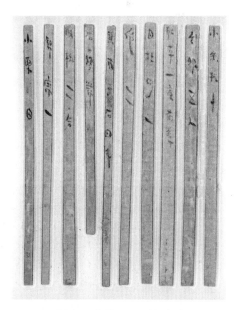

图七　木简11~20清洗后

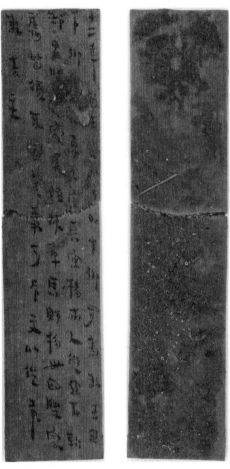

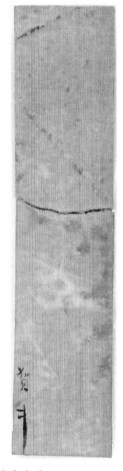

图八　木牍清洗前　　　　　　　　　　　　图九　木牍清洗后

2. 脱色

　　简牍的脱色应特别注重对文物的本体无损害而且字迹清晰、脱色后无残留且相对稳定。在该方案中，简牍的脱色选用连二硫酸钠脱色法[2]，其作用原理是还原出土后因空气中氧气的作用而改变了结构的一些化学基团，并使之溶于水。因此，其本身的作用只是恢复了竹简深埋地下时的化学结构，不会对竹简产生副作用，尤其是对简牍的字迹不会造成损伤，且残留的连二亚硫酸钠也能被彻底清除，达到了最小干预目的，也为简牍的信息提取工作提供了良好的技术支撑，达到了预期效果（图一〇～图一七）。而通过脱色保护前后的数据采集，可以清楚地反映出简牍脱色前后的保护效果（表一；图一八）。

图一〇　木简1～10脱色前

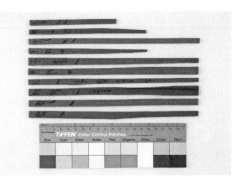

图一一　木简1～10脱色后

图一二　木简11～20脱色前

图一三　木简11～20脱色后

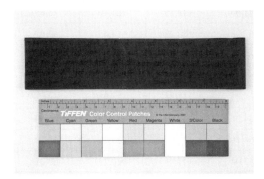

图一四　木牍正面脱色前

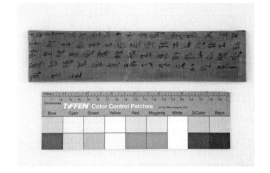

图一五　木牍正面脱色后

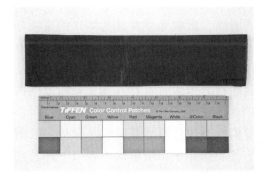

图一六　木牍反面脱色前

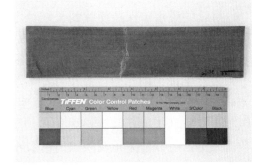

图一七　木牍反面脱色后

表一　凤凰地简牍脱色保护色差信息统计表

简号	脱色前颜色						
	L*	a*	b*	ΔL*	Δa*	Δb*	ΔE*
11	22.41	12.59	12.26	−74.60	+12.59	+12.86	76.91
12	21.39	10.15	8.58	−75.62	+10.15	+10.18	76.97
13	24.11	12.92	13.72	−72.00	+12.92	+15.32	75.60
14	20.74	11.46	10.44	−76.27	+11.46	+12.04	78.06
15	22.46	9.77	9.25	−74.54	+9.77	+10.85	75.96
16	25.74	7.61	5.30	−71.27	+7.61	+6.90	72.00
17	22.94	9.84	9.54	−74.07	+9.84	+11.14	75.54
18	20.51	10.41	8.97	−76.50	+10.41	10.57	77.92
19	25.22	9.03	7.87	−71.79	+9.03	+9.47	72.97
20	21.09	9.42	7.33	−75.92	+9.42	+8.93	77.03
牍	21.98	10.50	11.19	−75.03	+10.50	+12.79	76.83

简号	脱色后颜色						
	L*	a*	b*	ΔL*	Δa*	Δb*	ΔE*
11	34.57	14.98	23.32	−62.44	+14.98	+24.92	68.88
12	34.78	14.92	23.83	−62.23	+14.92	+25.43	68.86
13	33.75	14.11	20.45	20.45	+14.11	+22.05	68.47
14	35.57	13.55	20.39	−61.44	+13.55	+21.99	66.65
15	33.72	10.31	19.00	−63.98	+10.27	+17.40	67.09
16	35.57	13.55	20.39	−61.44	+13.55	+21.99	66.65
17	32.16	11.95	18.27	−65.54	+11.92	+16.67	68.67
18	32.66	12.47	20.53	−65.03	+12.44	+18.92	68.86
19	33.62	11.00	16.09	−64.07	+10.07	+14.49	66.60
20	33.51	12.00	21.96	−64.19	+11.96	+20.36	68.39
牍	33.97	11.45	18.69	−63.04	+11.45	+20.29	67.21

3. 脱水

　　简牍的脱水需保持简牍的长期稳定、字迹清晰、低收缩率并且为将来的重新处理留有余地。在该方案中，简牍的脱水采用乙醇-十六醇填充脱水法[3]，该方法具有长期保持简牍稳定、字迹清晰、低收缩率、可逆等特性，脱水所使用的溶剂乙醇及十六醇对字迹无副作用，操作过程中温度控制在符合饱水竹木器本体安全的范围内（40°～58°）。留存于简牍中的是高度稳定的十六醇，且重量轻，有一定的弹性，颜色柔和，有利于展示简牍历史、艺术及科学价值。通过凤凰地简牍脱水保护前后的数据采集。可以清楚地反映出简牍脱水前后的各项收缩率、质量比（表二）和色差（表三），从而反映出简牍脱水保护前后的保护效果（图一九～图二五）。该项目此次采用的乙醇-十六醇填充脱水法，为2014年授权的国家专利。

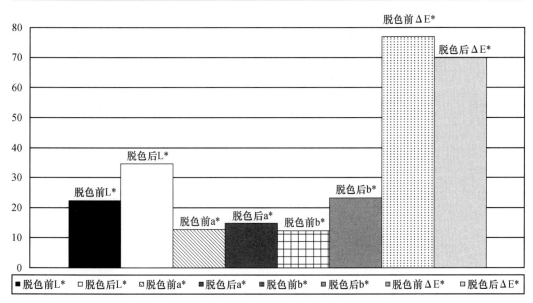

图一八 脱色前后色差比对

表二 凤凰地简牍脱水保护信息统计表

名称	登录号	尺寸/毫米						重量/克	
		脱水前			脱水后			脱水前	脱水后
		长	宽	厚	长	宽	厚		
木简	FHD-1	232	9	2	232	9	3	5.9	4.1
木简	FHD-2	232	8	2	232	8	3	6.5	4.4
木简	FHD-3	233	12	2	233	12	3	6.9	4.7
木简	FHD-4	233	8	2	233	8	3	4.5	3.1
木简	FHD-5	232	9	2	232	9	3	6.9	4.6
木简	FHD-6	232	8	2	232	8	3	5.6	3.9
木简	FHD-7	162	7	2	162	7	3	3.2	2.3
木简	FHD-8	233	7	2	233	7	3	4.1	2.9
木简	FHD-9	159	6	2	159	6	3	3.1	2.1
木简	FHD-10	118	6	2	118	6	3	2.3	1.6
木简	FHD-11	233	10	2	233	10	3	8.0	4.3
木简	FHD-12	234	11	2	233	11	3	8.9	5.3
木简	FHD-13	233	11	2	233	11	3	6.3	6.1
木简	FHD-14	233	9	2	233	9	3	7.2	4.9
木简	FHD-15	233	9	2	233	9	3	6.1	4.6
木简	FHD-16	233	5	2	233	5	3	4.8	3.5
木简	FHD-17	233	10	2	233	10	3	6.3	4.3

续表

名称	登录号	尺寸/毫米						重量/克	
		脱水前			脱水后			脱水前	脱水后
		长	宽	厚	长	宽	厚		
木简	FHD-18	232	6	2	232	6	3	4.6	3.4
木简	FHD-19	187	7	2	187	7	3	4.8	3.3
木简	FHD-20	232	6	2	232	6	3	4.6	3.2
木牍	FHD-41	233	52	3	233	51	3	34.6	26.2

表三　凤凰地简牍脱水保护色差信息统计表

简号	脱水前颜色						
	L*	a*	b*	ΔL*	Δa*	Δb*	ΔE*
11	34.57	14.98	23.32	−62.44	+14.98	+24.92	68.88
12	34.78	14.92	23.83	−62.23	+14.92	+25.43	68.86
13	33.75	14.11	20.45	20.45	+14.11	+22.05	68.47
14	35.57	13.55	20.39	−61.44	+13.55	+21.99	66.65
15	33.72	10.31	19.00	−63.98	+10.27	+17.40	67.09
16	35.57	13.55	20.39	−61.44	+13.55	+21.99	66.65
17	32.16	11.95	18.27	−65.54	+11.92	+16.67	68.67
18	32.66	12.47	20.53	−65.03	+12.44	+18.92	68.86
19	33.62	11.00	16.09	−64.07	+10.07	+14.49	66.60
20	33.51	12.00	21.96	−64.19	+11.96	+20.36	68.39
牍	33.97	11.45	18.69	−63.04	+11.45	+20.29	67.21

简号	脱水后颜色						
	L*	a*	b*	ΔL*	Δa*	Δb*	ΔE*
11	52.69	10.68	25.26	−44.32	+10.68	+26.86	52.92
12	51.62	9.96	23.62	−45.39	+9.96	+25.22	52.87
13	51.71	9.21	21.82	−44.30	+9.21	+23.42	50.95
14	52.71	9.21	21.82	−44.30	+9.21	+23.42	50.95
15	47.76	10.16	21.46	−49.25	+10.18	+23.06	55.33
16	51.23	8.96	16.98	−45.78	+8.96	+18.58	50.22
17	48.10	10.54	22.92	−48.91	+10.54	+24.52	55.72
18	51.57	7.70	15.06	−45.44	+16.66	+16.66	49.01
19	46.19	11.11	23.64	−50.82	+11.11	+25.24	57.82
20	51.08	9.45	19.92	−45.93	+9.45	+21.52	51.59
牍	59.23	9.36	21.07	−37.76	+9.36	+22.67	45.04

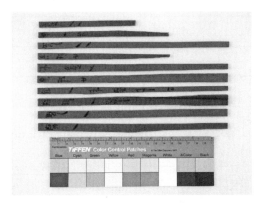

图一九　木简1～10脱水前

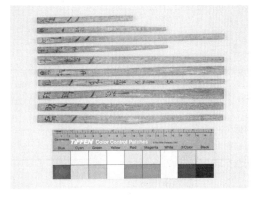

图二〇　木简1～10脱水后

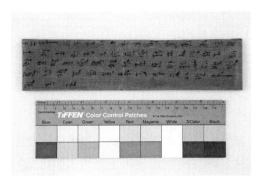

图二一　木牍正面脱水前

图二二　木牍正面脱水后

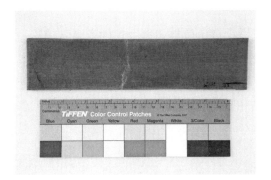

图二三　木牍反面脱水前

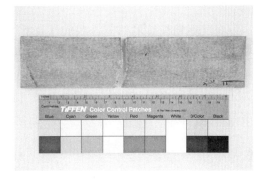

图二四　木牍反面脱水后

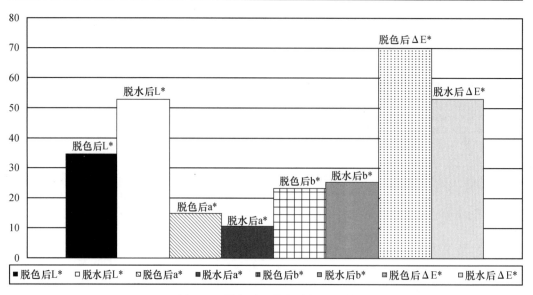

图二五　脱色后、脱水后色差比对

4. 定型

　　经脱水后的简牍，适当的定型有助于使其保持原有形态，在保护过程中应避免工具对简牍字迹及胎体造成损伤。必要时需与简牍进行隔离处理，防止损伤，经定型后的简牍达到了预期效果（图二六、图二七）。

5. 修复

　　对凤凰地简牍的修复，我们认真听取了文物收藏单位荆州博物馆的意见，依据原有的简牍资料及断裂部位等情况对简牍进行适当的黏接修复。黏接方法主要是以点、面结合的方式进行（图二八~图三一）。黏接后的简牍还需固定其形态直至完全定型为止，在简牍修复过程中，定型工具与简牍需进行隔离保护处理，防止粘连对胎体或字迹造成损伤。

6. 封护

　　经保护修复后为了减少因外部环境变化对简牍造成的影响，有利于更好地保存、展出，我们采用天然无副作用的溶剂对简牍进行了封护处理，经封护处理后的简牍在字迹和物理强度上无变化。通过封护前后的数据采集，可以清楚地反映出简牍封护前后的保护效果（表四）。经封护处理后的简牍达到了预期效果（图三二~图三八）。

图二六　简牍定型

图二七　简牍定型

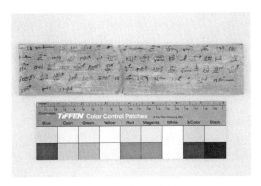
图二八　木牍正面修复前

图二九　木牍正面修复后

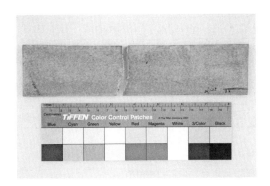
图三〇　木牍反面修复前

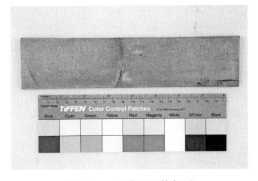
图三一　木牍反面修复后

表四　凤凰地简牍封护保护色差信息统计表

简号	封护前颜色						
	L*	a*	b*	ΔL*	Δa*	Δb*	ΔE*
11	52.69	10.68	25.26	−44.32	+10.68	+26.86	52.92
12	51.62	9.96	23.62	−45.39	+9.96	+25.22	52.87
13	51.71	9.21	21.82	−44.30	+9.21	+23.42	50.95
14	52.71	9.21	21.82	−44.30	+9.21	+23.42	50.95
15	47.76	10.16	21.46	−49.25	+10.18	+23.06	55.33
16	51.23	8.96	16.98	−45.78	+8.96	+18.58	50.22
17	48.10	10.54	22.92	−48.91	+10.54	+24.52	55.72
18	51.57	7.70	15.06	−45.44	+16.66	+16.66	49.01
19	46.19	11.11	23.64	−50.82	+11.11	+25.24	57.82
20	51.08	9.45	19.92	−45.93	+9.45	+21.52	51.59
牍	59.23	9.36	21.07	−37.76	+9.36	+22.67	45.04

简号	封护后颜色						
	L*	a*	b*	ΔL*	Δa*	Δb*	ΔE*
11	49.06	10.72	23.26	−47.95	-10.72	+24.86	55.06
12	48.33	10.04	21.19	−50.68	+10.04	+22.79	56.47
13	48.79	9.19	20.62	−48.22	-9.19	+22.22	53.88
14	46.90	9.98	21.59	−50.11	+9.98	+23.19	56.11
15	45.29	10.07	20.41	−51.72	+10.07	+22.01	57.11
16	47.51	10.45	20.83	−49.50	+10.45	+22.43	55.34
17	44.31	11.14	21.85	−52.70	+11.14	+23.45	58.75
18	48.38	8.84	18.49	−48.62	+8.84	+20.09	53.34
19	45.90	11.49	24.11	−51.11	+11.49	+25.71	58.35
20	47.89	9.78	20.78	−49.12	+9.78	+22.38	54.86
牍	50.46	13.26	26.00	-46.55	+13.26	+27.60	55.72

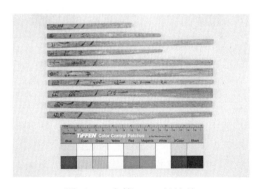

图三二　木简1～10封护前

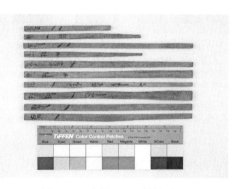

图三三　木简1～10封护后

图三四　木牍正面封护前

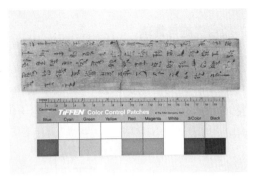

图三五　木牍正面封护后

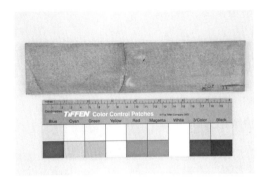

图三六　木牍反面封护前

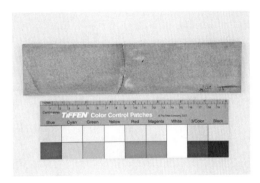

图三七　木牍反面封护后

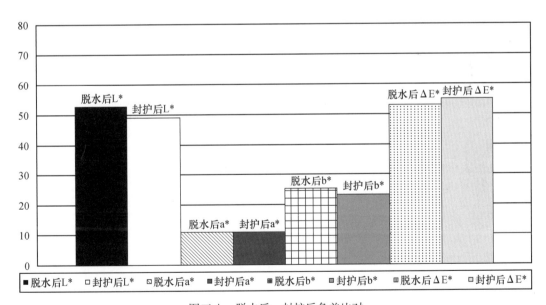

图三八　脱水后、封护后色差比对

7. 项目实施与管理

在凤凰地简牍的保护修复过程中我们建立了完善的信息采集机制，按《馆藏出土竹木漆器类文物保护修复档案记录规范》在简牍每一阶段保护处理的过程中，真实完整地记录了保护修复全过程，并建立了保护修复档案及日志（图三九、图四〇）。

图三九　凤凰地保护修复建档

图四〇　凤凰地保护修复建档

四、结　　语

　　凤凰地简牍的保护修复，是综合考虑了出土简牍保存的现状，听取文物收藏单位荆州博物馆的意见，咨询相关专家，在遵循最小干预的保护原则上，采用了正像映射技术及饱水简牍揭剥进行前期揭取等保护工作。而后根据《荆州博物馆馆藏简牍保护修复方案（三）》及凤凰地简牍保护工作流程选用了成熟的连二硫酸钠脱色法及乙醇-十六醇填充脱水法进行保护处理等工作。保护完成后简牍的各项性征稳、收缩率小于2%，一定程度上恢复了简牍的基本物理性能，整体效果良好，达到了预期总体目标，为今后保护、研究、保存、展出提供了较好经验及条件。

注　　释

［1］　肖玉军、毛志平、吴昊等：《计算机绘图与测量技术在出土竹简整理中的应用》，《江汉考古》2019年第S1期。

［2］　方北松、刘珊珊、童华等：《饱水竹简变色机理的初步研究》，《中国文物保护技术协会第四次学术年会论文集》，科学出版社，2007年，第365～371页。

［3］　方北松、张扬、蔡桂兰等：《走马楼吴简十六醇法脱水研究》，《文物保护与科技考古》，三秦出版社，2006年。

荆州木雕文物艺术探析

王新生

（荆州博物馆）

摘要： 荆州是一个文物大市，地下蕴藏着丰富的古文化遗产，地上遗存着珍贵的古建筑、近现代重要史迹及代表性建筑。在这些文物保护单位中，不乏保存形式多样、工艺独特、雕刻精美的木雕艺术构件。这些木雕构件保存完好，且跨越年代久，具有深远的历史内涵及较高的文物价值，是文物保护单位的重要组成部分。

本文通过实地探勘予以展示，歌颂古代劳动人民敢于创造、奋发进取的精神，同时提高全民文物保护意识，保护文物而不遗余力。

关键词： 文物建筑木雕　荷包梁　角背　如意团线　回纹藩草

一、荆州文物建筑木雕概述

木雕是雕塑的一种，可以分为立体圆雕、根雕、浮雕三大类，其中浮雕也包含建筑构件木雕。

木雕艺术起源于新石器时期的中国，距今7000多年前的浙江余姚河姆渡文化，已出现木雕鱼。秦汉两代木雕工艺趋于成熟，绘画、雕刻技术精湛。施彩木雕的出现，标志着古代木雕工艺已达到相当高的水平。唐代是中国工艺技术大放光彩的时期，木雕工艺也日趋完美。许多保存至今的木雕佛像，是中国古代艺术品中的杰作，具有造型凝练、刀法熟练流畅、线条清晰明快的工艺特点，成为当今海内外艺术市场上的"宠儿"。明清时代木雕构件及木雕艺术品题材，多见为生活风俗、神话故事，诸如吉庆有余、五谷丰登、龙凤呈祥、二龙戏珠、双凤朝阳、松鹤延年等木雕作品，深受当时社会欢迎。

荆州是楚文化的发祥地，在漫长的历史演进中有重要的地位和作用，积淀了深远、丰厚隽永的历史文化，而荆州木雕文化是其中不可分割的重要部分。荆州遗存的文物木雕艺术构件，以"建筑型构件木雕""人物与动物木雕""装饰构件木雕"最为突出，且运用广泛。

笔者因从事文物建筑修缮管理工作三十多年，对文物建筑木雕构件的保存情况比较了解。经实地勘探测绘，建筑型木雕构件及装饰型木雕构件种类较多，但保存一般。考证认为一般建筑型木雕构件都有较强的装饰功能，大多用在古代建筑及古代构筑物上。建筑型木雕构件在一定程度上彰显了建筑的庄严稳重、雄伟壮观、富丽堂皇，表现建筑的等级之别。比如寺庙、道观、宫殿、会馆、宅第、名人故居、民居都用木雕构件装饰门庭殿堂、梁枋构架，装饰点缀隔扇门窗。

荆州是文物大市，凡属国家级、省级、市级文物保护单位大都为寺庙、道观、会馆等，保存梁枋雕刻构件较多，工艺精湛，做工极为考究；凡革命旧居、名人故居、民居一般为明清时期民居建筑形制，木雕构件主要是各式各样的柱质、雀替、裙板、角背。太晖观在荆州国家级文物保护单位中，不但石雕艺术构件居首位，而且木雕艺术构件保存最多，内容最为丰富。太晖观回廊木雕挂枋弥足珍贵，堪称明代艺术瑰宝，它蕴藏着丰富的文化内涵，是我们研究明代道观建筑形制、特征的重要实物见证；荆州川主宫戏楼保存较多样式新颖、造型别致的木雕穿枋艺术构件，在省级文物保护单位中位居首位，是我们研究古戏楼建筑风格的重要资料；省级文物保护单位江陵松鹤堂（黄杰故居），也保存一定数量的木雕艺术构件，是我们研究明清时期民居建筑格局的支撑资料。这些文物木雕均从不同侧面、不同角度体现出木雕艺术构件的时代特征，具有一定的历史、艺术价值。

二、荆州文物建筑木雕类别及艺术探析

笔者经实地踏勘、分析考证，荆州建筑型木雕文物艺术构件综合起来共有八种形制，现对其构件的式样、用途，进行描述说明。

（一）柱质

柱质即木质柱础。柱质根据造型及式样可分为圆鼓形、正方座圆鼓形、方座多层混线形、方座束腰形、双层混线形、圆鼓座束腰形、混线座多层束腰形七种形制。大多柱质每面均雕饰对称花卉图案，少数为素面。圆鼓形柱质一般安装在木柱之下，石质古镜式柱础上，一般不直接与地面接触，也就是一根柱子下有两种形制的柱础，一是石质柱础，二是木质柱础。分析认为：石柱础上安装柱质的这种做法，是因为木柱原材料达不到设计高度而采取的一种"加高"方法，既达到节省材料的目的，又起到装饰作用，更显柱子高大、与众不同。

柱质也有不安装在石质柱础上而安装在木质构件上的实例，如正方座圆鼓形、方座束腰形、圆鼓座束腰形、方座多层混线形等柱质，一般用于明清时期民居建筑，都不安装在石质柱础上，而是安装在二层楼阁井口栏杆柱、井口檐柱之下，为民居建筑整体风貌增辉描色，体现建筑规格等次。

太晖观建于明洪武二十六年（1393年）[1]。太晖观祖师殿内柱础均为石雕构件，共28个，其中12个古镜式柱础上（即老檐柱之下）安装木质柱础，直径0.5、通高0.4米，鼓面浮雕"回纹藩草"（图一）。省级文物保护单位沙市胜利街260号民居，二层檐柱脚下安装两种形制的柱质，即方座多层混线形、方座束腰形；省级文物保护单位沙市胜利街234号民居、荆州城南门大街46号民居安装圆鼓座束腰形、双层混线形柱质；荆州历史建筑玄帝宫街6号民居，二层檐柱下安装混线座多层束腰形柱质；江陵松鹤堂民居安装正方座圆鼓形柱质（图二）。这些木雕柱质大小根据柱子直径确定，一般底座边长0.15～0.3、高0.15～0.25米。

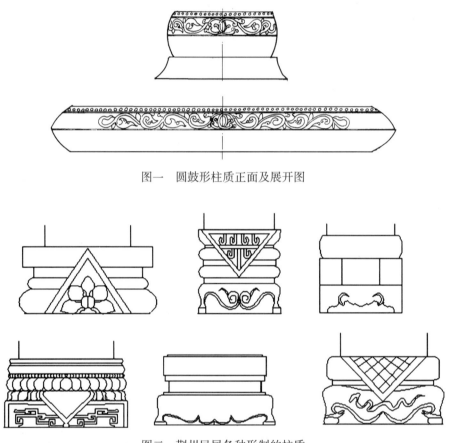

图一　圆鼓形柱质正面及展开图

图二　荆州民居各种形制的柱质

（二）木雕枋

木雕枋包括檐柱挂枋、老檐柱槛枋、檐柱挑枋。枋类构件在建筑中主要功能是承重，枋类构件安装地方不同，其功能大小随之发生变化。一般枋类木雕构件安装在露明显眼的地方，表现建筑风格特点及外观效果。太晖观祖师殿回廊柱檐上安装12块浮雕挂枋，这些雕枋均用楠木制作，平均长4.42、高0.36、厚0.14米。经勘察记录：前檐明间挂枋雕刻内容"八仙周游图"，次间分别为"宫廷仕女图""才子佳人春游图"；背面明间"乡村喜庆图"，次间"状元及第""顽童嬉戏图"（图三～图五）。东面明间木雕挂枋"习武娱乐图"，次间"自娱自乐图""习武图"；西面明间"习武娱乐图"，次间"民间演出图""自娱自乐图"。12块木雕枋底部均雕刻各种"回纹藩草""对称花瓣纹"。明间上槛枋悬雕"祥云游龙"，次间"祥云仙鹤

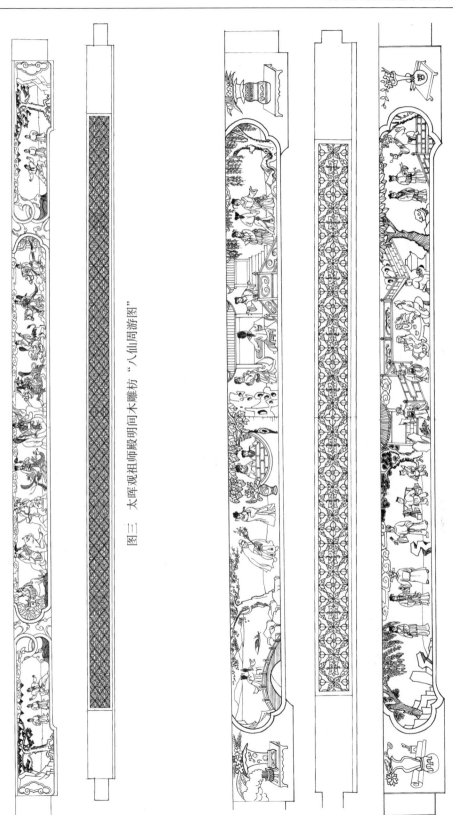

图三 太晖观祖师殿明间木雕枋 "八仙周游图"

图四 太晖观祖师殿次间木雕枋 "宫廷仕女图" "才子佳人春游图"

双飞"（图六）。这些雕刻构件造型别具一格，人物惟妙惟肖，为太晖观木雕艺术精品。

川主宫戏楼原址位于沙市第十四中学校园内，戏楼实为川主宫内一座单体建筑。据史料记载：川主宫始建于清乾隆十年（1745年），原称"蜀英会馆"，为四川旅沙商贾出资兴建，是四川帮会驻地。因会馆内供奉川祖惠民大帝（即三国时蜀汉国主刘备）塑像，故名。后更名为川主宫[2]。

现存川主宫戏楼为1986年原沙市人民政府拨款迁址重建，位于沙市城区碧波路段江津湖岸边，1987年10月竣工。重建的戏楼保留了原建筑格局及大部分原始雕刻构件，更换了糟朽构件，新旧构件组合搭配具有可识别性，昔日戏楼英姿再现。

戏楼二层明间主要木雕构件2块，为明间大额枋、小额枋。大额枋造型为弓形雕梁，并采用透雕、悬雕、浮雕相结合的手法饰坐龙、游龙、如意祥云图案，名为"三龙凌空"。龙身、须爪皆活，生动逼真，令人惊叹叫绝。弓形雕梁下额枋浮雕双凤、双龙、团云图案，寓意"双凤朝阳""双龙戏凤"（图七）。次间木雕挂枋6块，每块浮雕"藩草花卉""小鸟嬉戏""山水风景"等图案。

戏楼一层明间、次间、梢间大小额枋共9块，浮雕内容为"人物故事""各种动物""花鸟及山水""田园风光""戏剧舞台""喜庆盈门""鸳鸯戏水"等图案。人物故事雕刻体裁有"斩美案"、"城楼观战"（图八）、"飞马迎敌"、"喝酒划拳"、"仕女游园"等情节，人物形态各异，呼之欲出。

江陵松鹤堂（黄杰故居）[3]，位于江陵县城区西湖路郝穴工商所院内，是一处清代民居建筑。黄杰，湖北江陵人，徐向前元帅夫人。1910年11月，出生于江陵县郝穴镇松鹤堂。1927年1月考入黄埔军校武汉分校女生队，1928年加入中国共产党，曾任中共松滋县第一任县委书记，组织领导松滋县九岭岗农民运动。

松鹤堂为黄杰同志故居，四合院建筑形制，整体结构严谨、设计巧妙，且艺术构件别致，木雕人物故事、动物花鸟，形态各异。故居建筑风格有着浓郁的地方特色，对研究明清时期民居建筑特色、格局、风貌等具有一定的科学价值。

现场踏勘：松鹤堂前檐一层、二层明间分别装修雕花隔扇门窗，二层回廊设井口寻杖栏杆，栏杆下柱间安装四块井口雕花挂枋。挂枋上雕刻图案仿清式彩绘行制，即挂枋按三分之一设计，中间为枋心、两侧为藻头。明间正面枋心雕刻花纹式游龙图案，称"二龙戏珠"，藻头雕刻"藩草花叶纹"；背面明间枋心雕刻"葵式万川纹"，藻头雕刻"藩草、小鸟花叶纹"对称图案；东西次间挂枋图案相同，枋心雕刻"正搭斜交万川纹"，藻头雕刻"藩草花叶纹"对称图案，每块雕枋交接处吊挂悬鱼（图九）。

荆州城玄帝宫街6号民居、南门大街34号民居檐口安装两种式样的挑枋，前者枋头为椭圆形，雕饰藩草花叶纹。后者挑枋设计成拱形，枋头雕刻"麻叶头纹"。何为麻叶头纹？麻叶头为清式斗拱构件中一个专业名词，即把枋头雕凿成多个椭圆形斜面，然后在斜面边缘内收、浮雕"如意云纹"，是一种较固定的雕刻图案，一般清式斗拱撑头木麻叶头都雕饰这种图案。拱形枋心雕刻花瓣纹（图一〇）。这些枋头木雕构件在荆州现存古民居中保存较少。

图五 太晖观祖师殿后檐木雕枋 "顽童嬉戏图" "状元及第"

图六 太晖观祖师殿槛枋悬雕 "祥云仙鹤双飞" "祥云游龙"

图七　戏楼悬雕"三龙凌空""双凤朝阳""双龙戏凤"

图八　额枋上浮雕"城楼观战"

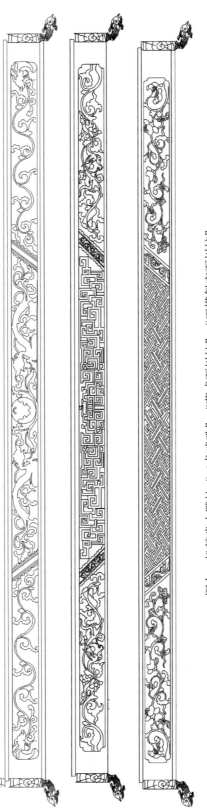

图九　松鹤堂木雕枋　"二龙戏珠"　"篓式万川纹"　"正搭斜交万川纹"

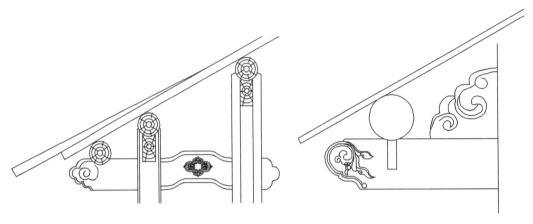

图一〇　麻叶头纹、椭圆形藩草纹

（三）荷包梁、轩梁

这种构件一般用于卷棚屋顶和廊轩。卷棚顶梁架构件称月梁、四架梁、五架梁等，很少有雕刻图案。用于廊轩称荷包梁、轩梁，梁面均有雕饰图案。荷包梁造型大多为弓形、拱形、扇形、月亮形、菱角形。搁置荷包梁的座称墩，有的座做成瓜柱墩、坐斗墩，有的为浮雕荷花墩。轩梁在荷包梁之下，是放置荷包梁及梁墩的承重梁，一般造型为弓形，大部分构件为素面，等级高的建筑轩梁双面有浮雕图案。

荆州太晖观除木雕挂枋外，廊轩木雕也独具一格，而且保存完整，有较高的艺术价值。廊轩正荷包梁8块，递角荷包梁4块，每块为拱形，梁头为麻叶头，梁墩为"藩草荷花墩"，上下对称。荷包梁双面浮雕图案，名为"清水荷花""山间桃花""鸟儿山花""悬崖梅花"等（图一一、图一二）。前檐轩梁上浮雕由于失修，"文革"期间被毁。太晖观东侧娘娘殿廊轩荷包梁为拱形，共4块，梁头、拱心雕饰对称花纹，梁座为雕花木墩，轩梁为素面（图一三）。荆州城南门大街34号民居廊轩荷包梁为月

图一一　太晖观荷包梁雕花

图一二　太晖观荷包梁现状

亮形，两端麻叶头，枋心雕刻人物，梁墩坐斗式，坐斗四面雕刻荷花，轩梁双面雕刻回纹藩草。沙市胜利街234号民居廊轩荷包梁较为新颖，做成菱角形雕饰藩草纹很少见（图一四）。

（四）角背

俗称驼峰，构件造型因似骆驼的肩背而得名，是建筑构架中一种特制的装饰构件。角背倚靠在三架梁脊瓜柱及金瓜柱两侧，稳固瓜柱，装饰梁架节点。有的建筑角背直接

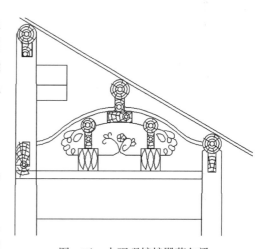

图一三　太晖观娘娘殿荷包梁

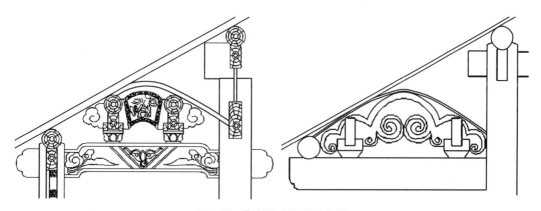

图一四　荆州沙市民居荷包梁

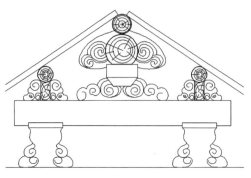

图一五　竹山文庙大成殿角背

做成形式多样的雕花脊墩柁、金墩柁，安装在檩条的节点下代替瓜柱。这种角背造型及雕刻在荆州文物建筑中很少，但在湖北省其他市县文物建筑中很多，如竹山文庙大成殿（图一五）、竹溪敖宗祠等。

角背运用普遍、范围广，除建筑梁架上安装角背外，有的老檐柱、檐瓜柱旁也安装角背。角背的种类较多，造型各异，雕刻图案形式多样。经现场勘察有的角背造型似驼峰，有的似扇面，有的为椭圆形、火焰状，有的似博古架；雕刻图案多数为"如意团云""素线响云""四季花卉""花牙子回纹藩草"，少数为素面。

荆州文庙据《荆州府志》和《江陵县志》记载：始建于明洪武元年（1368年），清康熙六十年（1721年）、雍正三年（1725年）重修，乾隆九年（1744年）集资扩建，嘉庆元年（1796年）诏出帑金，重建大成殿等其他建筑。清光绪二十三年（1897年），江陵县知县张集庆、训教、导谕、易洪、锺德、蕲垮、阖邑绅士重建大成殿[4]。目前其他建筑已毁，仅存大成殿及棂星门石牌坊。

大成殿脊瓜柱旁安装了两种形制的角背，一种瓜柱两旁安装了上下两层角背，上部角背呈扇形，下部角背似驼峰；二种瓜柱旁为单层角背，造型呈梯形，均雕饰"如意团云""阴刻祥云"图案（图一六、图一七）。三架梁两端角背、单步童柱两旁角背及正心桁上角背均雕刻"如意团云"图案，这种艺术构件填补了接点处的单一，使其结构造型整体完美。荆州公安文庙大成殿与荆州文庙大成殿不同之处：正脊檩下没有脊瓜柱而用雕花角背代替承重，二层童柱穿梁上没有檐瓜柱，雕刻蝙蝠形墩柁承重（图一八）。荆州城朝宗楼角背与众不同，造型为火焰状，荆州城宾阳楼角背为素面驼峰形。

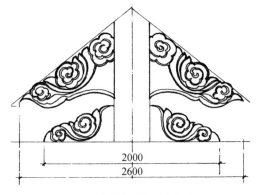

图一六　荆州文庙大成殿角背

（五）雀替

雀替为一种特殊的装饰构件。包含三种形制：一种普遍形制，安装在建筑明间、次间挂枋或额枋下，雀替大小按明间柱距四分之一定长，宽按雀替长的五分之二；二种倚柱形制，称竖式雀替，安装在建筑明间、次间柱抱头梁或井口回廊柱下；三种撑头形制，雀替下端固定在檐柱上（即镶靠在柱体上），上端呈斜面撑住抱头梁，均按明间柱距定长，按长定宽。

图一七　荆州文庙大成殿梯形角背

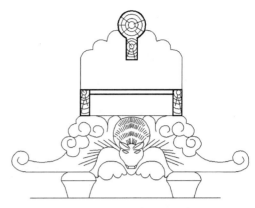

图一八　公安文庙大成殿角背

普遍形制雀替又分两种版式：一种是透雕"藩草花苞纹"，二种是双面浮雕"采地雕藩草纹"，有的下面镶嵌丁字形单斗。一般寺庙、道观、府邸、城楼、会馆、民居安装普遍形制雀替。荆州玄妙观山门、张居正墓陈列厅、洪湖民居柱间均为透雕"藩草花苞纹"雀替，荆州城宾阳楼、荆州卸甲山关羽祠为浮雕"采地雕藩草纹"雀替（图一九、图二〇）。

倚柱形制雀替有四种版式：一种"凤头回纹藩草"、二种"花牙子回纹藩草"、三种"葵式回纹藩草"、四种"采地雕藩草纹"，民居建筑安装较多。例如，沙市胜利街234号民居、荆州历史建筑沙市邵家巷2号民居（该民居现已坍塌拆除）为"凤头回纹藩草""花牙子回纹藩草"雀替（图二一、图二二）。

撑头形制雀替有六种版式：一种"凤头葵式回纹"、二种"龙头宫式回纹"、三种"花牙子回纹藩草"、四种"龙头回纹藩草"、五种"曲线回纹线雕"、六种"蛇形独雕"。经实地踏勘，这六种版式的雀替在荆州文物建筑中多数已毁坏无存，现沙

图一九　荆州玄妙观山门雀替

图二〇　荆州城宾阳楼雀替

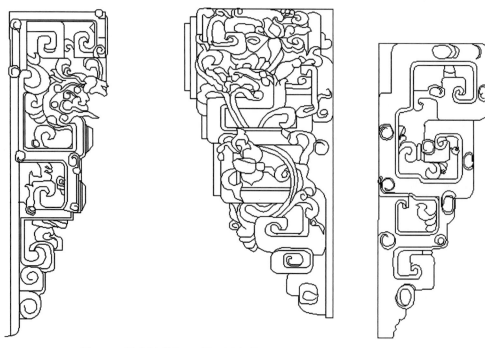

图二一　沙市胜利街234号民居雀替　　　　　　　　图二二　沙市邵家巷2号民居雀替

市健康巷52号民居仅存透雕"凤头葵式回纹"撑头形制雀替（图二三），其他五种版式的雀替在湖北省文物保护单位荆门龙泉书院、丹江清末庄园、天门胡家花园、老河口商行及国保单位利川李盖五庄园等建筑中保存较完整（图二四）。

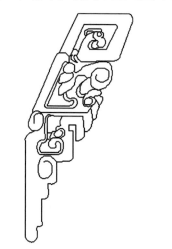

图二三　沙市健康巷52民居雀替　　　　　　　　　图二四　利川李盖五庄园雀替

（六）裙板、绦环板

裙板、绦环板为古代建筑隔扇门窗主构件。隔扇就是一个木架子，两旁竖立边梃，边梃之间横安抹头。每扇隔扇可用抹头分作上、中、下三段：槅心、绦环板和裙板。上段槅心，亦称花心，是隔扇门上透明通风部分。花心四周在边梃和抹头之内有仔边，中间有棂子，作为裱糊或安装玻璃的骨架。棂子的花纹或用菱花或类似六角、八角的几何形，或用方格形[5]。有的隔扇花心除了用棂子组合图案外，其间还点缀一些木雕图案，如海棠花、桃花、梅花组合图案。荆州开元观祖师殿、玄妙观紫皇殿、荆州城东提街10号民居隔扇，就有"花牙子回纹藩草""花卉藩草"点缀花心的实例（图二五）。中段称绦环板，下段称裙板，对外露明部分常做装饰性很强的雕刻图案。

图二五　隔扇门花心图案

裙板、绦环板雕刻图案多种多样，人物故事、山水花卉、动物、神仙饰品样样俱有。根据勘察收集整理：一般宫殿、坛庙、道观、皇家园林等建筑隔扇绦环板、裙板都为"浮雕龙凤""博古回纹""五福捧寿""夔龙夔凤""素线响云""如意团线""阴纹博古花卉"等共七种图案。荆州太晖观、玄妙观、开元观、朝宗楼、宾阳楼、荆州文庙裙板属贴雕"素线响云"和"素线花瓣"（即用雕刻完整的块状图案和曲线图案镶嵌在板面上），此图案板面简洁清晰，制作简便，一般建筑都采用（图二六）。荆州民居隔扇裙板雕刻内容有"人物故事""园林建筑""花卉小鸟""如意祥云""贴雕回纹""博古家私""八仙神器"等七种图案。目前沙市胜利街、民主街民居大多拆除，隔扇多数毁坏无存，有价值的裙板木雕仅存健康巷52号民居一处。荆州城南门大街46号民居仅存绦环板浮雕"博古家私""八仙神器"

图二六　玄妙观、朝宗楼裙板图案

图二七　南门大街46号民居绦环板木雕

（图二七）；荆州城玄帝宫街6号民居仅存一对绦环板、裙板浮雕，内容为"园林建筑""博古花卉""花牙子藩草"，该裙板木雕极为珍贵（图二八）；江陵松鹤堂隔扇绦环板浮雕"飞鹤""卷草、花叶回纹"，透雕"回纹藩草"，裙板贴雕"葵式回纹"，均保存完整，都具有一定艺术价值。

（七）木质栏杆

木质栏杆分两种形制，一种称寻杖栏杆，二种称花栏杆[6]。木质寻杖栏杆与石质寻杖勾栏基本相同，主要构件有望柱、寻杖扶手、腰枋、下枋、地栿、绦环板、牙子、荷花净瓶等。望柱头、绦环板均有雕刻图案。荆州城宾阳楼二层回廊为寻杖栏杆

图二八　玄帝宫街6号民居裙板木雕

形制，望柱头雕刻"对称花瓣"，寻杖扶手下安装荷花净瓶构件；江陵松鹤堂天井四周安装的寻杖栏杆很有特色，主要是寻杖扶手下没有安装木雕荷花净瓶，而是安装素面净瓶，栏杆每面安装绦环板6块，共计24块，每块绦环板浮雕"人物故事""花卉小鸟""鲤鱼跳龙门""荷花鱼鹰""回纹藩草"等图案，在现存民居建筑中保存完整，独一无二（图二九）。二种花栏杆构造较为简单，主要由望柱、横枋及花格棂条构成。这种栏杆常用于住宅及园林建筑中。花栏杆的棂条制作十分丰富，最简单的常用竖式车木条作棂子，称为直档栏杆，其余常见者则有盘长形、井口字、亚字形、龟背锦、万川回纹、葵式乱纹等，制作工艺较复杂。有的花栏杆棂条节点交叉处不乏木雕构件点缀其间，更增加了花栏杆的制作难度，表现出花栏杆较强的工艺性（图三〇）。荆州文物建筑中寻杖栏杆、较多式样的花栏杆，体现出荆州花栏杆的制作水平。

图二九 江陵县松鹤堂寻杖栏杆

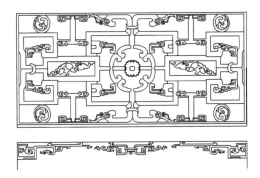

图三〇　荆州民居花栏杆图案

（八）其他木雕

常见于斗拱构件木雕。荆州"三观"斗拱主要雕刻构件为撑头木，即典型的麻叶头雕刻。荆州文庙安装较为规范的如意斗拱，在斗拱系列中属制作最难、工艺性最强的一种。平身科、柱科如意斗拱后尾木雕极为丰富，雕刻式样独特，角科斗拱斜撑头木直接挑托麻叶头斜梁，后尾悬雕龙头，比较新颖且做法别具一格（图三一）。

图三一　角科斗拱斜撑头木后尾悬雕龙头

三、结　语

笔者在《荆州石雕文物艺术探析》[7]一文展示了荆州石雕文物艺术，本文所述为石雕文物艺术后续，展示荆州木雕文物艺术。荆州文物保护单位建筑中保存的木雕文物，与保存的石雕文物一样，形式多样、雕刻精美，蕴藏着丰富的文化内涵。本文所展示的仅仅是荆州城区、沙市城区、近邻县市一部分，荆州所属其他市、县中，省级文保单位也保存较多木雕文物，因文章篇幅限制未做展示。总之，荆州现存木雕文物是古代劳动人民的馈赠，无价之宝，我们要像爱惜生命一样，不遗余力地保护这些珍贵遗产，让子孙后代永世传承。

注　释

［1］ 湖北省江陵县县志编纂委员会：清乾隆《江陵县志·文物志》卷六四《外志·寺观》，湖北人民出版社，1990年，第651页。

［2］ 荆州市地方志编纂委员会：《荆州市志（1994—2005）·文物志·楼阁·桥》，中国文史出版社，2015年，第1206～1208页。

［3］ 湖北省文化厅古建筑保护中心、荆州城文物管理处：《江陵松鹤堂（黄杰故居）抢救性保护工程勘察设计方案》，2012年5月。

［4］ 湖北省江陵县县志编纂委员会：清乾隆《江陵县志·文物志》卷六四《外志·寺观》，湖北人民出版社，1990年，第651页。

［5］ 梁思成：《清式营造则例》，中国建筑工业出版社，1981年。

［6］ 马炳坚：《中国古建筑木作营造技术》，科学出版社，1991年。

［7］ 王新生：《荆州石雕文物艺术探析》，《荆楚文物（第5辑）》，科学出版社，2021年。

五、大遗址保护与开发利用

荆州大遗址保护与利用的管理体制创新途径

王红星[1]　谢　军[1]　朱江松[2]

（1. 荆州纪南生态文化旅游区　2. 荆州博物馆）

摘要： 本文借鉴国内各地大遗址保护与利用管理体制的经验，建议荆州大遗址保护利用的管理体制创新途径可分为三个阶段：第一阶段，强调"政府主导、多方参与原则"；第二阶段，强调遗产所有权、管理权、经营权、监督保护权"四权"逐步相互分离，明晰政府、遗产单位、社会组织、社区组织、公众等各自的职责、权利与义务，实现"政府支持、公益搭台、社会多元化参与"机制，打造荆州大遗址文化遗产保护开放平台；第三阶段，强调文化遗产的完整性，整合各地管理机构，设立荆州大遗址保护特区，发展文化创意产业，通过遗产地品牌，促进当地民生发展。

关键词： 荆州　大遗址　保护　利用　体制

大遗址保护管理体制是指其管理系统的结构和组成方式，即采用怎样的组织形式以及如何将这些组织形式结合成为一个合理的有机系统，并以怎样的手段、方法来实现管理的任务和目的。大遗址保护各级管理机构的设置、管理范围、权限职责、利益及其相互关系的协调，直接影响管理的效率和效能。大遗址保护管理体制改革的趋势和方向是，由目前政府主导的单一模式，转向政府、遗产单位、社会组织、社区组织、公众等多元主体共同管理；管理方式从命令—服从的单向度管理，转向各个主体之间的协商决策、合作管理、透明化管理、法治化管理的治理活动；管理手段从以行政手段为主，转向综合运用行政手段、法律手段、市场机制以及社会自助和互助等多种手段；管理资源投入和服务产出主体由政府这个单一的主体，走向政府、企业、民间组织、社区等多元主体共同承担；保护政策制定从封闭、神秘方式走向公众参与、多方协商和透明化决策；遗产单位的主要职能由保护为主，转变为以保护与利用并举，搭建文化遗产保护开放平台，提供社会性公共服务，促进当地民生发展为主。

多年以来，我国的文化遗产保护管理体系一直沿用条块分割的方式，即在组织管理体系上形成了由中央到地方各级人民政府文物主管部门自上而下实施专业管理，行政上却隶属同级地方人民政府管理的模式。长期的实践表明，从中央到地方文物主管部门的专业管理，实际上更多的是在业务指导层面，具体的管理则主要依赖地方政府。近年来，大遗址保护与利用的所谓"安阳模式""西安模式""无锡模式"等，无一例外都是地方政府主导的属地管理体制[1]。

荆州大遗址是以战国楚都纪南城为中心，包括楚国定都纪南城期间的楚王离宫、楚王陵区，总面积为1000余平方千米，包括荆州市纪南文旅区、荆州区，潜江市，宜昌市的当阳市、枝江市等市县区。十年前笔者参观考察荆州熊家冢墓地时，发现其保护围墙只涵盖半个墓地，陪同者解释说墓地的另一半属当阳市管辖（现已用土地置换方式划归熊家冢遗址博物馆管辖）。类似的问题在荆州大遗址区域内非常普遍，尽管各地都非常重视文化遗产的保护与利用，并纷纷规划建设遗址公园，但这种条块分割的体制，连一个墓地的完整性都无法确保，更难讲整个荆州大遗址的统一规划了，这些现象，显然不符合大遗址保护的完整性原则[2]。因此，笔者依据荆州大遗址的自然地貌、经济地理、人文地理都有较强的同一性，历史上江陵、潜江、当阳、枝江的行政隶属虽偶有变化，但总体上属同一行政建制管辖，同时其又是战国楚都城及城外楚王陵的完整体，荆州大遗址区域的湿地环境恢复、产业结构的调整、遗产地品牌的打造，从促进当地民生进步的意义等角度考虑，提出了设立副省级荆州大遗址保护特区的建议[3]。现在看来，此项工作牵涉面甚广，且报批程序极为复杂，实现这个美好的愿望，可能有待时日。

目前，各级领导已认识到此类问题，成立了以湖北省副省长任组长、有关部门和地市领导参加的"荆州片区大遗址保护工作领导小组"，荆州还成立了"荆州纪南生态文化旅游区管委会"。这些过渡性管理机构，能较好地协调、处理局部土地行政隶属的调整、大遗址保护与利用过程中的土地征用、移民搬迁等问题，使荆州大遗址实行统一规划、统一建设、统一管理、统一荆州遗产地品牌形象等成为可能。

也应该看到，这些过渡性管理机构的特点，在于集政、企、事于一体，加强了大遗址统一管理的力度，各种利益关系得以有效协调；弊端是管理体制上存在着政企不分、事企不分和政事不分现象。对于实际掌握着遗产资源，同时又面临地方经济发展，有自身利益诉求的政府而言，一方面负有具体管理部门的保护监督职责，另一方面又要直接参与到文化遗产的经营当中，导致监督者与使用受益者角色重叠[4]。政府各部门齐抓共管的局面，容易出现协调合作难，管理"真空"的情况。在处理实际问题时，政府自由量裁权限过大，主观判断成分过多，造成遗产单位和有关专家沦为"配角"，社会公众更是旁观者，从而形成了除政府之外的其他利益相关者的无所作为，导致大遗址保护管理的实际效果与力度欠佳[5]。从长远的角度观察，这种管理体制并不是大遗址保护管理体制的最佳途径。

2008年中国第一本文化遗产蓝皮书——《中国文化遗产事业发展报告（2008）》指出，当前文化遗产管理体制在市场化改革中的问题主要为三方面：第一是公益功能发挥不足。表现在对文化遗产的认识不足，管理不到位，一些文博单位没有很好地发挥文化遗产的教育、科研功能和具有公益性的经济功能，文化遗产事业发展成果惠及群众的能力不足。第二是经济功能发挥无序。指市场化过程中过于看重短期经济效益，将遗产作为资产经营，阻碍了公益功能的发挥，影响了文化遗产资源的保护。第三是矛盾处理乏力。主要是指在经济建设与文物保护产生矛盾时，在旅游产业发展与文化遗产保护产生矛盾时，往往是文化遗产保护为经济建设与旅游产业让路。《中国文化遗产事业发展报告（2008）》在指出上述问题的基础上，明确提出了"分级管理、主体公益"的体制改革思路[6]。

世界各文化遗产保护先进国，国情不尽相同，文化遗产现状参差有别，但多数实行"分级管理、主体公益"的科学、严谨的文化遗产组织管理体系，法规建设完备并有较强的可操作性，政府并不直接参与管理，有科学的专家决策机制、多元募集资金的渠道，充分发挥民间社团的作用，鼓励公众参与管理监督[7]。

照搬国外文化遗产保护管理体制的先进经验肯定不行，大遗址保护管理体制改革，必须适应中国的国情才具有可行性。判断大遗址保护管理体制创新途径是否可行，要看其是否能理顺中央政府与地方政府，不同政府部门之间，文化遗产保护与经营开发之间，管理机构和民间组织之间，简单愉悦公众和全方位为公众服务之间的关系。还要看其能否促进当地社会、经济、环境进步三个目标的协调统一。社会目标是保护地方文化遗产，增强当地人的文化自豪感，为不同地区和文化背景的人提供理解和交流的机会，向游客提供高质量的旅游产品。经济目标是要增加就业，扩大遗产产品市场，增加经济收入，改善地方基础设施条件，提高地区生活质量。环境目标是改进土地利用方式，从消耗性利用转为建设性利用，改善生态环境，加强公众的环境保护和文化遗产保护意识，促进对环境和文化遗产的保护，保护文化遗产赖以生存的生态和文化环境[8]。

文化遗产管理体制改革，牵涉法律保障机制、管理机制、资金机制、经营机制和监督机制等许多方面，更何况大遗址保护与利用是巨大的工程，专业管理体制由于职能所限，难以处理复杂的综合性保护、利用及与地方经济社会协调发展等问题，离开政府仅靠遗产单位几乎寸步难行。这也是中国各地大遗址都是"政府主导"的根本原因。因此，根据荆州大遗址自身的特点、难点和特殊性，其大遗址管理体制改革不可能一步到位，在管理体制改革的促成和运行路径方面，需要分阶段、分遗址区建设，以重点载体示范项目的建设为切入点，逐步推进大遗址保护管理体制的创新。

建议荆州大遗址管理体制改革分三个阶段进行。

第一阶段，强调"政府主导、多方参与原则"，通过"荆州大遗址保护工作领导小组""荆州纪南生态文化旅游区管委会"等过渡性管理机构，协调处理局部土地行政隶属的调整、大遗址保护与利用过程中的土地征用、移民搬迁、重点载体示范项目的建设等问题。对这种管理机构应当实行特殊的考核机制，不以GDP为主要考核标准，而以大遗址保护的成效为其首要考核标准。

对于地处荆州大遗址核心区域的纪南生态文化旅游区而言，迫在眉睫的是必须做实、做强独立的文物旅游局，文物旅游局的主要职责是：

1）贯彻落实国家与省文物保护、旅游的法律、法规、规章和方针、政策，拟订全区文物保护及旅游的地方性法规、规章草案和管理制度并负责督促实施，制定并组织实施全区文化遗产旅游和博物馆事业发展规划。

2）负责全区国家级、省级、市级、县级文物保护单位以及其他不可移动文物的保护管理，完善"四级联防"体制。

3）负责全区文化遗产资源调查工作，做好文物保护单位的推荐和文化遗产修缮、利用及相关工作。配合有关部门做好基本建设涉及文物保护工程项目的审核工作，配合上级文物考古部门实施工程范围的文物调查、勘探及考古发掘等工作。

4）履行文物行政执法督察职责，督促、检查、指导、协调全区文物安全保卫和消防技防工作，负责全区的文物行政执法监督，对查处盗窃、破坏、走私文物的大案要案提出文物方面的专业性意见。

5）依法管理文物流通，对社会文物进行指导管理，指导民间珍贵文物抢救、征集工作。负责审核全区文物复制、仿制、展演等工作。

6）组织指导全区文化遗产保护宣传、遗产教育工作，指导协调全区文博科技保护和信息化工作。

7）负责推动完善遗址公园和楚文化博物馆公共服务体系建设，拟订遗址公园和楚文化博物馆公共资源共享规划并推动实施，指导遗址公园和楚文化博物馆的业务管理工作，协调做好遗址公园和楚文化博物馆对外交流工作。

8）负责遗址公园和楚文化博物馆人才培训工作，做好文物保护科技成果的推广及应用工作。

9）研究拟定全区文物合理利用的相关经济政策，培育、引导和扶持遗址公园、楚文化博物馆遗址公园和楚文化博物馆领域相关文化创意产业健康发展。

10）完成区管委会和上级主管部门交办的其他工作任务。

做实、做强独立的文物旅游局，有利于与上级文物、旅游主管部门对接，接受上级文物、旅游主管部门的指导。文化遗产的保护与利用，是纪南生态文化旅游区的立区之本，强化文物旅游局的权责，不仅有利于对荆州大遗址核心区域的文化遗产加大保护和监管的力度，而且会使文物、旅游上下级沟通渠道畅通，有利于相关政策法规的贯彻落实、重点项目的审批，争取上级的政策和经费支持。

为使政府决策更加科学，建议以当地文史专家为主，同时根据需要聘请国内相关学科的知名专家，设立"荆州楚文化研究院"，负责荆州大遗址具体专业技术的咨询、评估，以及协助政府进行科学决策。吸收有关专家和当地居民代表参加，设立半官方的"荆州大遗址基金会"，负责落实地方政府财政投入、政府各级职能部门的专项基金投入[9]，争取税收优惠政策[10]，鼓励公众私人捐赠、企业投资等方式多渠道募集资金[11]，通过公开、透明、公众参与的方式管理荆州大遗址的发展基金。

依据《国家考古遗址公园管理办法（试行）》，区域内的鸡公山旧石器国家考古遗址公园、楚故都纪南城国家考古遗址公园、秦汉郢城国家考古遗址公园，均需设立独立法人资格的专门管理机构——遗址公园管理处。充分发挥荆州博物馆的人才优势和藏品优势，筹建楚文化博物馆。由纪南文物旅游局牵头组织协调，设立"荆州大遗址公园、博物馆联盟"，加强各遗址公园和博物馆之间的横向联系，协调荆州大遗址的统一规划、各遗址公园的不同展示解说重点，建立统一的对外网站和对内信息管理系统[12]。

第二阶段，强调遗产所有权、管理权、经营权、监督保护权"四权"逐步相互分离，明晰政府、遗产单位、社会组织、社区组织、公众等各自的职责、权利与义务。"四权"制衡，可以多重监督、互相制约，不允许任何部门、单位、企业和个人依仗权力或金钱而为所欲为[13]，力争在大遗址管理体制创新上有质的突破。

在这一阶段，政府应加强宏观管理，减少直接控制，从具体的人事、财务、业务、项目等管理中解脱出来，化直接管理为间接管理，发挥政府的全局导向作用。政府主管部门与遗址公园、博物馆等遗产单位的关系，不再是上下级的隶属关系，而是指导和被指导的关系，赋予遗址公园、博物馆等遗产单位最大的自主权。间接管理机制也由单一行政手段转为法律、行政、经济等多种管理手段并行的综合管理机制。政府的首要职能是根据遗产地的具体情况，制定和完善地方性法规和管理规章，明确保护管理工作的具体制度要求、保护标准和目标及相关的法律责任。法规不仅要有制约作用，还要有指导、引导作用。既要指出不能怎么干，又要指出应当怎么干。管理标准应当是系统的、具体的、可操作的。行政上侧重对遗址公园、博物馆等遗产单位的管理，并对其经营行为进行监督，对其绩效进行评估。经济手段的实质，在于充分发挥和运用利益机制在文化遗产建设与管理中的作用，主要通过制定相应的文化经济政策，运用价格、税收、信贷、工资、奖励、分配等经济杠杆和经济政策，制约、影响、鼓励文化遗产向预定的目标发展[14]。

遗产经营，分为遗址重点保护区和缓冲区的核心文化遗产保护资源的经营，以及遗址非重点保护区与遗产相关的文化遗产解说项目、产业、服务等经营两大部分。为了确保文化遗产的真实性、完整性、可读性、可持续性，以及文化遗产的公益性，核心文化遗产保护资源的经营，如遗址公园的门票、导览解说等围绕解说文化遗产的经营项目，应该由遗址公园、博物馆等遗产单位直接经营。至于为大遗址保护服务的安防、保洁、设备维护等物业公司，可以公开招标的方式特许经营，进入遗址保护区从事相关服务工作，必须由遗址公园、博物馆等遗产单位直接管理。遗址非重点保护区的文化遗产解说项目（如楚王宫展演项目）、文化遗产创意产业（包括文化遗产产业链的全部组成部分）、文化遗产服务（旅馆、餐饮、商店等），为使其更利于吸纳社会资金，并促进其经济效益快速增长，促进景区基础设施建设，从而保障国家对文化遗产景区资产所有权收益，这些特许经营项目可以采用企业经营模式[15]。"政府按照有关法律、法规规定，通过市场竞争机制选择某项公共或服务的投资者或者经营者，明确其在一定期限和范围内经营某项公共产品或者提供某项服务的制度。"[16]此举在于鼓励多种所有制经济和各行业参与文化遗产的特许经营和建设，积极推动民间资本、社会资本投向文化遗产创意产业，在经营性项目中引入竞争机制以及推进新的制度性补充，是经营性项目规制改革的重要内容。需掌握的根本原则是，国家应该保持文化遗产资源性资产的所有权，并确定国家的经营权收益，同时应通过各种方式建立持续性的经营权收益返流渠道。考虑到特许经营是依托文化遗产资源，利用遗产地品牌的垄断经营，所以必须建立完备的监督机制（包括对业务量、服务水平和价格的监管）和退出机制，以规范经营商的行为。具体可做如下规定：

1）在遗产地非重点保护区明确规定特许经营所在范围和经营范围。

2）按照遗产地管理机构的规划对拟建的经营项目实行公开招标，相对现状提高经营者应交纳特许经营费，并缩短经营权期限。对经营表现良好，维护和保护文化遗产资源的特许经营者，可以在下一次公开招标时作为其优势条件加以考虑。

3）对批准的经营项目定期进行环境影响评价。

4）遗址公园、博物馆等遗产地管理机构，应该帮助经营者保护文化遗产资源，给他们提供相关建议。

5）文物旅游局应该以文物保护为目的，对经营者实施监督管理，对违反规定、污染和破坏环境的经营者予以行政处罚[17]。

通过这些措施，保证管理权对经营权的有效制衡，避免管理机构自主能力呈削减态势，管理权因受到经营权挤压，逐渐弱化甚至被悬置[18]。

遗址公园和博物馆等遗产单位是具备人事权、财务权的独立法人单位。考虑到遗址公园、博物馆对外开放后，具有事业与企业两种机制并轨、科研业务人员与经营管理人员并存的特点，可借鉴汉阳陵博物馆的经验，设立遗址公园或博物馆理事会和监事会，按理事会通过的《章程》运作管理。遗址公园或博物馆等遗产单位应定位于管家或服务员的角色，而不是业主的角色，即其不能将遗产资源作为生产要素投入，更无权将资源转化为商品牟利，管理者自身的收益只能来自岗位工资[19]。遗址公园、博物馆等遗产单位，拥有人事自主权，实行全员聘用制和专业技术人员岗位竞争聘用机制，从而选择更合格的人才并经济有效地使用他们。财务仍实行收支两条线管理，日常维护管理和员工工资由地方财政确保，项目资金则向"荆州大遗址基金会"提出申请，总的原则是由"投入型预算"变为"产出型预算"，从而使预算与计划中的工作和效果挂钩[20]。遗址公园、博物馆等文化遗产地管理者的主要职责，是保障文化遗产及其环境与游客的安全，负责文化遗产的研究、展示、解说等教育工作，做好游客服务，确保文化遗产保护与利用的持续性发展[21]。

文物旅游局应制定具体细化且符合实际的量化考核办法，对遗址公园、博物馆等遗产单位的文化遗产保护管理和游客服务业绩进行考核，考核合格者予以奖励，以激励遗产单位进一步提高管理和服务水平。

"荆州大遗址基金会"逐步往民间社团的方向转变，建立多元化的投资体制，充分发挥非政府组织、民间团体、企业以及个人等各种社会力量，最大限度地吸纳各类资金，积极开展国际范围内的文化遗产保护合作，吸纳国际性援助基金来保护荆州大遗址文化遗产。

除了"荆州楚文化研究院""荆州大遗址基金会"之外，还应大力发展经营管理的不同行业协会、收藏爱好者协会、地方史研究会、志愿者组织、环保组织等民间社团组织、咨询机构以及相关研究组织。为当地民众提供大遗址保护与利用的有效参与途径，使其切身利益和需求得到应有的体现，也可以避免政府"反客为主"，过多强调政府利益而忽视当地居民利益。通过民众共同参与、彼此协作的组织管理模式[22]，有效地调动社会各个方面的积极性，形成良好的公众参与和公众咨询、监督、决策机制，节约大遗址保护与利用的人力资源成本，探索一条公益与政府合作的"政府支持、公益搭台、社会多元化参与"的新模式，既为文化遗产保护与利用奠定永续发展的基础，又促进当地公民社会的发展。

大遗址管理体制创新的尝试，可以各遗址公园、博物馆建成开放，荆州文保中心和各遗产单位共同搭建，社会多方力量共同参与，推进荆州文化遗产保护开放平台初步形成为起点[23]，视各地实际情况逐步推进，逐步完善。遗产所有权、管理权、经营权、监督保护权"四权"逐步相互分离，使国际组织和国际公约的监督，国家法律法规监督，行政主管部门监督，规划系统监督，社会公众与媒体监督，经济手段监督和制约，真正在荆州大遗址的各项工作中落到实处，确保荆州大遗址在科学保护与利用的大道上稳步发展。

第三阶段，在条件成熟时，将熊家冢国家考古遗址公园、八岭山国家考古遗址公园等遗产单位纳入纪南生态文旅区统一管辖，设立副市级荆州大遗址保护特区，使楚都纪南城与其相关的楚王陵连为一体，以符合文化遗产保护利用的完整性原则。在此基础上申报世界文化遗产，且逐步恢复湿地生态环境，改变当地产业结构，通过遗产地品牌，促进当地民生发展。同时，区域内的遗址公园和相关保护机构，亦整合为中国楚文化博物馆，负责整个荆州大遗址的保护与利用工作，进一步提高其服务社会的能力，使荆州文化遗产保护开放平台，真正成为中国南方文化遗产研究中心，南方大遗址保护重要示范区，鄂西生态文化旅游圈文化中心，世界文化遗产旅游目的地。

大遗址保护管理体制创新，因牵涉多方利益的博弈而难度很大，尤其是对改革目标的认识难以统一。核心在于地方政府的态度，只要地方政府支持并予以引导，荆州大遗址保护管理体制改革，就有可能按计划、分步骤进行。大遗址保护管理体制改革的创新探索意义，不仅在于理顺多方关系，提高荆州大遗址的管理水平，而且会对中国大遗址保护管理体制改革产生示范效应。

注　释

［1］　余洁、唐龙：《我国遗址类文化遗产资源管理制度变迁及其特征》，《生态经济》2010年第11期。
［2］　王红星、谢军：《荆州大遗址研究》，湖北人民出版社，2019年。
［3］　王红星：《注目荆州 大遗址保护的新视野》，《中国文化遗产》2010年第6期。
［4］　宋瑞：《对中国世界遗产门票问题的思考》，《2003～2005年中国旅游发展：分析与预测》，社会科学文献出版社，2005年。
［5］　刘敏、李先逵：《历史文化名城保护管理调控机制的思辨》，《城市规划》2003年第12期。
［6］　刘世锦主编：《中国文化遗产事业发展报告（2008）》，社会科学文献出版社，2008年。
［7］　顾军、苑利：《文化遗产报告——世界文化遗产保护运动的理论与实践》，社会科学文献出版社，2005年。
［8］　高峻、刘世栋：《可持续旅游与环境管理》，《生态经济》2007年第10期。
［9］　国发〔1997〕13号《关于加强和改善文物工作的通知》，要求各地、各部门将文物保护纳入财政预算；顾军、苑利：《文化遗产报告——世界文化遗产保护运动的理论与实践》，社会科学文献出版社，2005年，第272、273页。

［10］　国务院1996年颁布的《关于进一步完善文化经济政策的若干规定》中明确指出："（一）对国家重点交响乐团、芭蕾舞团、歌剧团和京剧团及其他民族艺术表演团体的捐赠。（二）对公益性的图书馆、博物馆、科技馆、美术馆、革命历史纪念馆的捐赠。""在年度应纳税3%以内的部分，经主管税务机关审核后，在计算应纳税所得额时予以扣除。"2002年，国家税务总局下发了《关于企业等社会力量向中华社会文化发展基金会的公益救济性捐赠税前扣除问题的通知》，进一步强调"企业等社会力量通过中华社会文化发展基金会对下列宣传文化事业的捐赠，企业所得税纳税人捐赠额在年度应纳税所得额10%以内的部分，可在计算应纳税所得额时予以扣除；个人所得税纳税人捐赠额未超过申报的应纳税所得额30%的部分，可从其应纳税所得额中扣除。""（二）对公益性的图书馆、博物馆、科技馆、美术馆、革命历史纪念馆的捐赠。"沈海虹：《美国文化遗产保护领域中的税费激励政策》，《建筑学报》2006年第6期。

［11］　任思蕴：《建立有效的文化遗产保护资金保障机制》，《文物世界》2007年第3期。

［12］　王红星、王潘盼、朱江松：《荆州大遗址的信息化建设》，《荆楚文物（第5辑）》，科学出版社，2021年。

［13］　王兴斌：《中国自然文化遗产管理模式的改革》，《旅游学刊》2002年第5期。

［14］　胡熠：《论文化管理体制的改革》，《行政与法》2002年第1期。

［15］　苟自钧：《我国自然文化遗产要走专业化经营管理之路》，《经济经纬》2002年第1期；李树民、郭建有：《对华山风景名胜区管理体制变革的制度分析》，《旅游学刊》2001年第4期。

［16］　张晓：《自然文化遗产资源保护与政府特许经营》，《中国社会科学院院报》2007年4月12日。

［17］　李晓东：《中国古迹遗址环境法律保护》，《中国文物科学研究》2006年第1期。

［18］　陈稳亮：《大遗址管理体制改革的探索——基于风景名胜区管理体制改革的经验与教训》，《旅游学刊》2009年第9期。

［19］　苏杨：《美国自然文化遗产管理经验对我国的启示》，《世界环境》2005年第2期。

［20］　徐嵩龄：《西欧国家文化遗产管理制度的改革及对中国的启示》，《清华大学学报（哲学社会科学版）》2005年第2期。

［21］　谢飞、王辉：《世界文化遗产地管理者的责任与工作》，《遗产保护与避暑山庄》，辽宁民族出版社，2006年。

［22］　焦怡雪：《英国历史文化遗产保护中的民间团体》，《规划师》2002年第5期；杜红艳：《国外民间组织在历史文化遗产保护中的作用与启示》，《探索》2012年第2期。

［23］　王红星、谢军：《荆州大遗址研究》，湖北人民出版社，2019年，第259～268页。

征 稿 启 事

为促进学术研究，加强学术交流，荆州博物馆创办了《荆楚文物》。该刊定为一年一辑，图文并茂，集学术性、知识性和鉴赏性为一体，是一本面向文博专业的学术性读物。现热忱欢迎各位专家、学者赐稿。

一、《荆楚文物》拟设下列专栏：

（1）楚文化研究

（2）考古学研究

（3）考古新发现

（4）古文字学研究

（5）藏品研究

（6）文物保护与科技考古

（7）大遗址保护与开发利用

二、我们希望来稿：

（1）有特色，有深度，文字精练，资料新颖，逻辑清晰，观点鲜明。

（2）每篇稿件以6000字左右为宜，文字最长不超过10000字。要求有不超过200字的摘要和5个词组以内的关键词。

（3）可以配有适量的图片，以质量精美的彩色照片、线图为宜。

（4）来稿采用电子文本，稿件请存word或jpg格式，稿件和作者联系方式请寄《荆楚文物》编辑部。来稿请注明"稿件"二字，请勿一稿多投。

（5）每年12月底为当年截稿日期。稿件收到后通知作者选用与否，若3个月内未收到通知，作者可将稿件自行处理。

（6）稿件一经采用，即依国家标准从优付酬。

（7）凡牵涉作者著作权等知识产权问题，相关责任一律自负，与本刊无关。

三、来稿请寄：

湖北省荆州博物馆《荆楚文物》编辑部

地址：湖北省荆州市荆州区荆中路221号荆州博物馆办公楼

邮编：434020

电话：13872346979　13277161551

邮箱：jzbwggk@163.com

《荆楚文物》编辑部

1. 长稻场井群全景

2. A型Ⅰ式（J5：5）

3. A型Ⅱ式（J2：3）

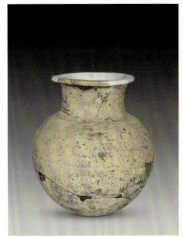

4. A型Ⅱ式（J7：2）

长稻场井群及出土陶罐

1. B型陶罐（J7:1）

2. C型陶罐（J5:1）

3. D型陶罐（J5:9）

4. E型Ⅰ式陶罐（J5:3）

5. E型Ⅱ式陶罐（J5:10）

6. 陶井圈（J7:5）

7. 骨饰件（J4:1）

长稻场井群出土器物

1. M1

2. M2

刘家台墓地M1、M2全景

1. M3

2. M4

刘家台墓地M3、M4全景

1. A型鼎（M1：27）

2. B型鼎（M4：7）

3. B型鼎（M4：8）

4. Ⅰ式壶（M1：29）

5. Ⅱ式壶（M1：32）

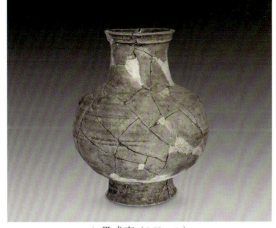

6. Ⅲ式壶（M2：1）

刘家台墓地出土陶器

1. A型Ⅰ式（M1：34）

2. A型Ⅲ式（M2：15）

3. A型Ⅴ式（M4：21）

4. B型（M1：33）

5. C型Ⅱ式（M2：2）

6. D型Ⅰ式（M1：56）

刘家台墓地出土陶罐

1.A型Ⅰ式仓（M1：43）

2.B型Ⅰ式仓（M1：42）

3.B型Ⅱ式仓（M2：6）

4.A型井（M1：44-1）

5.B型Ⅰ式井（M1：44-2）

6.B型Ⅱ式井（M2：17）

刘家台墓地出土陶器

1. A型陶灶（M1：39）

2. B型 I 式陶灶（M2：7）

3. 陶熏炉（M1：37）

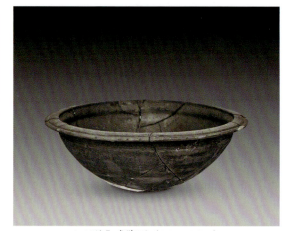

4. A型 I 式陶盂（M1：36-1）

5. 锡器（M1：28）

6. 铜碗（M1：35）

7. 铜马衔镳（M4：5-1）

刘家台墓地出土器物

1. 铜鐷（M4：5-2）

2. 铜釦形器（M4：5-3）

3. 铜軎辖（M4：5-4）

4. 铜马衔（M4：5-5）

5. A型木簪（M1：69）

6. B型木簪（M1：70）

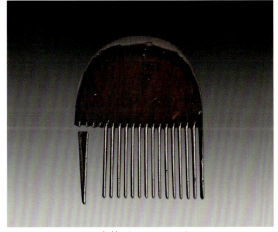

7. 木梳（M1：65-1）

8. 木篦（M1：65-2）

刘家台墓地出土器物

1. 木牍（M1：52）

2. 木牍（M1：55）

3. 木牍（M1：67）

4. M1棺床文字

刘家台墓地出土器物

三间庙东汉墓M9

1. 前室

2. 甬室

三间庙东汉墓M9随葬品出土情况